公路工程施工技术问答丛书

公路施工管理问答

侯永生　吴瑞祥　编著

中国铁道出版社

2014年·北京

图书在版编目(CIP)数据

公路施工管理问答/侯永生,吴瑞祥编著.—北京:中国铁道出版社,2014.7

(公路工程施工技术问答丛书)

ISBN 978-7-113-18450-6

Ⅰ.①公… Ⅱ.①侯…②吴… Ⅲ.①道路施工—问题解答 Ⅳ.①U415-44

中国版本图书馆 CIP 数据核字(2014)第 084631 号

书　　名:公路工程施工技术问答丛书
公路施工管理问答

作　　者:侯永生　吴瑞祥

策　　划:江新锡

责任编辑:冯海燕　张卫晓　**编辑部电话**:010-51873065

封面设计:郑春鹏

责任校对:龚长江

责任印制:郭向伟

出版发行:中国铁道出版社(100054,北京市西城区右安门西街 8 号)

网　　址:http://www.tdpress.com

印　　刷:北京鑫正大印刷有限公司

版　　次:2014 年 7 月第 1 版　2014 年 7 月第 1 次印刷

开　　本:850 mm×1 168 mm　1/32　**印张**:11　**字数**:291 千

书　　号:ISBN 978-7-113-18450-6

定　　价:29.00 元

前　言

2012年底公路通车里程达到410万公里，其中高速公路通车里程8.5万公里。按照交通运输部《交通运输"十二五"发展规划》，2015年公路通车里程要达到450万公里，高速公路总里程达到10.8万公里。可见，近几年公路基本建设仍处于高峰期，同时，现有道路的养护、改造、扩建工程也越来越多。

为适应公路建设的新形势，不断提高公路施工管理与技术水平，依据国家和交通运输部最新颁布的相关法规、标准、规范、实施细则，吸取近年来国内外有关公路施工领域的新材料、新技术研究成果，结合我国公路建设的实际情况及施工经验，以知识问答的形式编制了《公路工程施工技术问答丛书》。本丛书包括《水泥混凝土施工技术问答》、《桥梁施工技术问答》、《隧道施工技术问答》、《路基施工技术问答》、《沥青路面施工技术问答》、《公路施工管理问答》、《公路养护技术问答》一套七本，分别对公路施工中涉及的基本概念、基本理论、基本方法、基本工艺、常见质量问题等方面以问答的形式进行论述。

本丛书主要适用于从事公路工程现场施工的技术与管理人员及调岗人员的学习、教育，以提高其知识和技能水平。也可供公路建设管理部门、施工及监理单位的管理人员和工程技术人员及大专院校相关专业学生在生产和学习时参考使用。

《公路施工管理问答》全书共分为七章。第一章施工组织与管理，主要就公路施工管理的内容、施工招投标、施工管理、管理机构与资源配置等基本组织与管理问题进行论述。第二章技术管理，就施工前、施工中、施工后技术管理的内容与方法等进行论述。第三章进度管理，对进度的计划与控制、计划的编制方法等有关问题进行阐述。第四章质量管理，就质量管理体系、过程控制的要求与方法、事故的预防与处理所涉及问题进行论述。第五章安全管理，就安全生产的责任、管理的要求以及路基、路面、桥涵、隧道、施工临时用电的相关知识进行论述。第六章合同管理，主要对施工承包合同与分包合同的内容与管理及合同变更引起的索赔的管理等相关知识进行论述。第七章成本管理，分别对工程造价预算、成本计划、成本控制和成本分析等问题进行阐述。

本丛书在编写过程中得到河北省道路结构与材料工程技术研究中心的大力帮助，在此深表感谢。由于书中涉及面广、内容较多，编者知识与经验有限，不足和错误之处，敬请指正。

2013 年 5 月

目　录

第一章　施工组织与管理 …… 1

第一节　施工管理的内容 …… 1
第二节　施工招投标管理 …… 10
第三节　施工管理机构 …… 29
第四节　劳动力资源的配置与管理 …… 42
第五节　设备资源的配置与管理 …… 50
第六节　临时工程的建设与管理 …… 71

第二章　技术管理 …… 89

第一节　施工前技术管理 …… 89
第二节　施工中技术管理 …… 105
第三节　施工后技术管理 …… 116

第三章　进度管理 …… 124

第一节　进度的计划与控制 …… 124
第二节　进度计划的编制方法 …… 132

第四章　质量管理 …… 150

第一节　质量管理体系 …… 150
第二节　质量的过程控制 …… 160
第三节　质量事故的预防与处理 …… 173

第五章　安全管理 …… 184

第一节　安全生产责任制 …… 184

第二节 安全管理要求 …… 193
第三节 路基、路面工程安全作业 …… 202
第四节 桥涵工程安全作业 …… 212
第五节 隧道工程安全作业 …… 224
第六节 施工临时用电安全 …… 232

第六章 合同管理 …… 245

第一节 施工承包合同的内容 …… 245
第二节 施工承包合同的管理 …… 258
第三节 分包合同的内容与管理 …… 276
第四节 索赔管理 …… 286

第七章 成本管理 …… 298

第一节 造价预算 …… 298
第二节 成本计划 …… 312
第三节 成本控制 …… 320
第四节 成本分析 …… 337

第一章　施工组织与管理

第一节　施工管理的内容

1101　什么是管理？

管理是指在特定的环境条件下，以人为中心，对组织所拥有的资源进行有效的决策、计划、组织、领导、控制，以便达到既定组织目标的过程。

任何一种管理活动都由四个基本要素构成，即：管理主体（由谁管）、管理客体（管什么）、组织目的（为何而管）、组织环境或条件（在什么情况下管）。管理一般具有四项基本职能：

(1)计划：计划就是确定组织未来发展目标以及实现目标的方式。

(2)组织：服从计划，并反映着组织计划完成任务的方式。

(3)领导：运用影响力激励员工以便促进组织目标的实现。

(4)控制：对员工的活动进行监督，判定组织是否正朝着既定的目标健康地向前发展，并在必要的时候及时采取矫正措施。

管理的过程是由五个环节组成，即：提出问题（或确定目标）；筹划（提出解决问题的可能的方案，并对多个可能的方案进行分析）；决策（选择解决问题的方案）；执行（对方案实施）；检查（检查实施的效果并及时修正）。

1102　什么是施工管理？

施工管理是施工项目相关方运用系统的观点、理论和科学技术对施工项目进行的计划、组织、监督、控制、协调等全过程的管理。因各方职责、目标、目的不同，施工管理分为业主方施工管理、施工方施工管理、监理方施工管理等。本书所指施工管理均指施工方对施工项目进行的计划、组织、监督、控制、协调等全过程的管理。

1103 施工管理的一般原则是什么?

(1)施工管理一般实行项目制管理,即企业法定代表人在承包的施工项目上委托项目经理作为代理人,由项目经理在企业的支持下组建并领导项目经理部,项目经理部作为施工管理的组织机构,以项目经理为责任主体进行施工管理,并通过进度、质量、安全、成本等核算考核评价施工管理成效。

(2)施工管理的每一过程,都应体现计划、实施、检查、处理的持续改进过程。

(3)施工管理应体现管理的规律,利用制度保证项目管理按规定程序运行。

1104 施工管理的目标和任务是什么?

(1)施工管理的目标,包括:施工的安全管理目标、施工的成本目标、施工的进度目标、施工的质量目标,它应符合施工合同的要求。

(2)施工管理的任务,包括:施工安全管理、施工成本控制、施工进度控制、施工质量控制、施工合同管理、施工信息管理、与施工有关的组织与协调等。

1105 施工管理的一般程序是什么?

施工管理的程序应依次为:编制项目管理规划大纲,编制投标书并进行投标,签订施工合同,选定项目经理,项目经理接受企业法定代表人的委托组建项目经理部,企业法定代表人与项目经理签订项目管理目标责任书,项目经理部编制项目管理实施规划,进行项目开工前的准备,施工期间按项目管理实施规划进行管理,在项目竣工验收阶段进行竣工结算、清理各种债权债务、移交资料和工程,进行经济分析,做出项目管理总结报告并送企业管理层有关职能部门，企业管理层组织考核委员会对项目管理工作进行考核评价并兑现项目管理目标责任书中的奖惩承诺，项目经理部解体，在保修期满前企业管理层根据工程质量保修书的约定进行项目回访保修。

1106　项目管理规划大纲的编制依据有哪些？

(1)招标文件及发包人对招标文件的解释。
(2)企业管理层对招标文件的分析研究结果。
(3)工程现场情况。
(4)发包人提供的信息和资料。
(5)有关市场信息与环境信息。
(6)设计文件、标准、规范与有关规定。
(7)企业法定代表人的投标决策意见。

1107　项目管理规划大纲编制的工作程序是什么？

编制项目管理规划大纲应遵循下列程序：
(1)明确项目目标；
(2)分析项目环境和条件；
(3)收集项目的有关资料和信息；
(4)确定项目管理组织模式、结构和职责；
(5)明确项目管理内容；
(6)编制项目目标计划和资源计划；
(7)汇总整理，报送审批。

1108　项目管理规划大纲的内容应包括哪些内容？

(1)项目概况；
(2)项目范围管理规划；
(3)项目管理目标规划；
(4)项目管理组织规划；
(5)项目成本管理规划；

(6)项目进度管理规划；
(7)项目质量管理规划；
(8)项目职业健康安全与环境管理规划；
(9)项目采购与资源管理规划；
(10)项目信息管理规划；
(11)项目沟通管理规划；
(12)项目风险管理规划；
(13)项目收尾管理规划。

1109 项目管理实施规划依据什么资料编制?

(1)项目管理规划大纲。
(2)项目条件和环境分析资料。
(3)施工合同及相关文件。
(4)同类项目的相关资料。

1110 项目管理实施规划的编制工作程序是什么?

编制项目管理实施规划应遵循下列程序：
(1)了解项目相关各方的要求；
(2)分析项目条件和环境；
(3)熟悉相关法规和文件；
(4)组织编制；
(5)履行报批手续。

1111 项目管理实施规划应包括哪些内容?

(1)工程概况(工程特点、建设地点及环境特征、施工条件、项目管理特点及总体要求)。

(2)总体工作计划(项目的质量、进度、成本及安全目标；拟投入的最高人数和平均人数；分包计划，劳动力使用计划，材料供应计划，机械设备供应计划；施工程序；项目管理总体安排)。

(3)组织方案。

(4)施工方案(施工流向和施工顺序;施工阶段划分;施工方法和施工机械选择;安全施工设计;环境保护内容及方法)。

(5)施工进度计划(施工总进度计划和单位工程施工进度计划)。

(6)施工质量计划。

(7)职业健康安全与环境管理计划。

(8)成本计划。

(9)资源需求计划(劳动力需求计划;主要材料和周转材料需求计划;机械设备需求计划;预制品订货和需求计划;大型工具、器具需求计划)。

(10)项目风险管理计划(风险项目因素识别一览表;风险可能的概率及损失值估计;风险管理要点;风险防范对策;风险责任管理)。

(11)信息管理计划(与项目组织相适应的信息流通系统;信息中心的建立规划;项目管理软件的选择与使用规划;信息管理实施规划)。

(12)项目沟通管理计划。

(13)项目收尾管理计划。

(14)施工平面图(施工平面图说明,施工平面图,施工平面图管理规划)。

(15)项目目标控制措施(保证进度目标,质量目标,安全目标,成本目标,季节施工,环境、文明施工的措施,各项措施应包括技术措施、组织措施、经济措施及合同措施)。

(16)技术经济指标分析(规划的指标,规划指标水平高低的分析和评价,实施难点的对策)。

1112　项目管理目标责任书应包括哪些内容?

(1)项目管理实施目标;

(2)组织与项目经理部之间的责任、权限和利益分配;

(3)项目设计、采购、施工、试运行等管理的内容和要求;

(4)项目需用的资源的提供方式和核算办法;

(5)法定代表人向项目经理委托的特殊事项;

(6)项目经理部应承担的风险;

(7)项目管理目标的评价原则、内容和方法;

(8)对项目经理部奖励的依据、标准和办法;

(9)项目经理解职和项目经理部解体的条件及办法。

1113 什么是施工管理的策划,其实质是什么,需要哪些方面的知识?

施工管理的策划指的是通过调查研究和收集资料,在充分占有信息的基础上,针对施工项目实施中的某个问题,进行组织、管理、经济和技术等方面的科学分析和论证。

施工管理策划的过程是专家知识的组织和集成,以及信息的组织和集成的过程,其实质是知识管理的过程,即通过知识的获取,经过知识的编写、组合和整理,而形成新的知识。

施工管理策划是一个开放性的工作过程,它需整合多方面专家的知识,如:组织知识、管理知识、经济知识、技术知识、设计经验、施工经验、项目管理经验、策划经验等。

1114 施工管理策划的基本内容有哪些?

(1)项目实施的环境和条件的调查与分析

环境和条件包括自然环境、建设政策环境、建筑市场环境、建设环境(水、电、路、材料等能源、基础设施资源)等。

(2)项目目标的分析和论证

其主要工作内容包括:成本目标的分解和论证;进度目标的分解和论证;质量目标的分析与控制方法等。

(3)项目实施的组织策划

其主要工作内容包括:项目管理的组织结构;任务分工和管理职能分工;项目管理工作流程等。

(4)项目实施的管理策划

其主要工作内容包括：项目实施各阶段项目管理的工作内容；项目风险管理与工程保险方案。

(5)项目实施的合同策划

其主要工作内容包括：

1)合同管理体系的设计与组织；

2)项目管理委托、设计、施工、物资采购的合同结构方案；

3)合同文本。

(6)项目实施的经济策划

其主要工作内容包括：资金需求量计划；融资方案的深化分析。

(7)项目实施的技术策划

其主要工作内容包括：技术方案的深化分析和论证；关键技术的深化分析和论证；技术标准和规范的应用和制定等。

(8)项目实施的风险策划等。

1115 施工管理过程中常采用的措施有哪些?

(1)组织措施，分析由于组织的原因而影响项目目标实现的问题，并采取相应的措施，如调整项目组织结构、任务分工、管理职能分工、工作流程组织和项目管理班子人员等。

(2)管理措施(包括合同措施)，分析由于管理的原因而影响项目目标实现的问题，并采取相应的措施，如调整进度管理的方法和手段，改变施工管理和强化合同管理等。

(3)经济措施，分析由于经济的原因而影响项目目标实现的问题，并采取相应的措施，如落实加快工程施工进度所需的资金等。

(4)技术措施，分析由于技术(包括设计和施工的技术)的原因而影响项目目标实现的问题，并采取相应的措施，如调整设计、改进施工方法和改变施工机具等。

1116 什么是风险、施工风险及风险管理?

风险指损失的不确定性，对施工管理而言，施工风险是指施工中可能出现的影响工程项目目标实现的不确定因素。

风险管理是为了达到一个组织的既定目标，而对组织所承担的各种风险进行管理的系统过程，其采取的方法应符合公众利益、人身安全、环境保护以及有关法规的要求。风险管理包括策划、组织、领导、协调和控制等方面的工作。

1117　工程施工过程中的风险有哪些类型？

(1)组织风险，如：

1)组织结构模式；

2)工作流程组织；

3)任务分工和管理职能分工；

4)承包方管理人员和一般技工的构成及能力；

5)施工机械操作人员的能力和经验；

6)损失控制和安全管理人员的资历和能力等。

(2)经济与管理风险，如：

1)宏观和微观经济情况；

2)工程资金供应的条件；

3)合同风险；

4)现场与公用防火设施的可用性及其数量；

5)事故防范措施和计划；

6)人身安全控制计划；

7)信息安全控制计划等。

(3)工程环境风险，如：

1)自然灾害；

2)岩土地质条件和水文地质条件；

3)气象条件；

4)引起火灾和爆炸的因素等。

(4)技术风险，如：

1)工程勘测资料和有关文件；

2)工程设计文件；

3)工程施工方案；

4)工程物资；

5)工程机械等。

1118　风险管理的工作流程是什么？

风险管理过程包括施工全过程的项目风险识别、项目风险评估、项目风险响应和项目风险控制。

(1)项目风险识别

项目风险识别的任务是识别项目施工过程存在的风险，其工作程序包括：

1)收集与项目风险有关的信息；

2)确定风险因素；

3)编制项目风险识别报告。

(2)项目风险评估

项目风险评估包括以下工作：

1)利用已有数据资料(主要是类似项目有关风险的历史资料)和相关专业方法分析各种风险因素发生的概率；

2)分析各种风险的损失量，包括可能发生的工期损失、费用损失，以及对工程的质量、功能和使用效果等方面的影响；

3)根据各种风险发生的概率和损失量，确定各种风险的风险量和风险等级。

(3)项目风险响应

常用的风险对策包括风险规避、减轻、自留、转移及其组合等策略。对难以控制的风险，向保险公司投保是风险转移的一种措施。项目风险响应指的是针对项目风险的对策进行风险响应。

(4)项目风险控制

在项目施工过程中应收集和分析与风险相关的各种信息，预测可能发生的风险，对其进行监控并提出预警。

第二节　施工招投标管理

1201　公路工程的范围包括哪些？

公路工程包括公路、公路桥梁、公路隧道及与之相关的安全设施、防护设施、监控设施、通信设施、收费设施、绿化设施、服务设施、管理设施等公路附属设施的新建、改建与安装工程。

1202　哪些公路工程施工项目必须进行招标？

下列公路工程施工项目必须进行招标，但涉及国家安全、国家秘密、抢险救灾或者利用扶贫资金实行以工代赈等不适宜进行招标的项目除外：

(1)投资总额在3000万元人民币以上的公路工程施工项目。

(2)施工单项合同估算价在200万元人民币以上的公路工程施工项目。

(3)法律、行政法规规定应当招标的其他公路工程施工项目。

1203　公路工程施工招标的项目应当具备哪些条件？

(1)初步设计文件已被批准

初步设计文件包括初步设计的概算以及招标所需的设计图纸及技术资料等。招标前初步设计文件应当履行审批手续的，应已经获得批准。

(2)建设资金已经落实

建设资金已经落实是指建设工期不足一年的，到位资金原则上不得少于工程合同价的50%，建设工期超过一年的，到位资金原则上不得少于工程合同价的30%。建设单位应当提供银行出具的到位资金证明，有条件的可以实行银行付款保函或者其他第三方担保。

(3)项目法人已经确定，并符合项目法人资格标准要求收费公路建设项目法人和项目建设管理单位进入公路建设市场实行备案制度。收费公路建设项目可行性研究报告批准或依法核准后，项目投资主体应当成立或者明确项目法人。项目法人应当按照项目管理的隶属关系将其或者其委托的项目建设管理单位的有关情况报交通主管部门备案。对不符合规定要求的项目法人或者项目建设管理单位，交通主管部门应当提出整改要求。

1204 公路工程施工招标的招标人有什么要求？

(1)公路工程施工招标的招标人应当是提出公路工程施工招标项目、进行公路工程施工招标的项目法人。

(2)具备下列条件的招标人，可以自行办理招标事宜：

1)具有与招标项目相适应的工程管理、造价管理、财务管理能力。

2)具有组织编制公路工程施工招标文件的能力。

3)具有对投标人进行资格审查和组织评标的能力。

(3)招标人不具备上述规定条件的，应当委托具有相应资格的招标代理机构办理公路工程施工招标事宜。任何组织和个人不得为招标人指定招标代理机构。

(4)招标人应当根据招标项目的特点和需要，编制招标文件。必须进行招标的二级及以上公路工程应当使用《公路工程标准文件》，二级以下公路项目可参照执行。在具体项目招标过程中，招标人可根据项目实际情况，编制项目专用文件，与《公路工程标准文件》共同使用，但不得违反《标准施工招标文件》(9 部委 56 号令)的规定。

1205 公路工程施工招标分为哪两种？

公路工程施工招标分为公开招标和邀请招标。

采用公开招标的，招标人应当通过国家指定的报刊、信息网络或者其他媒体发布招标公告，邀请具备相应资格的不特定的法人投标。

采用邀请招标的，招标人应当以发送投标邀请书的方式，邀请三家以上具备相应资格的特定的法人投标。

1206 公路工程施工招标方式的采用原则是什么？

公路工程施工招标应当实行公开招标，法律、行政法规另有规定的除外。符合下列条件之一，不适宜公开招标的，依法履行审批手续后，可以进行邀请招标：

(1)项目技术复杂或有特殊技术要求，且符合条件的潜在投标人数量有限的；

(2)受自然地域环境限制的；

(3)公开招标的费用与工程费用相比，所占比例过大的。

1207 公路工程施工招标的程序是什么？

(1)确定招标方式，采用邀请招标的，应当按照国家规定报有关主管部门审批；

(2)编制投标资格预审文件和招标文件，招标文件按照规定备案；

(3)发布招标公告，发售投标资格预审文件；采用邀请招标的，可直接发出投标邀请书，发售招标文件；

(4)对潜在投标人进行资格审查；

(5)向资格预审合格的潜在投标人发出投标邀请书和发售招标文件；

(6)组织潜在投标人考察招标项目工程现场，召开标前会；

(7)接受投标人的投标文件，公开开标；

(8)组建评标委员会评标，推荐中标候选人；

(9)确定中标人，评标报告和评标结果按照相关办法规定备案并公示；

(10)发出中标通知书；

(11)与中标人订立公路工程施工合同。

1208　招标文件应当载明哪些主要内容？

(1)投标邀请书。

(2)投标人须知。

(3)评标办法。

(4)公路工程施工合同条款及格式。

(5)招标项目适用的技术规范。

(6)工程量清单。

(7)施工图设计文件。

(8)投标文件格式，包括投标书格式及投标书附录格式、投标书附表格式、工程量清单格式、投标担保文件格式、合同格式等。

(9)投标人须知前附表规定的其他材料。

招标文件所作的澄清、修改，构成招标文件的组成部分。当招标文件、招标文件的澄清或修改等在同一内容的表述上不一致时，以最后发出的书面文件为准。

1209　投标人须知应当载明哪些主要内容？

(1)评标标准和方法；

(2)工期要求；

(3)提交投标文件的起止时间、地点和方式；

(4)开标的时间和地点。

1210　招标公告、投标邀请书应当载明哪些内容？

(1)招标人的名称和地址；

(2)招标项目的名称、技术标准、规模、投资情况、工期、实施地点和时间；

(3)获取资格预审文件或者招标文件的办法、时间和地点；

(4)对潜在投标人的资质要求；

(5)招标人认为应当公告或者告知的其他事项。

1211 哪些单位不能作为投标人投标公路工程施工项目？

(1)招标人不具有独立法人资格的附属机构或单位；

(2)为本标段前期准备提供设计或咨询服务的，但设计施工总承包的除外；

(3)为本标段的监理人；

(4)为本标段的代建人；

(5)为本标段提供招标代理服务；

(6)与本标段的监理人或代建人或招标代理机构同为一个法定代表人的；

(7)与本标段的监理人或代建人或招标代理机构相互控股或参股的；

(8)与本标段的监理人或代建人或招标代理机构相互任职或工作的；

(9)被责令停业的；

(10)被暂停或取消投标资格的；

(11)财产被接管或冻结的；

(12)在最近三年内有骗取中标或严重违约或重大工程质量问题的；

(13)经审查委员会认定会对承担本项目造成重大影响的正在诉讼的案件；

(14)经省级以上交通主管部门取消项目所在地的投标资格或禁止进入该区域公路建设市场且处于有效期内的；

(15)投资参股本项目的法人单位。

1212 联合体投标人有哪些要求？

(1)联合体各方应按招标文件提供的格式签订联合体协议书，明确联合体牵头人和各方权利义务。

(2)由同一专业的单位组成的联合体，按照资质等级较低的单位确定资质等级。

(3)联合体各方不得再以自己的名义单独或参加其他联合体在同一标段中投标。

(4)联合体所有成员数量不得超过投标人须知前附表规定的数量。

(5)联合体牵头人所承担的工程量必须超过总工程量的50%。

(6)联合体各方应分别按照招标文件的要求,填写投标文件中的相应表格,并由联合体牵头人负责对联合体各成员的资料进行统一汇总后一并提交给招标人,联合体牵头人所提交的投标文件应认为已代表了联合体各成员的真实情况。

(7)尽管委任了联合体牵头人,但联合体各成员在投标、签约与履行合同过程中,仍负有连带的和各自的法律责任。

1213 公路工程施工项目招投标中对投标人有什么诚信要求?

招标人将进一步核查投标人在资格预审申请文件中提供的材料,若在评标期间发现投标人提供了虚假资料,招标人有权对投标人的投标文件作废标处理,并没收其投标担保;若在评标结果公示期间发现作为中标候选人的投标人提供了虚假资料,招标人有权取消其中标资格并没收其投标担保;若在合同实施期间发现投标人提供了虚假资料,招标人有权从工程支付款或履约保证金中扣除不超过合同总价10%的金额作为违约金。同时招标人将投标人上述弄虚作假行为上报省级交通主管部门,作为不良记录纳入公路建设市场信用信息管理系统。

1214 什么情况下投标人的投标保证金被没收?

(1)投标人在规定的投标有效期内撤销或修改其投标文件。

(2)中标人在收到中标通知书后,无正当理由拒签合同协议书或未按招标文件规定提交履约担保。

(3)投标人不接受依据评标办法的规定对其投标文件中细微偏差进行澄清和补正。

(4)投标人提交了虚假资料。

1215 公路工程投标文件由哪些组成?

(1)投标函及投标函附录。

(2)法定代表人身份证明或附有法定代表人身份证明的授权委托书。

(3)联合体协议书(如果有)。

(4)投标保证金。

(5)已标价工程量清单。

(6)施工组织设计。

(7)项目管理机构。

(8)拟分包项目情况表。

(9)资格审查资料。

(10)承诺函。

(11)调价函及调价后的工程量清单(如果有)。

(12)投标人须知前附表规定的其他材料。

1216 招标公告发布时间和编制投标文件的时间有什么要求?

招标人应当按照招标公告或者投标邀请书规定的时间和地点,出售资格预审文件和招标文件。资格预审文件和招标文件的发售时间不得少于5个工作日。

招标人应当合理确定资格预审申请文件和投标文件的编制时间。编制资格预审申请文件的时间,自开始发售资格预审文件之日起至潜在投标人提交资格预审申请文件截止时间止,不得少于14日。编制投标文件的时间,自招标文件开始发售之日起至投标人提交投标文件截止时间止,高速公路、一级公路、技术复杂的特大桥梁、特长隧道不得少于28日,其他公路工程不得少于20日。

1217 评标委员会如何组成?有什么权利与职责?

(1)评标委员会由招标人的代表和技术、经济专家组成。评标委员会人数为五人以上单数，其中专家人数不得少于成员总数的三分之二。

(2)国道主干线和国家高速公路网建设项目，评标委员会专家从交通部设立的评标专家库中随机抽取，其他公路建设项目的评标委员会专家从省级人民政府交通主管部门设立的评标专家库中随机抽取。

(3)与投标人有利害关系的人员不得进入相关招标项目的评标委员会。

(4)评标委员会成员名单在中标结果确定前应当保密。

(5)评标委员会成员应当客观、公正地履行职责，遵守职业道德，对所提出的评审意见承担责任。

(6)评标委员会成员不得私下接触投标人，不得收受贿赂或者投标人的其他好处，不得透露对投标文件的评审、中标候选人的推荐情况以及与评标有关的其他情况。评标委员会成员存在违规行为的，一经查实，取消其评标委员会成员资格，并不得再参加任何依法必须进行招标的项目的评标。

(7)任何单位和个人不得非法干预、影响评标过程和结果。

(8)评标委员会可以要求投标人对投标文件中含义不明确的内容作出必要的澄清或者说明，但是澄清或者说明不得超出或者改变投标文件的实质性内容。

(9)评标委员会应当按照招标文件确定的评标标准和方法，对投标文件进行评审和比较。招标文件中没有规定的标准和方法，不得作为评标的依据。

(10)评标委员会完成评标工作后，应当向招标人提出书面评标报告。评标报告应当由所有评标委员会委员签字。

1218　公路工程施工招标的评标方法有哪些？每种方法如何评标？

公路工程施工招标的评标方法可以使用合理低价法、最低评标价法、综合评估法和双信封评标法以及法律、法规允许的其他评标方法。

(1)合理低价法是指对通过初步评审和详细评审的投标人,不对其施工组织设计、财务能力、技术能力、业绩及信誉进行评分,而是按招标文件规定的方法对评标价进行评分,并按照得分由高到低的顺序排列,推荐前3名投标人为中标候选人的评标方法。

(2)最低评标价法是指按由低到高顺序对评标价不低于成本价的投标文件进行初步评审和详细评审,推荐通过初步评审和详细评审且评标价最低的前3名投标人为中标候选人的评标方法。

(3)综合评估法是指对所有通过初步评审和详细评审的投标人的评标价、财务能力、技术能力、管理水平以及业绩与信誉进行综合评分,按综合评分由高到低排序,并推荐前3名投标人为中标候选人的评标方法。

(4)双信封评标法是指投标人将投标报价和工程量清单单独密封在一个报价信封中,其他商务和技术文件密封在另外一个信封中,分两次开标的评标方法。第一次开商务和技术文件信封,对商务和技术文件进行初步评审和详细评审,确定通过商务和技术评审的投标人名单。第二次再开通过商务和技术评审投标人的投标报价和工程量清单信封,当场宣读其报价,再按照招标文件规定的评标办法进行评标,推荐中标候选人。对未通过商务和技术评审的投标人,其报价信封将不予开封,当场退还给投标人。

1219 招标人如何确定中标人?

(1)评标委员会推荐的中标候选人应当限定在一至三人,并标明排列顺序。

(2)招标人应当根据评标委员会提出的书面评标报告确定排名第一的中标候选人为中标人。

(3)排名第一的中标候选人放弃中标、因不可抗力不能履行合同,或者在招标文件规定的期限内未能提交履约担保的,招标人可以确定排名第二的中标候选人为中标人。

(4)排名第二的中标候选人因前款规定的原因也不能签定合同的,招标人可以确定排名第三的中标候选人为中标人。

(5)招标人可以授权评标委员会直接确定中标人。

1220　哪些情况下投标文件应当作为废标处理?

(1)投标文件未经法定代表人或者其授权代理人签字,或者未加盖投标人公章;

(2)投标文件字迹潦草、模糊,无法辨认;

(3)投标人对同一标段提交两份以上内容不同的投标文件,未书面声明其中哪一份有效;

(4)投标人在招标文件未要求选择性报价时,对同一个标段,有两个或两个以上的报价;

(5)投标人承诺的施工工期超过招标文件规定的期限或者对合同的重要条款有保留;

(6)投标人未按招标文件要求提交投标保证金;

(7)投标文件不符合招标文件实质性要求的其他情形。

1221　什么情况下招标人应当重新招标?

(1)少于 3 个投标人的;

(2)经评标委员会评审,所有投标均不符合招标文件要求的;

(3)由于招标人、招标代理人或投标人的违法行为,导致中标无效的;

(4)中标人均未与招标人签订公路工程施工合同的。

1222　公路工程施工企业资质类别划分为哪几大类?

公路工程施工企业根据国家相关规定,结合公路工程特点,共分为六大类,具体划分如下:

第一类:公路工程施工总承包企业。

第二类:公路路面工程专业承包企业。

第三类:公路路基工程专业承包企业。

第四类:桥梁工程专业承包企业。

第五类:隧道工程专业承包企业。

第六类：公路交通工程专业承包企业。

1223 公路工程施工企业资质等级划分为哪几级？

公路工程施工企业根据国家相关规定，结合公路工程特点，具体等级划分如下：

公路工程施工总承包企业分为特级企业、一级企业、二级企业、三级企业。

公路路面工程专业承包企业分为一级企业、二级企业、三级企业。

公路路基工程专业承包企业分为一级企业、二级企业、三级企业。

桥梁工程专业承包企业分为一级企业、二级企业。

隧道工程专业承包企业分为一级企业、二级企业。

公路交通工程专业承包企业按施工内容分为5个分项施工企业。即交通安全设施分项专业承包企业；通信系统工程分项承包企业；监控系统工程分项承包企业；收费系统工程分项承包企业；通信、监控、收费综合系统工程分项承包企业。

1224 公路工程施工总承包企业可承包哪些工程？

(1)特级企业：可承担各等级公路及其桥梁、隧道工程的施工。

(2)一级企业：可承担单项合同额不超过企业注册资本金5倍的各等级公路及其桥梁、长度3 000 m及以下的隧道工程的施工。

(3)二级企业：可承担单项合同额不超过企业注册资本金5倍的一级标准及以下公路、单跨跨度<100 m的桥梁、长度<1 000 m的隧道工程的施工。

(4)三级企业：可承担单项合同额不超过企业注册资本金5倍的二级标准及以下公路、单座桥长<500 m、单跨跨度<40 m的桥梁工程的施工。

1225 公路路面工程专业承包企业可承包哪些工程?

(1)一级企业:可承担各级公路的各类路面和钢桥面工程的施工。

(2)二级企业:可承担单项合同额不超过企业注册资本金 5 倍的一级标准及以下公路路面工程的施工。

(3)三级企业:可承担单项合同额不超过企业注册资本金 5 倍的二级标准及以下公路路面工程的施工。

1226 公路路基工程专业承包企业可承包哪些工程?

(1)一级企业:可承担各级公路的土石方、单跨跨度小于 100 m、单座桥长小于 500 m 桥梁、防护及排水、软基处理工程的施工。

(2)二级企业:可承担单项合同额不超过企业注册资本金 5 倍的一级标准及以下公路的土石方、中小桥涵、防护及排水、软基处理工程的施工。

(3)三级企业:可承担单项合同额不超过企业注册资本金 5 倍的二级标准及以下公路的土石方、中小桥涵、防护及排水、软基处理工程的施工。

1227 公路桥梁工程专业承包企业可承包哪些工程?

(1)一级企业:可承担各类桥梁工程的施工。

(2)二级企业:可承担单跨 100 m 及以下桥梁工程的施工。

1228 公路隧道工程专业承包企业可承包哪些工程?

(1)一级企业:可承担各类隧道工程施工。

(2)二级企业:可承担断面 20 m^2 及以下且长度 1 000 m 及以下的隧道工程施工。

1229 公路交通工程专业承包企业可承包哪些工程?

(1)交通安全设施分项:可承担各级公路标志、标线、护栏、隔离栅、防眩板等工程施工及安装。

(2)通信系统工程分项:可承担各级公路干线传输系统、程控交换系统、移动通信系统、光(电)缆敷设工程、紧急电话系统的施工及安装。

(3)监控系统工程分项:可承担各级公路交通信息采集系统、信息发布系统、中央控制系统、供电配套设施系统的施工及安装。

(4)收费系统工程分项:可承担收费公路收费车道及附属配套设备、收费管理系统及配套设备的施工及安装。

(5)通信、监控、收费综合系统工程分项:可承担各级公路干线传输系统、程控交换系统、移动通信系统、光(电)缆敷设工程、紧急电话系统、交通信息采集系统、信息发布系统、中央控制系统、供电配套设施系统的施工及安装和收费公路收费车道及附属配套设备、收费管理系统及配套设备的施工及安装。

1230 什么是工程量清单?

工程量清单,又叫工程数量清单,是招标单位(业主)将要招标的工程按一定的原则(如按工程部位、性质等)进行分解,以明确工程的内容和范围,并将这些内容数量化而得到的一套工程项目表。每个表中既有工程部位和该部位需实施的各个子项目(工程子目),又有每个子项目的工程量和计价要求(单价或包干价)以及总计金额,单价与总价两个栏目由投标单位填写。

工程量清单反映的是每个相对独立的个体项目的主要内容和预算数量以及完成的价格。它是工程招标及实施工程时计量与支付的重要依据,在工程实施期间,对工程费用起控制作用。

我国的公路工程项目招标,一般均由招标单位提供工程量清单。需要特别指出的是工程量清单中所列的工程数量(也称为清单工程量)是在实际施工生产前根据设计施工图纸和说明且工程量计算规则所得到的一种准确性较高的预算数量,并不是中标者在施工时应于完成的实际的工程量,因为在实际施工过程中,可能会因各种原因与设计条件不一致,从而产生工程量的数量变化,业主应按实际工程量支付工程费用。

1231　工程量清单的前言包括哪些内容？

在许多合同文件中前言又被称为清单序言，它主要对工程项目的工作范围和内容、计量方法和方式、费用计算的依据、在工程实施期间如何对工程进行计量和支付进行说明。前言应强调以下几方面内容：

（1）应将工程量清单与投标须知、合同文件、技术规范、图纸和图表、资料等文件结合起来阅读、理解或解释。主要目的是要求投标人综合考虑支付条件、技术要点、质量标准、工程施工条件，以及需综合在某一单项中的众多子目后，适当考虑自身的费用、风险后再填报单价。

（2）除非合同另有规定，工程量清单中有标价的单价或总价均已包括为实施和完成合同工程所需的劳务、材料、机械、质检、安装、缺陷修复、管理、保险、税费、利润等费用，以及合同明示或暗示的所有责任、义务和一切风险。

（3）工程量清单中的每一个子目，不论工程数量是否标出都须填入单价或总价，投标时没有填入单价或总价的子目，其费用应视为已分配在工程量清单的其他单价或总价之中。

（4）符合合同条件规定的项目若没列子目，其费用应视为已分摊在本合同工程的有关子目的单价或总价之中。

（5）规范和图纸上有关工程和材料的简介不必在工程量清单中重复强调，当计算工程量清单中每个项目的价格时，应参考合同文件中有关章节对有关项目的描述。但有时招标文件在工程量清单的序言中，对计算各类工程量（如开挖回填、混凝土、钢结构等）时应包含什么内容和注意什么问题进行了说明，以避免日后的纠纷。

（6）施工中计量已完成工程数量用以计算支付金额时，应根据技术规范中规定的计量和支付方法进行。所有工程数量均为完工以后测量的净值，对于构造物工程，通常明确以设计尺寸计量。

(7)工程量清单的暂定金额,应按照合同条件的规定使用和支付。

(8)工程量清单中所列工程量的变动,丝毫不会降低或影响合同条件的效力,也不免除承包人按规定的标准进行施工和修复缺陷的责任。

(9)明确对清单中出现算术性错误的修正办法。

(10)清单中各项金额均为人民币元。承包人对工程提供的各类装备的运输、维护、拆卸、拼装等费用,均已包括在清单的单价或总价之中。

1232　工程量清单的工程子目包括哪些内容?

工程子目又叫分项清单表,是招标工程中按章的顺序排列的各个项目表。表中有子目号、项目名称、工程数量、单位、单价及金额栏目,其格式见表 1-1,其中单价或金额栏的数字一般由承包人投标时填写,而其他部分一般由业主或者招标单位在编制工程量清单时确定。

表 1-1　工程量清单格式

子目号	子目名称	单位	工程数量	单价	合价或金额

1233　计日工明细表中的计日工指什么?

计日工也称散工或点工,指在工程实施过程中,业主可能有一些临时性的或新增加的项目,而且这种临时的新增项目的工程量在招投标阶段很难估计,希望通过招投标阶段事先定价,避免开工后这些项目发生时出现争端,故需要以计日工明细表的方法在工程量清单中予以明确。计日工明细表由总则、计日工劳务、计日工材料和计日工施工机械等方面的内容组成。

1234　公路工程工程量清单汇总表的格式是什么？

工程量清单汇总表是将各章的工程子目表及计日工明细表进行汇总，再加上一定比例或数量（按招标文件规定）的暂定金额而得出该项目的总报价，该报价与投标书中填写的投标总价是一致的，其格式见表1-2。

表1-2　工程量清单汇总表

序号	章次	项目名称	金额
1	100	总则	
2	200	路基	
3	300	路面	
4	400	桥梁、涵洞	
5	500	隧道	
6	600	安全设施及预埋管线	
7	700	绿化及环植保护设施	
8		第100～700章清单合计	
9		已包含在清单合计中的材料、工程设备、专业工程暂估价合计	
10		清单合计减去材料、工程设备、专业工程暂估价合计（即(8)－(9)＝(10)）	
11		计日工合计	
12		暂列金额（不含计日工总额）	
13		投标报价(8)＋(11)＋(12)＝13	

1235　编写工程量清单应注意什么？

（1）将开办项目作为独立的工程子目单列出来

开办项目往往是一些一开工就要发生或开工前就要发生的项目，如工程保险、担保、监理设施、承包人的驻地建设、测量放样、临时工程等。如果将这些项目包含在其他项目的单价中，到承包人开工时，上述各种款项将得不到及时支付，这不仅影响合同的公平性和承包人的资金周转，而且会增加招标中预付款的数量。

(2)合理划分工程项目

在工程子目划分时,要注意将不同等级要求的工程区分开。将同一性质但不属于同一部位的工程区分开,将情况不同,可能要进行不同报价的项目区分开。这一做法主要是为了强化工程投标中的竞争性,使投标人报价更加具体,针对不同情况可以采用不同的单价,便于降低造价。

(3)工程子目的划分要大小合适

工程子目的划分可大可小,工程子目大,可减少计算工作量,但太大就难以发挥单价合同的优势,不便于工程变更的处理。另外,工程子目太大也会使支付周期延长,影响承包人的资金周转,最终影响合同的正常履行。当然,工程子目的划分不是绝对的,既要简单明了、高度概括,又不能漏掉项目和应计价的内容,要结合工程实际,具体问题具体对待,灵活掌握。

(4)工程量的计算整理要细致准确

计算和整理工程量的依据是设计图纸和技术规范,它是一项严谨的技术工作,绝不是简单地罗列设计文件中的工程量。要认真阅读技术规范中的计量和支付方法,仔细核查设计文件中工程量所对应计量方法与技术规范中的计量方法是否一致,如不一致,则需在整理工程量时进行技术处理。

(5)计日工清单或专项暂定金额不可缺少

计日工清单是用来处理一些附加的或小型的变更工程计价的,清单中计日工的数量完全是由业主虚拟的,用以避免承包人在投标时计日工的单价报得太离谱,有了计日工清单会使合同管理很方便。

(6)应与技术规范一致

工程量清单的编号、项目、单位等要求与技术规范中的计量支付应统一,从而保证整个合同的严密性和前后一致性。

1236 投标报价的编制原则是什么?

(1)以招标文件中设定的发、承包双方责任划分,作为考虑投标报价费用项目和费用计算的基础，根据工程发、承包模式考虑投标报价的费用内容和计算深度。

（2）以施工方案、技术措施等作为投标报价计算的基本条件。

（3）以反映企业技术和管理水平的企业定额作为计算人工、材料和机械台班消耗量的基本依据。

（4）充分利用现场考察、调研成果、市场价格信息和行情资料，编制基价，确定调价方法。

（5）报价计算方法要科学严谨，简明适用。

1237　投标报价编制依据有哪些？

（1）招标单位提供的招标文件。另外，业主在开标前规定的日期内颁发的有关合同、规范、图纸的书面修改书和书面变更通知具有与招标文件同等的效力，也是报价的依据。

（2）招标文件所规定的各种国家标准、部颁标准、技术规范等。

（3）国家、地方颁发的有关收费标准和定额及施工企业的工料机消耗定额。

（4）工程所在地的政治形势和技术经济条件，如交通运输条件等。

（5）本工程的现场情况，包括地形、地质、气象、雨量、劳动力、生活品供应等。

（6）当地工程机械出租的可能性、品种、数量、单价，发电厂供电正常率及提供本项目用电的功率和单价。

（7）当地劳动力的技术水平和供应数量。

（8）业主供应材料情况及交货地点、单价；当地材料供应盈缺情况，建材部门公布的材料单价，并预测当地材料市场涨落情况。

（9）本企业为本项目提供新添施工设备经费的可能性，设备投资在标价中分摊费与成本的比率。

（10）施工组织设计和施工方案。

（11）该项目中标后，当地的工程市场信息、有否后续工程的可能性。

(12)参加投标的竞争对手情况,各有多大实力,竞争对手信誉等。

(13)有关报价的参考资料。

1238 投标报价如何计算?

(1)投标报价的组成

投标报价的组成主要有直接成本费、间接成本费、利润、规费、税金和风险费等。直接成本费,是指工程施工中直接用于工程上的人工、材料和施工机械使用费用的总和。间接成本费,是指组织和管理工程施工所需的各项费用,如冬、雨期施工增加费、临时设施费、工地转移费、企业管理费等。利润是指投标时根据企业的利润目标和本项目的具体情况确定的利润。规费和税金,规费是指法律、法规、规章、规程规定施工企业必须缴纳的费用,包括养老保险费、失业保险费、医疗保险费、住房公积金和工伤保险费等;税金是按规定应向国家缴纳的营业税、城市建设维护税及教育费附加等税金。风险费是对风险分析后确定的用于防范风险的费用。

(2)标价的计算

投标报价计算有工料单价计算法和综合单价计算法两种。

1)工料单价计算法。根据已审定的工程量,按照定额或市场的单价,逐项计算每个项目的价格,分别填入招标人提供的工程量清单内,计算出全部工程量直接成本费,然后按企业自定的各项费率和法定税率,依次计算出间接费、计划利润及税金。另外,再考虑一项不可预见费,其费用总和即为基础报价。

2)综合单价计算方法。按综合单价计算报价是所填入工程量清单的单价,应包括人工费、材料费、机械使用费、其他工程费、间接费、计划利润和税金以及风险金等全部费用,构成基础单价,即综合单价。此种方法用于单价合同的报价,报价金额等于工程量清单的汇总金额加上暂定金额。

(3)标价分析

初步计算出标价之后,应对标价进行多方面的分析和评估,其目的是探讨标价的经济合理性，从而作出最终报价决策。标价分析包括单价分析与总价分析。单价分析就是对工程量清单中所列分项单价进行分析和计算，确定出每一分项的单价和总价，分析标价计算中使用的劳务、材料、施工机械的基础单价以及选用的工程定额是否合理，是否符合拟投标工程的实际情况。同时，应根据以往企业的投标报价资料进行对比分析，合理确定投标单价和总报价。

第三节　施工管理机构

1301　什么是项目的施工？应具备什么条件才能开展项目的施工？

项目的施工是以工程项目为对象，以全面实现项目目标为目的，以项目经理负责制为基础，以经济责任制为手段，按照工程项目的内在规律和施工需要，合理配置生产要素，对项目的成本、工期、安全、质量等实行全过程的管理，达到全面实现项目目标，提高工程社会效益和企业经济效益的一种系统科学的管理模式。

工程项目的施工应具备的条件：

(1)工程项目任务落实，有切实可行的施工组织设计，有符合标准的项目管理人员；

(2)生产要素在项目上进行了动态优化组合；

(3)应用现代管理方法和先进科学技术，建立以项目目标为主导的目标管理体系。

1302　工程项目的组织形式主要有哪几种？各有什么优缺点？

工程项目的组织形式主要有：直线制、职能制、矩阵制等。

(1)直线制

直线制是一种最简单的组织机构形式。在这种组织机构中，各种职位均按直线垂直排列，项目经理直接进行单线垂直领导。

直线制组织机构的主要优点是结构简单,权力集中,易于统一指挥,隶属关系明确,职责分明,决策迅速。但由于不设职能部门,领导没有参谋和助手,要求领导者通晓各种业务,成为“全能式”人才。无法实现管理工作专业化,不利于项目管理水平的提高。

(2)职能制

职能制组织机构是在各管理层次之间设置职能部门,各职能部门分别从职能角度对下级执行者进行业务管理。在职能制组织机构中,各级领导不直接指挥下级,而是指挥职能部门。各职能部门可以在上级领导的授权范围内,就其所辖业务范围向下级执行者发布命令和指示。

职能制组织机构的主要优点是强调管理业务的专门化,注意发挥各类专家在项目管理中的作用。由于管理人员工作单一,易于提高工作质量,同时可以减轻领导者的负担。但是,由于这种机构没有处理好管理层次和管理部门的关系,形成多头领导,使下级执行者接受多方指令,容易造成职责不清。

(3)矩阵制

矩阵制组织机构是把按职能划分的部门和按工程项目设立的管理机构,依照矩阵方式有机地结合起来的一种组织机构形式。这种组织机构以工程项目为对象设置,各项目管理机构内的管理人员从各职能部门临时抽调,归项目经理统一管理,待工程完工交付后又回到原职能部门或到另外工程项目的组织机构中工作。

矩阵制组织机构的优点是能根据工程任务的实际情况灵活地组建与之相适应的管理机构,具有较大的机动性和灵活性。它实现集权与分权的最优结合,有利于调动各类人员的工作积极性,使工程项目管理工作顺利地进行。但是矩阵制组织机构经常变动,稳定性差,尤其是业务人员的工作岗位频繁调动。此外,矩阵中的每一个成员都受项目经理和职能部门经理的双重领导,如果处理不当,会造成矛盾,产生扯皮现象。

1303　项目部的组建原则是什么？一般设置哪些部门？

项目部是企业派驻既定项目进行工程管理的一次性机构。按照目标一致、精于高效、统一指挥、分工协作、责权利相对应的原则，根据具体情况进行组织，应满足项目生产、技术、质量、安全、物资、机械设备、计划、合同、财务、试验、测量、劳务人员管理和后勤保障等的需要。项目部的人员组成应按“动态优化、精干高效、结构合理”的原则，科学设岗定员，实行全员全过程的劳动优化组合。

项目部管理机构的设置，根据项目规模大小及其复杂程度决定下设部门，通常应有：办公室、工程部、合同部、财务部、物资设备部、质量安全部、试验室、测量队、地方协调部等。无论设置专业管理部门多少，各项目管理职能都应发挥其作用；并视项目大小，几个职能部门可以集中一个部门管理，也可以一个职能部门下设若干专业业务小组或只设专职管理人员。

项目部领导成员的设置，根据工作需要，可设项目经理一人，副项目经理若干人，总工程师一人。

1304　项目经理部的规章制度一般应包括哪些制度？

(1)项目管理人员岗位责任制度。

(2)项目技术管理制度。

(3)项目质量管理制度。

(4)项目安全管理制度。

(5)项目计划、统计与进度管理制度。

(6)项目成本核算制度。

(7)项目材料、机械设备管理制度。

(8)项目现场管理制度。

(9)项目分配与奖励制度。

(10)项目例会及施工日志制度。

(11)项目分包及劳务管理制度。

(12)项目组织协调制度。

(13)项目信息管理制度。

1305 项目经理有哪些职责?

(1)项目管理目标责任书规定的职责;

(2)主持编制项目管理实施规划,并对项目目标进行系统管理;

(3)对资源进行动态管理;

(4)建立各种专业管理体系,并组织实施;

(5)进行授权范围内的利益分配;

(6)收集工程资料,准备结算资料,参与工程竣工验收;

(7)接受审计,处理项目经理部解体的善后工作;

(8)协助组织进行项目的检查、鉴定和评奖申报工作。

1306 项目经理应具有哪些权限?

(1)参与项目招标、投标和合同签订;

(2)参与组建项目经理部;

(3)主持项目经理部工作;

(4)决定授权范围内的项目资金的投入和使用;

(5)制定内部计酬办法;

(6)参与选择并使用具有相应资质的分包人;

(7)参与选择物资供应单位;

(8)在授权范围内协调与项目有关的内、外部关系;

(9)法定代表人授予的其他权力。

1307 项目副经理有什么职责?

(1)在项目经理领导下,搞好施工生产组织和日常管理以及物资管理工作,协调好各工点、各部门之间的工作关系,督促、检查日常施工和管理工作执行情况,并及时向项目经理汇报。

(2)主持召开生产会议和安全会议,认真检查、总结当月生产完成情况,布置、安排次月生产计划;及时召开安全会议,对事故本着“四不放过”的原则认真进行分析并提出处理意见上报。

(3)协助项目经理制定内部成本控制办法，严格内部管理，对成本控制方面出现的问题立即制止并提出修改意见。

(4)参与经理部对外经营、施工生产、内部管理方针、目标的制定以及有关重大问题的决策，提出可靠的信息和建设性意见供项目经理参考。

(5)积极配合项目经理进行项目工程的质量策划，选择合格的分承包方，履行项目工程质量管理职责，参与组织制订质量措施，并检查、督促经理部全体人员贯彻实施。

(6)完成项目经理临时交办的任务。

1308　项目总工程师有什么职责?

(1)负责组织制定具体措施贯彻国家和行业关于质量管理和质量保证以及工程质量方面的方针、政策、法律、法规、技术标准和技术规范。

(2)协助项目经理负责项目质量体系的建立、运行、审核、改进等各项工作，负责组织制定项目质量计划，参与讨论形成项目的质量方针和质量目标。

(3)负责组织制定各部门、各技术人员的质量职责、工作质量标准，并每月对执行职责的情况做出公正评价和考核意见。

(4)负责组织制定施工过程的质量控制措施、特殊工序的作业指导书，并定期组织进行全线质量大检查，督促质量月报的编报工作，组织编制项目质量创优计划。

(5)熟悉合同文件及施工图设计文件，领会设计意图，参加业主组织的设计交底和图纸会审。

(6)主持编制实施性施工组织设计，制定施工方案、施工工艺、编制施工技术措施和施工计划及保证质量的措施等。

(7)负责向工作技术人员进行书面技术交底，督促、检查施工技术人员进行现场技术交底工作。

(8)负责推广应用新技术、新结构、新工艺，组织项目的技术、质量攻关，做好科技成果的转化工作。

(9)负责编制项目的施工技术总结，主持交(竣)工技术文件的编制工作，参加交(竣)工验收事宜。

1309 工程部部长有什么职责?

(1)在项目经理领导下，执行党和国家的方针、政策和上级指示决定。

(2)组织编制施工组织设计，确定和审定各施工队的施工方案和技术措施，及时组织处理施工中出现的重大技术问题。

(3)督促检查进度，质量和技术安全工作，搞好工程的竣工验收工作。

(4)编制工程项目施工工艺规程，编写施工总结。

(5)组织施工图纸的会审、检查和进行施工放样，组织编制施工图。

(6)管理测量仪器设备，督促做好技术资料的归档。

(7)安排领导分配的技术培训、组织施工人员学习设计文件、施工图、技术规范。加强工程管理，合理安排工程计划及措施。

(8)负责贯彻执行招投标文件的有关要求，施工规范和安全操作规程，进行技术交底，深入施工现场，处理施工过程中的各类技术问题，组织中间检查与参加业主组织的竣工验收。

(9)负责新技术、新工艺的推广和使用。

(10)完成领导分配的其他工作。

1310 专业工程师有什么职责?

(1)服从分工，对所承担的工程项目履行工程师职责，对所管的工程质量承担管理责任。

(2)熟悉合同文件、技术规范、设计图纸，在施工过程中对质量、进度进行全面控制，施工中出现的问题要按规范要求提出处理意见，对不能解决的问题要及时汇报，请求项目总工、项目经理处理。

(3)负责制定本专业工程管理工作实施细则。组织、指导现场施工员进行施工,填写施工日记并进行检查和监督。

(4)审核施工队的施工计划、方案、施工组织设计及变动设计的建议并报项目总工程师审查。对经批准后的施工计划、方案、施工组织设计督促其贯彻、实施。

(5)负责所管项目,向施工队提供测量资料、设计图纸并进行交桩和技术标准、关键工艺、注意事项等交底;监督放样,校核平面位置及高程;监督操作工艺,组织中间抽检及分部、分项的承包人验收;对关键工序和隐蔽工程督促施工员做好记录。

(6)配合计量工程师做好计量及支付工作。

(7)对所管工程,若发现施工队违反合同及技术规范,经劝阻和制止仍不改正,有权暂令其停止工作,并向项目经理、项目总工报告。

(8)填写工程日记和各种施工记录,负责工程质检资料、验收资料、施工图表、竣工资料的收集、整理和汇总。

(9)监督施工队遵守安全操作规程,有权制止违反安全操作行为。

(10)经常对施工队的质量意识及其质量保证组织、物质手段、质量标准等进行检查。

(11)完成领导分配的其他工作。

1311　测量工程师有什么职责?

(1)熟悉掌握导线点、水准点、路线及桥轴线桩位并随时进行校对。组织各标段间的贯通测量。组织全标段的导线点、水准点复测。监督施工队保护控制桩。

(2)监督施工队的地面校核,复核施工队的测量成果。协同其他专业工程师校核路基、结构物放样,参与以上工程位置、高程、尺寸是否符合设计的验收,发现问题及时处理、汇报。

(3)保管好测量仪器并经常校核。督促施工队对仪器进行校核,保证使用精度。

(4)整理、保管测量原始资料和成果。

1312　道路工程师有什么职责?

(1)对主线、匝道、连接线的路基土石方工程，上下边坡防护工程、排水工程等管理事务及相关的检查、审核应提出意见、建议并按“专业工程师职责”履行其职责。

(2)负责对进场便道、作业便道、借土、弃土方案进行审核，对以上工程临时用地提出审核意见报项目经理。

(3)督促和指导现场旁站员及质检员进行常规压实度及操作监督;对所管工程的质量检验标准进行检查，发现问题及时处理、汇报。

(4)监督和检查施工队按规定清理好场地;排干场地积水;不良地层和软基进行处理、观测;开辟作业道路，保持现场机具装备完整完好;进行现场抽检试验。完成上述工作并经检验合格报监理工程师申请开工。

(5)按照技术规范认真作好施工队首件工程方案的审查，施工检测及总结工作。

(6)负责管理线外工程的施工。

1313　结构工程师有什么职责?

(1)对凡属桥涵结构物的管理事务及相关的检查、审核提出意见、建议，并按“专业工程师职责”履行其职责。

(2)对施工队的施工计划、网络图、施工方案、措施，补充施工图、挖基、围堰、筑岛等临时工程设计、吊装设计、支架及其施工图提出意见报项目总工程师审批。

(3)根据地质变化情况及时提出地基加固处理意见上报项目总工程师，负责提供工程各部分的中间检查验收资料。

(4)经常检查和校对结构物各部尺寸、高程，督促和指导现场旁站员、质检员进行砂浆、混凝土、钢筋及电焊的常规检验和放样;砌石、混凝土、预应力的工艺操作监督。对所管工程的质量检验报表进行复核,发现问题及时处理和汇报。

(5)对水下、高空、吊装作业安全进行监督,对违章操作者有权制止。

(6)监督施工队按规范规定做好桥涵及结构物的回填及压实,特别是桥涵特殊回填区的压实。

1314　现场施工员有什么职责?

(1)必须熟悉合同文件,所管项目的技术规范和设计图纸,掌握工艺操作、施工基本要求及工程质量检验标准。

(2)对所管工程实行现场旁站监督检查。要坚守岗位,对每一工序,每一工程施工的全过程进行监督,促使施工人员遵守操作规程,保证质量,杜绝弄虚作假,防止出现质量缺陷,确保工程符合图纸和规范要求。对所管工程的工艺、操作负现场监督责任。

(3)配合质检人员做好常规压实度、砂浆及混凝土取样检验,砂石料取样检验。

(4)写好工程日记和记录,发现现场执行情况与设计图纸.技术规范不符,应及时劝阻制止,情节严重者可令其暂时停工,并立即报请专业工程师及项目总工处理,做好工程量变化记录。

(5)参与放样、测量、收方、中间交工检查、竣工验收工作。核实施工队提交的工程量计算表。

(6)负责计日工记录并当日报专业工程师认可。

(7)对施工队进入工地的材料进行签订、监督并取样交试验专业工程师检验,发现不合格材料拒绝使用,已进场不得使用,已使用者坚决令其拆除。

(8)有权同意或不同意施工队提出的质量验收申请。

(9)执行项目总工或主管专业工程师的指示和交办的其他工作。

1315　质检员有什么职责?

(1)在项目总工程师、各专业工程师及中心试验室指导下,配合现场旁站员对工程施工和使用材料进行常规试验和检验。

(2)熟悉技术规范和有关检验要求;熟悉并掌握试验方法,随时校正试验仪表,保证试验精度。

(3)坚守岗位,密切配合现场施工员和现场旁站员的工作,保证按规定对每一层次、工序不漏检,并配合施工进度不影响施工。

(4)对各试验和检验成果,填写质检记录和检验单,签字后报经试验专业工程师和主管项目的专业工程师审查后报项目部统一上报监理工程师。

(5)凡经检验不合格的工程,应及时报告现场旁站员和主管专业工程师以便采取措施。

(6)各应检验项目及抽检频率详见《工程施工质量检验标准》。质检员及试验专业工程师有权视施工队实际工程质量情况,对工作的任何部位,临时指定抽样并适当增减上述抽样频率,或其中一部分改由施工队质检人员共同进行。

1316　合同部部长有什么职责?

(1)审核各施工队的月计量支付、分项工程竣工计量支付及全部工程计量支付报表。经项目经理签发后上报监理工程师签认。

(2)负责管理各种质量保证资料,主要是各种图表、技术资料、来往文件、书信的收集、上报、整理、汇总、归档。

(3)组织各施工处相关人员,完成竣工资料的编制。

(4)负责传达省、市高指的有关通知、监理工程师指令。

(5)参与复核各施工队所报的资料,经项目总工程师审核,项目经理签发后,报监理工程师签认。

(6)参与对工程实施性、月度计划的编制,参与对工程变更、单价调整、索赔的检查。

1317　计量工程师有什么职责?

(1)参与各工程的收方、丈量,核实工程量,汇集各种质检资料。审核施工队的月计量支付、分项工程竣工计量支付及全部工程计量支付报表，经项目经理签认后上报。

(2)对质量不合格或质检资料不全，或签证手续不完备，或计量工作中弄虚作假的工程拒绝计量和支付。

(3)负责内业主办的职责，负责图表及技术资料，来往文件、书信、图表、测绘(办公)用品的管理，负责上报资料、报表、竣工图纸的汇总和整理。

(4)参与对竣工计划、工程调整、单价调整、索赔、罚款的检查。

1318　资料员有什么职责?

(1)负责各种施工技术资料的收集、整理、申报、编号、归档和保管。

(2)负责传达并落实上级部门下发的与工程有关的指令。

(3)为各施工队提供优质的咨询服务和技术指导。

(4)复核各施工队所报的资料，经项目总工程师审核，项目经理签发后，报监理工程师签认。

(5)传达监理工程师的指令。

(6)组织各施工队相关人员完成竣工资料的编制。

1319　财务部部长有什么职责?

(1)贯彻执行党的路线、方针、政策，严格按照《会计法》，做好各项财务收支的计划、控制、核算、分析和考核工作，依法合理筹集资金，有效利用各项资产，努力提高经济效益。

(2)认真编排月、季、年度施工支出计划，合理安排资金。

(3)按《会计法》规定记账、算账、报账，做到手续齐全，内容真实，数据准确，按时结报。

(4)按照银行有关规定，做好银行结算工作做到日清月结。

(5)加强资金管理，现金银行业务必须做到日清月结，账款相符。库存现金不得超过规定限额，超过现金支出范围的所有支出，一律通过银行办理转账结算。

(6)妥善保管会计凭证、账册、报表、票据及有关的档案资料。

（7）遵守、宣传、维护国家财务制度和财经纪律。

1320 安全部部长有什么职责？

（1）在项目部的领导下，贯彻执行政府和上级主管机关关于安全生产、劳动保护的方针、政策、指示、决定。

（2）组织制定工程安全管理制度和安全生产计划。参与审查施工组织设计、施工方案，提出保障工程安全的措施和建议，组织开展施工安全教育，定期或不定期进行安全检查，负责组织工伤、肇事、工程事故的登记、调查、分析、处理和上报工作，协助做好事故发生单位提出今后防范措施，抓好机动车辆、机械、设备的安全管理。

（3）贯彻执行有关工程机械、设备管理的指示、决定、指导施工单位设备管理、使用保管、维修报废等各项规章制度，负责管理机械设备台账，及时掌握各施工队机械设备的异常情况，搞好调配工作，提高机械设备的利用率。

1321 安全员有什么职责？

（1）在项目经理部指导下，负责本标段安全、消防、保卫工作。

（2）坚持开展安全日活动，及时布置活动的各项制度，并定期或不定期检查督促各项制度执行情况。

（3）参与制定和修改本标段安全教育、安全活动的各项制度，并定期或不定期检查督促各项制度执行情况。

（4）负责对各施工队安全员的业务指导，组织安全生产劳动竞赛，定期进行安全、消防、保卫的总结评比。

（5）负责施工现场的安全指导工作，对全标段职工进行安全教育和各类人员的业务指导和培训工作。

（6）检查中发现隐患时迅速向有关领导和安全部门汇报，并采取有效的防范措施。

（7）参加案件事故的调查处理、统计、分析、上报和资料的整理归档。

(8)完成领导分配的其他工作。

1322 综合部部长有什么职责?

(1)在项目经理部的领导下,为项目部全体工作人员做好衣、食、住、行等服务性工作。

(2)热情做好接待工作,使客人高兴而来,满意而归。

(3)严格内部管理,建立健全各种制度,做到各项工作能严谨而有序地进行。

(4)及时做好上情下传、下情上达的工作,确保政令畅通。

(5)做好本部文件的收发登记、传阅、督办、归档工作。

(6)按照党的优良传统,与地方各级组织搞好关系,自觉遵守群众纪律,注意尊重地方风俗习惯,虚心向地方人民群众学习。

1323 试验室主任有什么职责?

(1)在项目部的领导下,负责对工程使用的水泥、砂、石、钢材等重要原材料进行检验,严格控制用于工程的原材料质量,防止不合格原材料用于工程,保证工程质量。

(2)对结构施工的混凝土施工工序进行质量控制,监督督促严格按配合比施工,明解计量原材料用量,保证所浇筑混凝土的质量。

(3)对路基施工的压实工序进行质量控制,保证各压实区能达到规范要求的压实度,从而保证路基施工质量。

(4)对各种试验数据进行整理、分类、归档,确保工程第一手数据真实、准确,能真实反映工程质量情况,为正确评价工程质量提供数据,同时也为以后的类似工程施工提供参考数据。

(5)保养、维护好各种试验仪器及设备,使各种设备处于正常状态,能良好的运作,随时可投入使用,不因仪器原因而影响试验结果。

(6)服从项目部领导,积极配合其他部门,共同致力于提高工程质量的活动中去。

1324 试验员有什么职责?

(1)严格遵守各项规章制度,服从试验室主任的工作安排。

(2)严格按照国家和主管部门颁布的试验规程进行试验操作。按时完成任务,并对试验数据负全面责任。

(3)团结协作,刻苦钻研业务,提高自身的业务水平。

(4)试验要有始有终,试验完成后要将试验场地收拾干净,仪器擦洗干净,东西摆放整齐。

(5)严格遵守安全操作规程,不得乱接电线,不留隐患,发现安全问题及时报告并采取措施。

(6)正确使用各种仪器设备,仪器设备不得超检定周期工作,发现异常应及时报告。

(7)认真填写原始记录,严禁弄虚作假。

(8)爱护公物,不得擅自外借试验仪器或承接试验任务。

第四节 劳动力资源的配置与管理

1401 施工企业劳动用工有几种来源?

(1)企业自有职工。通常是长期合同工或无固定期限的合同工。企业对这部分员工的管理纳入正式的企业人力资源管理范畴。

(2)劳务分包企业用工。劳务分包企业以独立企业法人形式出现,由其直接招收、管理进城务工人员,为施工总承包和专业承包企业提供劳务分包服务,或成建制提供给施工总承包和专业承包企业使用。

(3)施工企业直接雇佣的短期用工。他们往往由包工头带到工地劳动,也有一定数量的零散工。

1402 公路工程施工现场的劳动力由哪些人员构成?

由生产工人、专业技术人员和管理人员组成。生产工人包括技术工人、机械工人和普通工人，技术工人主要有测量工、试验工、机修工、钢筋工、木工、混凝土工及张拉工等，管理和专业技术人员构成项目部的主体。

1403　公路工程主要施工工序需配置哪些人员？

(1)测量工和试验工在所有的工序中必须配置。

(2)材料的装卸与运输：参加该工种的人员有卡车司机、装卸工、机械操作手。

(3)土石方开挖：在机械化土石方开挖时，需挖掘机操作人员、卡车司机、工长、爆破工和普工。

(4)公路路面施工：无论是沥青或水泥混凝土公路路面施工，需调配的人员包括拌和设备操作人员、装载机操作人员、运输车辆司机、摊铺机操作人员、压路机操作人员、边缘修饰人员、普工、交通管理人员、指挥人员。

(5)结构施工：在结构工程施工中，为使各工种互相搭配合理，均衡施工，采用混合队形式。

1)钻孔灌注桩成孔施工：需配备钻孔机操作人员、普工和工长；

2)混凝土施工：需要模板工人、混凝土工，混凝土工一般按浇筑、摊铺、振捣和修饰几个工序安排工人；

3)钢筋施工：需要钢筋工和电焊工，钢筋施工的生产率将由钢筋的规格、形状、间距和结构的复杂程度决定。

1404　公路工程施工特种作业人员指什么？包括哪些人员？

公路工程施工特种作业人员是指在公路工程施工活动中，从事可能对本人、他人及周围设备设施的安全造成重大危害作业的人员。一般包括以下八类人员。

(1)电工；

(2)架子工；

(3)焊接与热切割作业；

(4)起重信号司索工；

(5)起重机械司机；

(6)起重机械安装拆卸工；

(7)高处作业；

(8)经省级以上人民政府建设主管部门认定的其他特种作业。

1405　**特种作业人员应具备什么条件?**

申请从事建筑施工特种作业的人员，应当具备下列基本条件：

(1)年满 18 周岁且符合相关工种规定的年龄要求；

(2)经医院体检合格且无妨碍从事相应特种作业的疾病和生理缺陷；

(3)初中及以上学历；

(4)符合相应特种作业需要的其他条件。

1406　**特种作业人员有什么从业要求?**

(1)建筑施工特种作业人员必须经政府有关主管部门考核合格，取得建筑施工特种作业人员操作资格证书，方可上岗从事相应作业。

(2)持有资格证书的人员，应当受聘于建筑施工企业或者建筑起重机械出租单位等用人单位，方可从事相应的特种作业。

(3)用人单位对于首次取得资格证书的人员，应当在其正式上岗前安排不少于 3 个月的实习操作。

(4)公路工程施工特种作业人员应当严格按照安全技术标准、规范和规程进行作业，正确佩戴和使用安全防护用品，并按规定对作业工具和设备进行维护保养。

(5)公路工程施工特种作业人员应当参加年度安全教育培训或者继续教育，每年不得少于 24 h。

(6)在施工中发生危及人身安全的紧急情况时，特种作业人员有权立即停止作业或者撤离危险区域，并向施工现场专职安全生产管理人员和项目负责人报告。

1407　特种作业人员如何办理延期复核?

特种作业资格证书有效期为两年,有效期满需要延期的,公路工程施工特种作业人员应当于期满前 3 个月内向原考核发证机关申请办理延期复核手续。延期复核合格的,资格证书有效期延期 2 年。公路工程施工特种作业人员在资格证书有效期内,有下列情形之一的延期复核结果为不合格:

(1)超过相关工种规定年龄要求的;

(2)身体健康状况不再适应相应特种作业岗位的;

(3)对生产安全事故负有责任的;

(4)2 年内违章操作记录达 3 次(含 3 次)以上的;

(5)未按规定参加年度安全教育培训或继续教育的;

(6)考核发证机关规定的其他情形。

1408　施工过程中劳动力配置的原则是什么?

工程任务是通过组织实施施工过程中的各阶段、各工序而实现的。而影响施工过程的组织实施的因素很多,例如:施工性质、施工生产类型、工程结构类型、劳动力、材料、机械设备条件、自然条件等,而劳动力的素质、数量是其中的重要因素。施工项目劳动力配置时应遵照以下几个原则。

(1)保证施工过程的连续性对劳动力的需要

施工过程是由各阶段、各工序组成的,在时间上是连续的。保持和提高施工过程的连续性,可以缩短施工周期,节省流动资金,可以避免已完工程在等待时可能引起的损失,对提高劳动生产率具有很大的意义。因此,在配置劳动力时,必须从劳动力的素质和数量上保证满足施工过程连续性的需要。

(2)保证施工过程的协调性对劳动力的需要

施工过程的协调性是指在工程施工各阶段、各工序之间,在施工能力上保持一定的比例。协调性是保证施工顺利进行的前提,可以使施工过程中的人力和设备得到充分的利用,避免工程在各个施工阶段和工序之间的由于劳动力不足、失调而产生停顿和等待，从而缩短施工周期。因此，劳动力配置时，必须从劳动力的素质和数量上保证满足施工过程协调性的需要。

(3)保证施工过程的均衡性对劳动力的需要

施工过程的均衡性也称施工过程的节奏性，是指各个施工环节工作负荷保持相对稳定，工作量比较均衡，不出现时紧时松或者前松后紧等现象。均衡施工能充分利用设备和工时，保证正常的施工秩序、施工质量、降低成本。因此，劳动力配置时，必须从劳动力的素质和数量上保证满足施工过程均衡性的需要。

(4)保证施工过程经济性的要求

施工过程的连续性、协调性、均衡性的实施，效果如何，最终通过施工项目的经济效益反映出来。因此，劳动力配置时，必须从劳动力的素质和数量上合理搭配，整个项目综合平衡，保证满足整个施工项目的经济性。

(5)依据施工进度计划要求进行劳动力配置与调整

施工进度计划对将要实施的工程项目的各个工序进行了时间规定。施工进度图一般以横道图、直方图、网络图表示，劳动力配置数量、类别根据施工进度计划确定，当劳动力队伍配置不合理时应对施工进度计划作适当的优化，最终根据优化的施工进度计划确定劳动力配置。

1409 施工中劳动力数量如何计算？

(1)工程数量计算

工程数量 Q 根据施工图纸及有关工程数量的计算规则，分别计算各个施工过程的工程数量。计算单位，应与相应的施工定额的计算单位一致。

(2)劳动量计算

根据工程数量 Q 及相应的现行定额（施工定额或预算定额）即可计算劳动量 D：

$$D=Q/C$$

式中　D——劳动量（工日）；

Q——工程数量；

C——产量定额。

（3）工程施工队（班组）人数配置

$$R=\frac{D}{tn}$$

式中　R——施工队（班组）配置人数；

D——劳动量（工日）；

t——施工周期；

n——施工队（班组）数量。

（4）估算辅助施工人员

劳动定额中的人员仅指直接从事建筑安装工程施工（包括附属企业）的生产工人，而不包括：材料采购及保管人员；材料到达工地以前的搬运、装卸工人等人员；驾驶施工机械、运输工具的工人；由管理费支付工资的人员。这部分辅助施工人员应按一定比例（一般在20％～30％之间）加以估算。

1410　国家对施工企业劳动用工有哪些管理规定？

（1）建筑施工企业（包括施工总承包企业、专业承包企业和劳务分包企业）应当按照相关规定办理用工手续，不得使用零散工，不得允许未与企业签订劳动合同的劳动者在施工现场从事施工活动。

（2）建筑施工企业与劳动者建立劳动关系，应当自用工之日起按照劳动合同法规的规定订立书面劳动合同。劳动合同中必须明确规定劳动合同期限，工作内容，工资支付的标准、项目、周期和日期，劳动纪律，劳动保护和劳动条件以及违约责任。劳动合同应一式三份，双方当事人各持一份，劳动者所在工地保留一份备查。

（3）施工总承包企业和专业承包企业应当加强对劳务分包企业与劳动者签订劳动合同的监督，不得允许劳务分包企业使用未签订劳动合同的劳动者。

（4）建筑施工企业应当将每个工程项目中的施工管理、作业人员劳务档案中有关情况在当地建筑业企业信息管理系统中按规定如实填报。人员发生变更的,应当在变更后7个工作日内,在建筑业企业信息管理系统中做相应变更。

1411 公路行业对工程施工现场劳动力的管理有什么要求?

(1)用人单位应建立劳务用工管理组织机构,负责依法制定本企业劳务分包和劳动用工管理办法,并对其执行落实情况进行直接监督。

(2)用工单位法定代表人是劳务用工管理工作的第一责任人,负责组织和领导本企业劳务用工管理工作。

(3)项目经理是劳务用工管理的直接责任人,负责贯彻执行企业劳务用工管理的规定,并组织制订本项目的管理措施和办法,亲自监督本项目工资支付工作,亲自组织解决本项目的用工纠纷和劳动争议。

(4)执行劳动合同制度。劳动合同是规范用人单位和农民工双方权利与义务的法律文件。用人单位招用农民工都应依法订立并履行劳动合同,建立权责明确的劳动关系,不得滥用试用期侵犯农民工权益。

(5)建立工资支付保障制度。做到工资发放月清月结或按劳动合同约定执行。改进农民工工资卡支付管理,推行农民工个人账户。执行最低工资和小时工资制度,合理确定、及时调整和提高农民工工资水平,切实改变农民工工资偏低、同工不同酬的状况。

(6)建立农民工社会保障制度。依法将农民工纳入工伤保险范围,与劳动保障部门配合,将建筑农民工大病医疗和工伤保险纳入社会保险。用人单位必须为农民工办理工伤保险手续并交纳工伤保险费,在农民工发生工伤后,做好工伤认定、劳动能力鉴定和待遇支付工作。未参加工伤保险的农民工发生工伤,由用人单位按照工伤保险规定的标准支付费用。为从事高风险作业的职工办理意外伤害保险。

(7)执行劳动安全卫生制度。严格执行国家职业安全和劳动保护规程及标准，有关部门必须切实履行职业安全和劳动保护监管职责，用人单位必须履行劳动安全卫生的主体责任，发放劳动防护用品，对可能受职业危害的人员进行定期检查。农民工应当增强劳动安全卫生意识和自我保护能力。

(8)加强农民工职业技能培训。充分发挥建筑施工企业培训主体作用，做好在岗农民工职业技能培训工作。

(9)实行农民工实名制管理，用人单位要建立农民工用工管理档案和工资档案，全面掌握现场工作的所有工人上岗工作情况，适时进行检查、督促。项目部要建立打卡记工制度，全面提升建筑业企业劳务管理水平。

1412　施工企业劳务用工的工资支付有什么规定？

(1)建筑施工企业应当按照当地的规定，根据劳动合同约定的工资标准、支付周期和日期，支付劳动者工资，不得以工程款被拖欠、结算纠纷、垫资施工等理由克扣劳动者工资。

(2)建筑施工企业应当每月对劳动者应得的工资进行核算，并由劳动者本人签字。

(3)建筑施工企业应当至少每月向劳动者支付一次工资，且支付部分不得低于当地最低工资标准，每季度末结清劳动者剩余应得的工资。

(4)建筑施工企业应当将工资直接发放给劳动者本人，不得将工资发放给包工头或者不具备用工主体资格的其他组织或个人。

(5)建筑施工企业应当对劳动者出勤情况进行记录，作为发放工资的依据，并按照工资支付周期编制工资支付表，不得伪造、变造、隐匿、销毁出勤记录和工资支付表。

(6)建筑施工企业因暂时生产经营困难无法按劳动合同约定的日期支付工资的，应当向劳动者说明情况，并与工会或职工代表协商一致后，可以延期支付工资，但最长不得超过30日。超过30日不支付劳动者工资的，属于无故拖欠工资行为。

(7)建筑施工企业与劳动者终止或者依法解除劳动合同，应当在办理终止或解除合同手续的同时一次性付清劳动者工资。

1413 用人单位对特种作业人员应当履行哪些职责?

(1)与持有效资格证书的特种作业人员订立劳动合同;

(2)制定并落实本单位特种作业安全操作规程和有关安全管理制度;

(3)书面告知特种作业人员违章操作的危害;

(4)向特种作业人员提供齐全、合格的安全防护用品和安全的作业条件;

(5)按规定组织特种作业人员参加年度安全教育培训或者继续教育,培训时间不少于 24 h;

(6)建立本单位特种作业人员管理档案;

(7)查处特种作业人员违章行为并记录在档;

(8)法律法规及有关规定明确的其他职责。

第五节 设备资源的配置与管理

1501 施工机械的选择、配置的目的、依据及考虑因素是什么?

施工机械的选择、配置是为了合理运用施工机械,以达到提高机械作业的生产率、减轻施工人员的劳动强度、降低机械运转费用和延长机械使用寿命,优质、高效、安全、低耗的完成工程建设任务。合理选择施工机械的主要依据是公路建设项目的工程量和施工进度,机械选型应挑选技术上先进、经济上合理和使用安全可靠的装备。施工机械的配置应与工程的具体实际相适应。考虑的具体因素有:工程量、施工进度计划、施工质量要求、施工条件、现有机械的技术状况和新机械的供应情况等。对每个施工机械的工作参数应注意机械的工作容量、生产率、机械的尺寸、机械的质量、自行式施工机械的移动速度、动力装置类型和功率等。

1502　选择施工机械的原则是什么?

(1)适应性:适应性一方面是指施工机械要适应于工程的施工条件和作业内容,如工地的气候、地形、土质、场地大小、运输距离、工程规模等。另一方面施工机械的工作容量、生产率等要与公路工程进度及工程量相符合,尽量避免因施工机械的作业能力不足而延误工期,或因作业能力过大而使施工机械利用率降低。

(2)先进性:新型的施工机械具有高效低耗、性能稳定、安全可靠、质量好等优点,更能保质保量地完成公路施工任务。此外,采用先进的施工机械,由于其性能优点、安全可靠、故障费低,最终可取得较好的技术经济效益。

(3)通用性和专用性:选用施工机械时要全面考虑通用性和专用性。通用施工机械可以一机多用,用一种机械代替一系列机械,简化工序,减少作业场地,扩大机械使用范围,提高机械利用率,方便管理和修理。专用施工机械生产率高、作业质量好,因此某些作业量较大或有特殊施工要求的公路建设项目,选择专用性强的施工机械较为合理。

(4)经济性:机械类型选择必须考虑其运转可靠性、维修方便程度和售后服务质量,选择性能价格比高的机械产品。在选用施工机械时,应根据工地的实际情况,既要充分利用现有机械,又要注意机械的更新换代,加强技术改造,以求达到技术上合理,经济上有利,不断提高机械的利用率。同时必须权衡工程量、施工单价与机械费用的关系,选择总体降低公路建设项目成本的机械设备。

(5)安全性:在选择合适的施工机械、保证公路建设项目工程质量和施工进度的同时,应充分考虑施工机械的安全可靠性,此外,在保证施工人员、设备安全的同时,应注意保护自然环境及已有的建筑设施,不致因所采用的施工机械及其作业而受到破坏。

1503　公路工程施工机械的应如何合理组合?

(1)主要机械与配套机械的组合。配套机械的工作容量、生产率和数量应稍大一点，以便充分发挥主要机械的作业效率。

(2)主要机械与辅助机械的组合。辅助机械的生产率应略大一些，以便充分发挥主要机械的生产率。

(3)牵引车与其他机具的组合。两者要互相适应，以便获得最佳的“联合作业”效益。

(4)施工机械类型及数量宜少不宜多。根据公路建设项目的作业内容，尽可能地选用大工作容量、高作业效率的相同类型的施工机械。一般来说，组合的施工机械台数适当减少，有利于提高协同作业的效率。施工机械品种、规格单一时，便于施工过程中的调度、管理和维护。

(5)并列组合。只依靠一套施工机械组合作业，当主要施工机械发生故障时，就会造成公路建设项目全线停工。若选用两套或多套施工机械并列作业，则可避免或减少全线停工现象的发生。

1504 施工机械的选择方法有哪几种?

(1)根据公路建设项目作业内容选择施工机械。

(2)根据公路建设项目工程量选择施工机械。

(3)根据运输距离和道路情况选择施工机械。

(4)根据土质选择施工机械。

(5)根据气象条件选择施工机械。

1505 施工现场的机械设备应如何管理?

(1)管理人员专业化。项目经理部应明确分管设备的领导，明确施工所需的设备管理和操作岗位，同时配备相应管理工作人员和设备操作专业技术人员，这不仅会影响机械设备的技术使用寿命，还直接关系到施工工程质量。

(2)日常管理数量化。项目经理部应进行单机成本核算，核算出每台机械设备的投入和产出，并对投入产出比率进行统计分析，对机械设备的施工经济效益进行量化管理。

(3)项目目标责任化。项目经理部应对机械设备管理目标制定相应的经济技术指标和考核制度，做到分层管理、责任到人，以确保各项考核指标的完成。

(4)施工作业操作规范化。机械设备的使用者必须严格按照设备的操作规程及使用说明操作使用设备，要求技术性与纪律性并重，必须严格遵守机械设备使用管理规定。实行“三定”制度，主要设备实行定机、定人、定岗位制。

(5)安全教育经常化。为了消除一切对机械设备安全的不利因素，避免安全事故发生，项目经理部要以多种形式进行安全教育，根据工种进行安全操作规程、安全注意事项等方面的考核，合格后方能上岗作业，严格执行考核、持证上岗制度。

(6)预防检查日常化。要做好设备的预防检查，应做好日常维护和巡检两个环节，日常维护由机械操作手来完成，主要内容就是“十字作业法”贯彻机械设备的整个进行过程，直到停机下班。巡检的工作由修理人员来做。

(7)设备维护科学化。设备维护应严格按照设备使用说明书的要求科学的进行，避免盲目维护带来的危害。

(8)专业检修定期化。机械设备的定期检查是制定维修计划的一个重要组成部分。应通过必要的仪器设备来测定机械设备的技术状况、劣化程度，确定机器的性能，决定其修理的内容和时间。

1506　不同的施工条件选择施工机械时应注意什么？

(1)选择用于高原、高山地区作业的施工机械要注意以下问题：以柴油机为动力的施工机械，柴油机应配用增压装置，应选转矩适应系数(转矩储备系数)大的柴油机；以电力驱动的施工设备在电机的驱动功率上做出调整，增大驱动能力，达到电机安全运转的目的。

(2)土地干燥区施工，尽可能选用轮式底盘的施工机械；经常在雨季或湿涝地区施工，尽可能选用履带式底盘的施工机械。

1507 如何确定施工机械所需数量?

$$N = \frac{P}{W_1 Q K_s}$$

式中 N——需要机械的台数;

P——计划时段内应完成的工程量(m^3);

W_1——计划时段内的制度台班数;

Q——机械的台班生产率(时/台班);

K_s——机械的利用率。

对于施工期长的大型工程,常以年为计划时段。对于小型和工期短的工程,或特定在某一时段内完成的工程,可根据实际需要选取计划时段。

机械的台班生产率可根据现场实测确定,或根据机械在类似工程中使用的经验确定。机械的生产率也可选用制造厂家推荐的资料,但须持谨慎态度。当用理论公式计算时,应仔细选取有关参数,特别是生产率影响最大的机械利用率。我国目前习惯采用概(预)算定额中的机械产量定额作为机械的台班生产率。

1508 清理草木作业如何选择机械?

(1)铲除杂草:可用平地机、小型推土机铲除矮草、杂草及表土。

(2)除掉灌木丛、树木:根据树木的种类和直径,除了推土机之外,还可使用耙齿推土机、伐木机、剪切机,以便提高效率。

1509 挖方作业应如何选择机械?

(1)软土开挖:修补道路、平整场地可选择平地机;短距离铲土、运土可选择推土机;中等距离铲土、运土可选择拖式铲运机;中长距离铲土、运土可选择自行式铲运机。

(2)硬土开挖:中、大型推土机(带液压松土器)适用于风化岩、软岩、漂石混合土质的挖方；松土器不能挖掘时，利用炸药来爆破，需选择凿岩机、空气压缩机。

1510　一般性挖土、装载应如何选择机械？

(1)推土机适用于 100 m 以内的运距。在堆土场等地方，作为挖掘机装载的辅助机械来进行挖掘作业时以中大型推土机为宜。

(2)对于挖掘能力要求不大且较松的土质，以使用轮式装载机为适宜；挖掘能力要求较大时，挖掘机或履带式装载机较能发挥效益。

(3)松软土质或坡度较大时的铲运，一般使用拖式铲运机；运距较长，而现场条件好的时候，则使用自行式铲运机。

(4)挖掘机工作半径大，并能旋转 360°，可在比地面高或低的地方进行工作，其工作挖土装载范围非常广。

(5)拉铲挖掘机适用于低而广的地方进行挖掘。

1511　基坑开挖如何选择机械？

(1)基础较大时，用推土机铲土、运土，用装载机进行装载，也可用挖掘机进行挖掘、装载。

(2)基础较小时，在地面上用挖掘机对其基础进行挖掘、装载。

1512　沟槽开挖如何选择机械？

(1)平地机适用于侧沟的开挖。

(2)推土机适用于简易排水沟的开挖。

(3)挖掘机适用于埋设水管等沟的开挖，挖掘精度要求较高时需用挖掘机开挖。

1513　运输作业如何选择机械？

(1)推土机适用于 100 m 以内的短距离运土。

(2)拖式铲运机适用于 500 m 以内的中距离运土。

(3)自行式铲运机适用于500 m以上的中长距离运土。

(4)装载机、翻斗车适用于500 m以上的中长距离运土。搬运岩石时,不能使用铲运机的情况下,运距在50～150 m处,可使用轮式装载机来装运。

1514 铺土作业如何选择机械?

(1)一般的铺平作业可用推土机、铲运机,平地机可用于铺平已经用推土机、铲运机初平的场所。

(2)大面积或精度高的铺土作业可用平地机。平地机用于道路填土的平整时,一般可在推土机之后,地形条件较好时也可单独作业。

(3)铺砌材料的铺平厚度受到严格限制时,可使用碎石或石屑撒布机。

1515 道路填土的压实机械如何选择?

(1)静力式压路机适用于黏土、粉土的压实。

(2)轮胎压路机适用于砂砾石、砂质土及黏土和粉土的压实。

(3)振动压路机适用于砂砾石、砂质土的压实。

(4)羊脚碾适用于黏土、粉土的压实。

(5)填土坡面的压实,当规模小时使用振动板,规模大时使用牵引式振动压路机。

1516 路基工程主要机械设备如何选择?

(1)对于清基和料场准备等路基施工前的准备工作,选择的机械与设备主要有:推土机、挖掘机、装载机和平地机等;遇有沼泽地段的土方挖运任务,应选用湿地推土机。

(2)对于土方开挖工程,选择的机械与设备主要有:推土机、铲运机、挖掘机、装载机和自卸汽车等。

(3)对于石方开挖工程,选择的机械与设备主要有:挖掘机、推土机、移动式空气压缩机、凿岩机、爆破设备等。

(4)对于土石填筑工程，选择的机械与设备主要有：推土机、铲运机、羊足碾、压路机、洒水车、平地机和自卸汽车等。

(5)对于路基整形工程，选择的机械与设备主要有：平地机、推土机和挖掘机等。

1517　路面基层施工主要机械设备如何选择?

(1)基层材料的拌和设备：集中拌和(厂拌)采用成套的稳定土拌和设备，现场拌和(路拌)采用稳定土拌和机。

(2)摊铺平整机械：包括拌和料摊铺机、平地机、石屑或碎石撒布车。

(3)装运机械：装载机和运输车辆。

(4)压实设备：压路机。

(5)清除设备和养护设备：清除车、洒水车。

1518　桩基础的施工机械有哪些?

(1)预制桩施工机械：常用的有蒸汽打桩机、液压打桩机、振动沉拔桩机、静压沉桩机等。

(2)灌注桩施工机械：根据施工方法的不同配置不同的施工机械。

1)全套管施工法，相应配置全套管钻机。

2)旋转钻施工法：相应配置有钻杆旋转机和潜水钻机。

3)旋挖钻孔法：相应配置旋挖钻桩机。

4)冲击钻孔法：相应配置冲击钻机。

5)螺旋钻孔法：相应配置螺旋钻孔机。

1519　灌注桩施工如何选择钻机?

灌注桩施工选择钻机类型时，必须根据所钻孔位的地质(土壤及土层结构)情况结合钻机的适用能力而选型，参见表1-3。

表 1-3 各种钻孔方法适用范围

各类灌注桩适用范围		适用条件
护壁成孔灌注桩	冲击成孔	用于各种地质情况
	冲抓成孔	用于一般黏土、砂土、砂砾土
	旋转正、反循环钻成孔	用于一般黏土、砂土、砂砾土等土层，在砂砾或风化岩层中亦可应用机械旋转钻孔。但砾石粒径超过钻杆内径时不宜采用反循环钻孔
	潜水钻成孔	用于黏性土、淤泥、淤泥质土、砂土
干成孔灌注桩	螺旋钻成孔	用于地下水位以上黏性土、砂土及人工填土
	钻孔扩底	用于地下水位以上坚硬塑黏性土、中密以上砂土
	人工成孔	用于地下水位以上黏性土、黄土及人工填土
沉管灌注桩	锤击沉管	用于可塑、软塑、流塑黏性土、黄土、碎石土及风化岩
	振动沉管	
爆扩灌注桩	爆扩	用于地下水位以上黏性土、黄土、碎石土及风化岩

1520 混凝土泵的生产率如何计算?

可按下式计算：

$$Q=60AnsaK$$

式中 Q——混凝土泵的生产率(m^3/h)；

A——混凝土泵活塞横断面积(m^2)；

n——混凝土泵活塞每分钟循环次数(次/min)；

s——混凝土泵活塞行程(m)；

a——混凝土泵缸数；

K——容积效率，一般取 0.6～0.9。

1521 对桥梁上部结构不同的施工方法各需要哪些施工机械?

(1)顶推法：主要施工设备有油泵车、大吨位千斤顶、穿心式千斤顶、导向梁等。

(2)滑模施工方法：主要施工设备有滑移模架、卷扬机油泵、油缸、钢模板等。

(3)悬臂施工方法:主要施工设备有吊车、悬挂用专门设计的挂篮设备。

(4)预制吊装施工方法:主要施工设备有各类吊车或卷扬机、万能杆件等。

(5)满堂支架现浇法:主要施工设备有各类万能杆件、贝雷架和各类轻型钢架管等。

1522 隧道开挖的机械设备应如何配置?

由于隧道的类型不同、施工方法不同,使用的施工机械也不相同。有的隧道用一般的土石方机械(如钻孔机械、装运机械)即可施工,有的隧道需专用施工机械,如使用全断面掘进机(TBM)、臂式掘进机(EPB)、液压冲击锤等。盾构法施工的机械化盾构设备主要有刀盘式、行星轮式、铲斗式、钳爪式、铣削臂式和网格切割式盾构,所以应根据隧道类型、施工方法的不同配置不同的设备。

1523 钻爆法隧道施工应配置哪些机械设备?

(1)钻孔机械:风动凿岩机、液压凿岩机、凿岩台车;

(2)装药台车;

(3)找顶及清底机械;

(4)初次支护机械:锚杆台车、混凝土喷射机、混凝土喷射机械手;

(5)注浆机械:钻孔机、注浆泵;

(6)装渣机械:轮胎式、履带式装载机,扒爪装岩机,耙斗式装岩机,铲斗式装岩机;

(7)运输机械:自卸汽车、矿车;

(8)二次支护衬砌机械:模板衬砌台车、混凝土搅拌站、搅拌运输车、混凝土输送泵。

1524 推土机每铲最大推土量如何计算?

$$V=\frac{B_g(H_g-h)^2}{2\tan\varphi_0}K_m$$

式中 V——推土机每铲最大推土量(m^3);

B_g——推土板宽度(m);

H_g——推土板高度(m);

h——平均切土深度(m);

φ_0——土的自然坡度角,按表1-4选取;

K_m——土的充盈系数,一般取0.5~1.2。

表1-4 土的自然坡度角

种类 / 状态	碎石	砾石	砂石			黏土		轻亚黏土	种植土
			粗砂	中砂	细砂	肥土	贫土		
干	35°	40°	30°	28°	25°	45°	50°	40°	40°
湿	45°	40°	32°	35°	30°	35°	40°	30°	35°
饱和	25°	35°	37°	25°	20°	15°	30°	20°	25°

1525 推土机推土作业生产率 Q_t 如何计算?

$$Q_t=\frac{3600VK_jK_nK_y}{T}$$

式中 Q_t——推土作业生产率(m^3/h);

T——一个推土周期循环时间(s);

K_j——推土作业时间利用系数,一般取0.85~0.90;

K_n——铲刀土壤漏损系数,取决于运土距离 l_2,$K_n=1-0.005l_2$;

K_y——坡度作业影响系数,按表1-5选取。

表1-5 坡度作业影响系数

坡度(%)	上坡			下坡			
	0~5	5~10	10~15	0~5	5~10	10~15	15~20
K_y	1.0~0.67	0.67~0.5	0.5~0.4	1.0~1.33	1.33~1.94	1.94~2.25	2.25~2.68

$$T=\frac{l_1}{v_1}+\frac{l_2}{v_2}+\frac{l_1+l_2}{v_4}+2t_5+t_6+t_7$$

式中　l_1——切土距离(m),一般取为6～10 m;

l_2——运土距离(m);

v_1,v_2,v_4——切土、运土、返回速度(m/s);

t_5——推土机转向时间,一般取为10 s;

t_6——换挡时间,换挡一次取为4～5 s(动力换挡变速箱可不计换挡时间);

t_7——铲刀下落时间,一般取为1～2 s。

1526　推土机平地作业生产率如何计算?

$$Q_p=\frac{3600(B_g\sin\varphi-m)LH_gK_j}{n\left(\frac{L}{v}+t_5\right)}$$

式中　Q_p——平地作业生产率(m^3/h);

B_g——推土板宽度(m);

φ——推土板水平面回转角(°);

m——相邻两次平整通道间重叠部分,一般取为0.3～0.5 m;

L——平整地段长度(m);

H_g——推土板高度(m);

K_j——时间利用系数,可取为0.85～0.90;

n——每一段的平整次数,通常取1～2次;

v——平地速度,宜取0.8～1.0 m/s;

t_5——推土机转向时间,一般取为10 s。

1527　如何提高推土机生产率?

要提高推土机生产率首先应缩短推土机的作业循环时间,提高作业时间利用系数,降低运送中土的漏损等。

为了缩短一个循环作业的时间,推土机在铲土时应充分利用发动机的功率以缩短铲土距离，合理选择运距，使运土和回程距离最短，并尽量创造下坡铲土的条件。此外应提前为下道工序做好准备，尽量做到有机配合。如当推土机接近卸土位置时，应边提刀边换挡，而在后退时就应选好下次落刀的位置。

为了提高作业时间利用系数，应消除不必要的非生产时间。如做好开工前的各项准备工作，避免因准备工作不善而停机。

另外，正确进行施工组织，合理选择机型，以免使用不当而不能发挥机械效能。此外，在施工中对各种施工条件应采用正确合理的施工方法，如遇硬土，应先翻松再推运。

为了减少土壤漏损，推送时可采用槽式或并列式推送方式，这样不但可以提高推土效率，还可增大铲刀前土堆的体积。

提高操作人员的技术水平也是提高生产率的关键。因为任何机械设备不论本身的技术性能如何先进，施工组织考虑的措施如何周到，最终必须经过人的操作才能体现出实际的工程效果。操作人员的技术水平不仅指操纵机械设备的程序无误，更重要的是还要有对机械设备的结构、使用、维护等方面的知识。

1528 装载机装载生产率如何计算？

装载机生产率是只在作业场地进行装卸，不担负远距离的运输任务时装载机的生产率，按下式确定：

$$Q=\frac{3600V_{\mathrm{H}}\cdot rK_{\mathrm{L}}K_{\mathrm{m}}}{T}$$

式中 Q——装载生产率(t/h)；

V_{H}——额定斗容量(m^3)；

r——物料重度(t/m^3)；

K_{L}——装载机时间利用系数，取 $K_{\mathrm{L}}=0.75\sim0.85$；

K_{m}——铲斗装满系数；

T——装载机一个作业循环时间(s)。

K_{m}取决于所装物料的种类和状态、块度、铲斗的形状、装载机的结构和司机的熟练程度。对于容易装载的物料，如松散的或成堆的、不需铲掘的、很易堆积在铲斗中的普通土和砂，取 $K_m=1.0\sim1.25$；中等程度装载的物料，如松散的或堆积的砂、砂壤土，或由山地直接铲掘的松软砂土，取 $K_m=0.75\sim1.0$；较困难装载的物料，如难以装满铲斗的硬黏质土、黏土、凝固的砾质土，取 $K_m=0.65\sim0.75$；对困难装载的物料，如用爆破或松土机采掘的石块、砾石，取 $K_m=0.45\sim0.65$。

T 取决于作业方式和装载物料的种类及其状态，包括装载、卸载、往返、改变方向等所需全部时间。

"I"型作业法：$T=10+d+1.6x$

"V"型作业法：$T=11+d+1.6x$

"L"型作业法：$T=12+d+1.6x$

"T"型作业法：$T=13+d+1.6x$

式中　d——考虑物料装载难易程度的量，普通成堆的砂：$d=0$；碎石(20 mm 以下)、砂、小砂砾：$d=2$；碎石(50 mm 以下)、天然状态的小砂砾、黏土：$d=4$；

x——距离(m)。

一般的，在初步计算时可取 $T=20$ s。

1529　装载机装运生产率如何计算?

装运生产率是除了要在作业场地进行铲装作业外，还要担负转运至其他场地进行卸载的生产率，可按下式计算：

$$Q \approx \frac{3600 V_H r K_L K_M}{T_b}$$

式中　Q——装运生产率(t/h)；

T_b——一个装运作业循环的总时间(s)。

T_b 约等于装载作业所需要的基本时间与运输时间之和，即

$$T_b = T + T_r$$

式中　T_r——运输时间(s)。

T_r 取决于车速和运输距离。可按下式计算：

$$T_r \approx 3.6\left(\frac{S}{v_m}+\frac{S}{v_0}\right)$$

式中 S——装载机运输距离(m)；

v_m——装载机满载平均行驶速度(km/h)，它与运输距离、路面状况有关，可参考图 1-1 选取；

v_0——装载机空载平均行驶速度(km/h)，可参考图 1-1 选取。

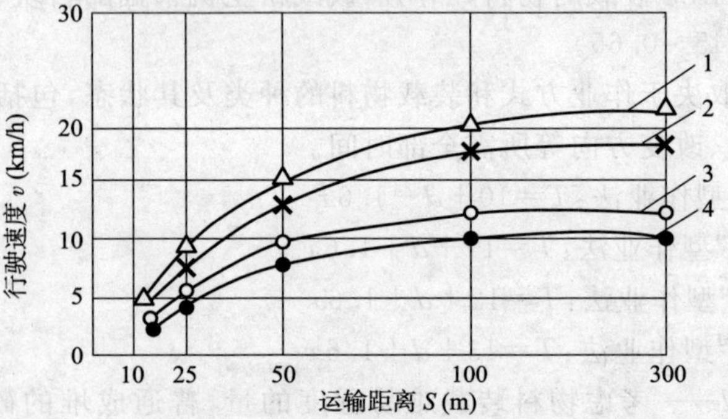

图 1-1 平均行驶速度与运距的关系

硬路面：1—空载；2—满载

土路面：3—空载；4—满载

1530 装运作业中装载机与自卸汽车如何匹配？

(1)一般的，受道路和施工场地的限制，在施工中自卸汽车的数量和载重量受限。因此，与之配套的装载机的台数必须满足下列计算式：

$$n = \frac{XY}{Q}$$

式中 X——自卸汽车台数；

Y——自卸汽车生产率；

Q——所选装载机生产率；

n——装载机台数。

若自卸汽车行驶路程和施工场地不受限制，则装载机数量的确定主要根据工期和自卸汽车的拥有量来确定。

(2)自卸汽车斗容应为装载机斗容的若干倍，以免造成不足一斗也要装一次车的时间和动力的浪费，装载松散物料时，此点尤为重要。

(3)装载机装满自卸汽车所需的斗数，一般以2～5斗为宜。斗数过多，自卸汽车等待的时间过长，不经济，斗数过少，则装载机卸料时对汽车的冲击载荷过大，易损坏车辆，物料也易溢出车厢外。

(4)装载机的卸载高度和卸载距离要满足物料能卸到汽车车厢中心的要求。

1531　铲运机生产率如何计算？

铲运机生产率是指铲运机每小时完成的土方量(实方)，计算公式如下：

$$Q=\frac{60K_{sh}}{T}\cdot q\cdot\frac{K_m}{K_s}$$

式中　q——铲斗容量(m^3)；

T——每一工作循环时间(min)；

K_{sh}——铲运机时间利用系数；

K_m——铲斗充满系数，一般干砂为0.6～0.7，湿砂为0.7～0.9，砂土和黏性土为1.1～1.2，干黏土为1.0～1.1；

K_s——土壤松散系数，一般干砂为1.1，湿砂为1.05～1.20，砂土和黏性土为1.20～1.40，干黏土为1.2～1.3。

铲运机每一工作循环的时间T，由下式计算：

$$T=\frac{L_c}{v_c}+\frac{L_y}{v_y}+\frac{L_x}{v_x}+\frac{L_h}{v_h}+t_d+2t_w$$

式中　L_c、L_y、L_x、L_h——铲运机的铲土、运土、卸土和回程长度(m)；

v_c、v_y、v_x、v_h——铲运机的铲土、运土、卸土和回程速度(m/min)；

t_d——换挡时间(min)；

t_w——换向时间(min)。

1532　平地机生产率如何计算？

平地机的生产率根据施工对象不同，可按单位时间内所完成的面积来计算，或按单位时间内所完成的土方量来计算。

平地机平整场地的生产率 Q_p 按下式计算：

$$Q_p=\frac{8L(l\cdot\sin\alpha-b)K_{SH}}{n_p\left(\frac{L}{v_p}+t_d\right)}$$

式中 L——需平整地段的长度(m)；

l——刮刀长度(m)；

α——刮刀的水平面回转角；

b——相邻两刮刀的重叠度，约 0.3～0.5 m；

n_p——平整好每一处所需的行程次数；

v_p——平地机平整时的速度(m/h)；

t_d——调一次头所需时间(h)；

K_{SH}——时间利用系数。

以土方量为单位的平地机生产率一般按下式计算：

$$Q=\frac{60LL_1hK_HK_{SH}}{T}$$

式中 L——平地机每一工作行程长度(m)；

L_1——刮刀的有效长度(m)，$L_1=l\sin\alpha-b$；

h——刮铲深度或摊铺厚度(m)；

K_H——土方量换算系数；

K_{SH}——时间利用系数；

T——平地机一个行程所花的时间(min)。

1533　沥青混凝土路面施工机械的配置原则是什么？

(1)主导机械

1)沥青混凝土路面面层施工中，主导机械是指沥青混合料搅拌站中的搅拌机组。

2)搅拌机组的配置以路面面层施工质量要求、工程量大小和工期为依据。

(2)主要机械

1）主要机械包括沥青混合料摊铺机组、运输汽车、压实机械以及装载机。

2）主要机械的配置必须服从主导机械，以提高主导机械工作效率。

3）摊铺机组的配置以路面面层施工质量要求、搅拌机组的实际生产能力为依据，摊铺机组生产能力宜为搅拌机组生产能力的1.2～1.3倍。

4）运输汽车的配置必须以保证主导机械能连续工作为原则，同时要注意沥青混合料运输的经济性；一般以保证主导机械前运输汽车等待装料或卸料的平均排队数量为1～2辆为宜。

5）压实机械的配置以满足摊铺机组生产能力为依据，其性能的选择和台数的确定必须确保沥青混合料能在指定的压实温区内完成相应的压实作业。

（3）辅助机械

辅助机械的配置以保证主导机械和主要机械能正常作业，沥青混凝土路面施工能顺利进行为原则。

1534　沥青混合料搅拌机组应如何配置？

（1）沥青混合料搅拌机组配置主要是根据各沥青混合料搅拌机理论生产能力 Q_l，具体路面工程量大小以及有效工期来综合配置。

（2）沥青混合料搅拌机组最低生产能力 Q_{min} 由下式计算：

$$Q_{min} = \frac{W}{T \cdot k_h \cdot k_1 \cdot k_w \cdot t}$$

式中　Q_{min}——沥青混合料搅拌机组最低生产能力（t/h）；

W——路面工程总的工程量，为面层各层压实体积与相应压实容重乘积之和（t）；

T——有效施工工期，为面层各层次有效施工时间之和（d）；

k_h——时间利用系数；

k_1——机群联合作业系数；

k_w——集料含水率对搅拌机生产能力的影响系数；

t——每日计划施工时间(h)。

(3)时间利用系数 k_h 的选择。时间利用系数 k_h 的大小与施工管理水平有关，可按表 1-6 选择。

表 1-6　时间利用系数表

施工管理水平	k_h	施工管理水平	k_h
高	0.95～1.00	一般	0.85～0.90
较高	0.90～0.95	差	0.80～0.85

(4)机群联合作业系数 k_1 的选择。在运输力量充足的情况下，机群联合作业系数 k_1 的大小与机群联合作业时彼此相互干扰程度的大小有关，可按表 1-7 选择。

表 1-7　机群联合作业系数表

状态描述	k_1	状态描述	k_1
机群配合娴熟	0.80～0.95	机群配合生疏	0.50～0.70
机群配合一般	0.70～0.80		

(5)集料含水率对搅拌设备生产能力影响系数 k_w 的选择。集料含水率对搅拌设备生产能力影响系数 k_w 的大小与集料含水率的大小有关，可根据工程实际情况按表 1-8 选择。

表 1-8　集料含水率对搅拌设备生产能力的影响系数

集料含水率(%)	3	4	5	6	8	10
生产能力变化率(%)	+0.31	+0.12	0	−0.10	−0.23	−0.33

(6)所配置的沥青混合料搅拌机组生产能力 Q，不得低于搅拌机组最低生产能力 Q_{min}。即：沥青混合料搅拌机组的生产能力 Q 等于机组各搅拌机生产能力之和，并且必须大于沥青混合料搅拌机组最低生产能力。

$$Q_{1(i)} = Q_{L(i)} k_h k_1 k_w \quad (i=1,2,3,\cdots,n_j)$$

$$Q = \sum_{i=1}^{n_j} Q_1(i) \geqslant Q_{\min}$$

式中 n_j——实际应配置的搅拌机数量（台）；

Q——沥青混合料搅拌机组的生产能力（t/h）；

$Q_{L(i)}$——第 i 台搅拌机的理论生产能力（t/h）；

$Q_{l(i)}$——第 i 台搅拌机的生产能力（t/h）。

1535 沥青混合料摊铺机组如何配置？

（1）沥青混合料摊铺机组的配置以路面施工工艺规范要求和进度要求为依据。

（2）沥青混凝土路面施工中，单台摊铺机的最大摊铺宽度不能超过 8 m。

（3）沥青混合料摊铺机摊铺方式主要有单机全幅摊铺和多机并行梯状摊铺两种。

（4）沥青混合料摊铺机摊铺方式选择如下：

1）沥青混合料摊铺机摊铺方式取决于所要摊铺的路面宽度。

2）当所要摊铺的路面宽度 $B \leqslant 8$ m 时，选用单机全幅摊铺作业方式，也可选用双机并行梯队摊铺方式。

3）当所要摊铺的路面宽度 8 m$<B \leqslant 16$ m 时，选用双机并行梯状摊铺作业方式，也可选用三机并行梯队摊铺方式。

4）当所要摊铺的路面宽度 16 m$<B \leqslant 24$ m 时，选用三机并行梯状摊铺作业方式，也可选用四机并行梯队摊铺方式。

（5）多机并行梯状摊铺时，相邻两台沥青混合料摊铺机之间的前后间距宜为 10～30 m，相邻两幅的摊铺重叠宽度宜为 5～10 cm。

（6）沥青混合料摊铺机摊铺工作速度应介于 2～6 m/min 之间，以 2～4 m/min 为宜。

（7）沥青混合料摊铺机多机并行梯状摊铺时，宜采用同一种型号的摊铺机，并在同一振捣、振动频率和振幅下进行联合作业。

（8）沥青混凝土路面施工中，为保证沥青混合料摊铺机连续、稳定地进行摊铺作业，摊铺机组实际摊铺速度应根据沥青混合料搅拌机组生产能力设定。摊铺机组实际摊铺速度设定值可按下式计算：

$$v_t = \frac{100\sum_{i=1}^{n_j} Q_{1(i)} \cdot k_h \cdot k_1 \cdot k_w}{60 \cdot \gamma \cdot B \cdot h}$$

式中 v_t——摊铺机组实际摊铺速度设定值(m/min)；

γ——沥青混合料压实成型后的容重(t/m^3)；

B——摊铺路面宽度(m)；

h——摊铺层压实成型后的厚度(cm)。

1536 压实机械机组的配置数量按什么方法计算？

(1)初压压路机配置

初压压路机的数量按下式计算：

$$n_c = \text{int}\left(\frac{60 \cdot B \cdot N_c \cdot v_t}{b_c \cdot v_c} + 1\right)$$

式中 n_c——初压压路机的数量(台)；

N_c——沥青混合料摊铺后的初压遍数(遍)；

b_c——初压压路机的有效作业宽度(m)

$$b_c = B_{cy} - D_{cy}$$

其中 B_{cy}——初压压路机压实轮宽度(m)；

D_{cy}——沥青混合料初压重叠宽度(m)；

v_c——初压压路机作业速度(m/h)。

(2)复压压路机配置

复压压路机的数量按下式计算：

$$n_f = \text{int}\left(\frac{60 \cdot B \cdot N_f \cdot v_t}{b_f \cdot v_f} + 1\right)$$

式中 n_f——复压压路机的数量(台)；

N_f——沥青混合料初压后的复压遍数(遍)；

b_f——复压压路机的有效作业宽度(m)；

$$b_f = B_{fy} - D_{fy}$$

其中　B_{fy}——复压压路机压实轮宽度(m)；

D_{fy}——沥青混合料复压重叠宽度(m)；

v_f——复压压路机作业速度(m/h)。

(3)终压机配置

终压压路机的数量按下式计算：

$$n_z = \mathrm{int}\left(\frac{60 \cdot B \cdot N_z \cdot v_t}{b_z \cdot v_z} + 1\right)$$

式中　n_z——终压压路机的数量(台)；

N_z——沥青混合料复压后的终压遍数(遍)；

b_z——终压压路机的有效作业宽度(m)

$$b_z = B_{zy} - D_{zy}$$

其中　B_{zy}——终压压路机压实轮宽度(m)；

D_{zy}——沥青混合料终压重叠宽度(m)；

v_z——终压压路机作业速度(m/h)。

第六节　临时工程的建设与管理

1601　项目部驻地选址有什么要求？

项目部设置地点以方便工作为原则，应设在建设项目现场，符合安全和管理的要求。

(1)安全方面的要求

1)不受洪水、泥石流和台风威胁，避开塌方、落石、滑坡、危岩等地段。

2)避开取土、弃土场地，不占用互通区、服务区等永久占地。

3)避开高压线路及高大树木，与通信线路保持一定距离。

4)必须离集中爆破区 500 m 以上。

5)项目驻地面积满足使用要求，宜采用封闭式管理，应有固定的出入口，设置大门，出入口应设置专职保卫人员，制订专门的管理制度。

6)租赁地方房屋当项目部的,租赁的房屋必须符合安全要求。房屋面积必须达到办公要求。

7)项目部要完善消防措施,配备必要的消防器材。

(2)管理方面的要求

1)靠近现场,方便管理,不受施工干扰。

2)交通便利,尽量靠近公路,缩短引入线。

3)通信畅通、邮路便捷,满足建设单位办公自动化要求。

1602 驻地项目部的建设有哪些要求?

(1)项目部办公区、生活区及车辆、机具停放区等设置应科学合理,区内场地及主要道路应做硬化处理,排水设施完善,庭院适当绿化,环境优美整洁。项目部公共场所应设置功能分区平面示意图及指路导向牌。项目部驻地房屋可采用活动板房等自建用房,也可租用沿线合适的单位或民用房屋,但必须坚固、安全、耐用,并满足工作要求。

(2)办公区内一般应设项目经理室、各业务科室和资料室、中心试验室、会议室等,各科室门口应挂设名称牌。办公室不得同时兼做宿舍。资料室要防火、防潮、通风、抗振、防盗、防水、防尘、防鼠、防高温、防强光。会议室内管理图表均应装被上墙。管理图表应包括平面图、项目部组织机构框图、质量自检体系框图、安全管理体系框图、工程进度柱状图、工程管理曲线图、开展劳动立功竞赛活动有关图表、各项规章制度、工程总体目标、各部门职责、工作计划、晴雨表及管理人员考勤表。

(3)生活用房一般应设宿舍、食堂、浴室、厕所等,具备条件的可设文体活动室或活动场地。施工工区要为作业人员提供较好的工作和生活设施。办公区和生活区内均应配置必要的消防安全器具,建立安全、卫生管理制度,落实专人维护和保洁。宿舍区夏季应有消暑、防蚊虫叮咬措施,冬季有保暖和防煤气中毒措施。

(4)项目部生活饮用水尽可能使用当地自来水,如自找水源,应对水源委托专门机构化验鉴定,符合饮用水标准后方能使用。

1603　水泥混凝土拌和站的选址应注意哪些方面？

(1)拌和站尽量靠近主体工程施工部位，接近主线大型横向通道，减少混凝土运输距离，便于施工和管理。

(2)拌和站地质状况应良好，规避取弃土场、宜水淹等不良灾害区域，地质要求坚硬，能有效防止地面沉降。

(3)拌和站需要运输大量的原材料和成品拌和料，要从降低成本和利于施工进行考虑，选择交通便捷的地点。

(4)拌和站周围必须有满足施工需要的水源，且远离居民区、学校等地带，减少对周边的干扰，降低粉尘、噪声影响。

1604　水泥混凝土拌和站的场地建设应注意什么？

(1)水泥混凝土拌和站的占地面积一般不少于 10 000 m^2。

(2)拌和站应根据工程实际情况集中布置，宜采用封闭式管理，拌和站内宜设置工地试验室。

(3)对拌和场进行功能分区，规划为生活区、办公区、拌和作业区、砂石材料存放区、钢筋加工及存放区等。作业区与生活区、办公区的距离应大于水泥储存罐的高度且不小于 20 m。生活区、办公区与其他区域应用砖墙等隔离开。

(4)拌和站的所有场地必须进行混凝土硬化处理，一般使用不小于 25 cm 厚的片、碎石垫层，不小于 10 cm 厚的 C15 混凝土进行硬化处理；拌和站的一般行车道路硬化，一般使用不小于 20 cm 厚的片、碎石垫层，不小于 25 cm 厚的 C20 混凝土进行硬化处理；大型作业区重车行车道路硬化，一般使用不小于 25 cm 厚片、碎石垫层，不小于 20 cm 厚的 C20 混凝土进行混凝土硬化处理。

(5)拌和站四周设置排水沟，并设置污水过滤池，严禁将生产和生活废水随意排放。做到雨天不积水、不泥泞，晴天不扬尘。

(6)拌和站出入口路面宽度应不小于 6 m，并配备轮胎冲洗设备及冲洗平台。

(7)料仓的容量应满足最大单批次连续施工的需要，并留有一定的余地。另外，还应满足运输车辆和装载机等作业要求。包括储料斗在内的所有地材存放场地必须加设轻型钢结构顶棚。

(8)库房原则上采用砖砌房屋，尽量靠近拌和机，库房内部采用水泥粉刷，地面采用C15混凝土进行硬化，然后利用方木或砖砌上搭木板，使材料储存离地30 cm，离四周墙体30 cm以上。

1605 混凝土拌和站应注意哪些安全问题？

(1)必须建立和健全安全生产领导小组和安全保证体系，按招标文件配备足够的专职安全员。

(2)站内各区在明显位置设置防火设施，每个区灭火器不少于5个，并至少设置一个消防池。

(3)施工用电：临时用电必须办理报批手续，规范用电，实行"一机一箱一闸一漏"。场内配备与功率相匹配的备用电源。

1)配电房(室)、变压器等固定场所必须设置明显的禁止、警告标志。

2)固定式配电箱、开关箱与地面的垂直距离控制在1.3～1.5 m。

3)所有配电箱设专人负责管理，开关箱编号配锁，标明负责人姓名、联系电话，张贴安全警示标志牌。

4)施工现场的机动车道与外电架空线路交叉时，架空线路的最低点与路面的最小距离符合以下要求：外电线路电压为1 kV以下时，最小距离为6 m。外电线路电压为1～10 kV时，最小距离6.5 m。

场内线路距离地面不小于4.5 m，电线穿红白相间的绝缘管并悬挂警示标牌。

1606 混凝土拌和站应设置哪些标示标牌？

(1)拌和站内醒目位置应设置工程告示牌、拌和站平面布置图、安全生产牌、消防保卫牌、管理人员名单及监督电话牌、文明施工牌等明示标志。

(2)拌和站出入口、拌和楼控制室应设置禁止、警告、指令标志。

(3)拌和站配合比标志牌。标志牌内应包括以下内容:混凝土设计与施工配合比(含外加剂),粗细集料的实测含水率及各种材料的每盘使用量等。

(4)拌和站管理人员和作业人员应统一制服,挂牌上岗。

1607 混凝土拌和站的文明施工应注意什么?

(1)根据场地条件合理设置废水沉淀池和洗车池,布设排水系统,设置明显标志。

(2)地面应定期洒水,对粉尘源进行覆盖遮挡。

(3)每次混凝土拌和作业完成后,及时清洗机具,清理现场,做到场地整洁。

(4)临近居民区施工产生的噪声不应大于现行《建筑施工场界噪声限值》的规定。

(5)应根据需要设置机动车辆、设备冲洗设施、排水沟及沉淀池,施工污水处理达标后方可排入市政污水管网或河流。

(6)施工机械设备产生的废水、废油及生活污水不得直接排入河流、湖泊或其他水域中,也不得排入饮用水附近的土地中。

(7)水泥、粉煤灰等材料进料时,要注意材料罐顶的密封性能。当粉尘较大时,应暂时停止上料,待处理完后方可继续。

(8)拌和楼按全封闭设置,减少或防止灰尘污染空气。

(9)水泥或粉煤灰罐必须安装避雷设施。

1608 大型构件预制场的设置原则是什么?

(1)承包人签订合同后,立即着手进行预制场的选址与规划,明确预制场设置规模及位置,避免占用河道,避开洪水、泥石流等自然灾害的地段。

(2)预制场一般应与拌和场、钢筋加工场设在同一个临时区域内,接近主线大型横向通道(优先考虑左右幅梁板运输),以方便、合理、安全、经济和满足工期为原则。

(3)预制场选址与布置要经过多方案比选，合理划分办公生活区、制梁区、存梁区、加工区域等。预制场建设时，提前预埋蒸汽养生用暖气管道。规划方案经监理审批同意后方可进行预制场建设。建设完成后，承包人填写预制场验收表并报监理人进行验收。

(4)每个合同段原则上只设置一座预制场。特殊情况需要另设预制场的，须经总监理工程师批准。预制场的建设规模根据梁板数量、工期确定，台座数量应与预制时间相匹配，模板数量不少于台座数量的1/6。

(5)预制场建设时应考虑冬、暑期养生，采用框架式移动养生棚蒸汽、自动喷淋养生。养生用锅炉不得小于2 t(蒸汽量)，并能满足冬期施工温度最低时热量供给量，管道采用地埋式，每个底座两端设阀门；养生棚防潮、隔热、保温，养生棚配置温度计和湿度计，并及时填写现场观测记录。

(6)T梁、箱梁配备上梁顶扶梯。

(7)生产、生活区的消防、安全设施齐全到位，并做好临时雨水、污水排放以及垃圾的处理。

(8)预制场不允许建设在路堤或互通区内。

(9)预制场使用完毕后，由承包人及时自行恢复；由地方进行恢复的，不免除承包人责任。建筑垃圾要合理处理，不得就地深埋或乱弃。

1609 大型构件预制场的场地建设有什么要求?

(1)一般平原微丘区路基土建合同段预制场的占地面积建议不小于6 000 m^2，主要工程为隧道的合同段预制场的占地面积建议不小于4 000 m^2，主要工程为桥梁的合同段预制场的占地面积建议不小于8 000 m^2；山岭重丘区其占地面积可根据具体条件确定。

(2)预制场布置要符合工厂化生产的要求，道路和排水畅通，场地四周用砖砌围墙(或通透式围栏)。预制场的所有场地必须进行混凝土硬化处理,建议使用不小于 15 cm 厚的片、碎石垫层,不小于 10 cm 厚的 C15 混凝土进行混凝土硬化处理;预制场的一般行车道路硬化,建议使用不小于 15 cm 厚的片、碎石垫层,不小于 20 cm 厚的 C20 混凝土进行硬化处理。

(3)场地硬化按照四周低、中心高的原则进行,面层排水坡度不应小于 1.5%,场地四周应设置排水沟,排水沟底面采用 5 号砂浆进行抹面,做到雨天场地不积水、不泥泞,晴天不扬尘。

(4)办公区、生产区、操作工的生活区等,要做到区域功能分明。办公生活区建设可参考项目部办公生活区建设,同时预制场还应设置视频监控系统。

(5)预制场所有的电器设备按安全生产的要求进行标准化安装,所有穿过施工便道的电线采用从硬化地面下预埋管路穿过或架空穿越。采用由满足施工机械设备用电最大负荷要求的变电站供电,电力架设须满足三相五线制要求,同时设置柴油发电机组作为备用电源。变压器设置的安全距离要符合相关规范规定。

(6)场地内必须根据梁片养护时间及台座数量设置足够的梁体养护用的自动喷淋设施。养护用水需进行过滤,避免出现喷嘴堵塞现象,并且管道埋入地下。

1610　预制梁的台座设置有什么规定?

(1)预制梁的台座强度应满足张拉要求,台座尽量设置于地质较好的地基上;对软土地基的台座基础要进行加强;台座与施工主便道要有足够的安全距离。

(2)预制场设置在填方路堤或线外填方场地时,为防止产生不均匀沉降变形而影响预制的质量,应对场地分层碾压密实,并对台座基础进行加固,尤其台座两端应用 C20 以上的片石混凝土扩大基础进行加固,以满足梁板张拉起拱后基础两端的承载力要求,同时应在台座上设置沉降观测点进行监控。存梁区台座应视基底承载力情况适当配筋。

(3)台座应满足不同长度梁片的制作，底模应采用通长钢板，不得采用混凝土底模。钢板厚度应为5～8 mm，并确保钢板平整、光滑，及时涂脱模剂。

(4)预制台座、存梁台座间距应大于模板宽度的2倍，以便吊装模板。预制台座与存梁台座数量应根据梁板数量和工期要求来确定，并要有一定的富余。

(5)用于存梁的枕梁可设在离梁两端面各50～80 cm处，且不影响梁片吊装的位置。支垫材质必须采用承载力足够的非刚性材料，且不污染梁底。

(6)横隔梁的支撑优先选用固定式底座，底座与主梁台座同步建设。

1611 预制梁的存梁管理有什么要求?

(1)梁板预制完成后，除了加强养护外，要保证稳固、安全存放，严禁拆模后将梁板(尤其是T梁)无支撑存放，必须设置稳固的支架，防止梁板侧倾。

(2)梁板预制完成后及时对梁板喷涂统一标志和编号，标志内容包括预制时间、承包人、梁体编号、部位名称等。

(3)存梁区要确保干燥无积水，交通顺畅，吊装设备充足、完好，日常保养到位。

(4)存梁区枕梁必须设置在稳固、干燥的地基上，如遇软基，要进行必要的加固处理，必须经过承载力验算合格，周边排水设施完好，通道顺畅。

(5)存梁台座采用C25以上混凝土浇筑，存梁区混凝土台座尺寸根据预制梁大小调整，以满足使用要求。

(6)存梁层数依据设计文件要求，文件无规定时空心板存放不宜超过3层，小箱梁存放不宜超过2层，T梁及25 m(含25 m)以上的箱梁单层存放，T梁设置防倾托架，层间支点处须用非刚性材料支垫。

(7)存梁区内预留不小于6.5 m宽的运输通道。

1612　预制场标志牌有哪些?

(1)预制场内醒目位置应设置工程公示牌、施工平面布置图、安全生产牌、消防保卫牌、管理人员名单及监督电话牌、文明施工牌等明示标志。

(2)吊装作业区、安全通道应设置禁止标志;预制场的制梁区、存梁区、构件加工区等各生产区域应设置明示标志。

(3)钢筋绑扎区在明显位置应设置标志牌。

(4)张拉台座两端应设置指令标志,并设置钢板防护。

(5)正在使用的机械设备应在醒目位置悬挂机械操作安全规定公示牌(即安全操作规程),易发生机械伤害的场所、施工现场出入口应设置禁止和警示标志。

1613　小型构件预制场的基本要求有哪些?

(1)施工单位签订合同后,一个月内明确小型构件预制场设置规模及位置,并编写建设方案,内容包括位置、占地面积、功能区划分、场内道路布置、排水设施布置、水电设施设置及施工设备的型号、数量等。

(2)建设方案经监理工程师和业主审批同意后才能进行小型构件预制场建设。小型构件预制场建设完成后,报监理工程师进行验收,验收合格后才能开始生产。

(3)每个路基土建合同段原则上只设置一座小型构件预制场。根据项目的工程情况和地形特点,就近设置。

(4)小型构件预制场选址与布置要经过多方案比选,功能区规划合理。小型构件预制场的生活区应同其他区隔离开,场地进行硬化处理。

(5)生产、生活营地的消防、安全设施应齐全到位,并做好临时雨水、污水排放以及垃圾处理,以防止污染环境。工程交工后,承包人应自费恢复驻地原貌。

(6)路基排水工程的水沟盖板、防护工程的各型预制块、隧道路基边沟盖板及其他小型预制构件必须集中预制。

1614 小型构件预制场场地建设与管理应注意哪些方面？

(1)为便于集中管理，统一工艺，根据施工标段小型构件预制数量，规划小型构件预制场面积，一般不小于 5 000 m^2。预制场布置要符合工厂化生产的要求，道路和排水畅通，场地四周用砖砌围墙(或通透式围栏)，场地全部采用 C20 混凝土进行硬化，混凝土厚度不小于 15 cm。

(2)根据小型预制构件特点，预制场需分生产区、养护区、成品区以及办公区等。各区域的划分用黄油漆隔离标志，并在各个区域设置标志牌，规划合理，交通流畅。

(3)小型构件预制场场地硬化按照四周低，中心高的原则进行，面层排水坡度不应小于 1.5%，场地四周设置排水沟；在场地外侧合适位置设置沉砂井和污水过滤池，严禁将预制场内生产废水、污水直接排放。

(4)生产区根据设计图纸确定的预制构件的种类设置生产线，每条生产线必须设置振动台，振动台电机功率应经过现场试验确定。同时配备小型拌和站一座(尽可能与既有拌和站一起设置)。

(5)养护区采用自动喷淋养护系统或人工喷淋结合土工布覆盖对构件进行养护，确保构件处于湿润状态。混凝土必须覆盖养护 7 d 以上。

(6)成品按不同规格分层堆码，对于预制块、片(如防护衬砌肋、盖板等)，堆码不得超过两层，对于整体式预制件(如缝隙式水沟等)不得超过四层，层间需用土工布进行隔离。预制件养护期不得进行堆码存放，以防损伤。运输过程中应轻拿轻放，防止缺边掉角。

1615 小型构件预制场标志牌应设置哪些？

(1)小型构件预制场内醒目位置应设置工程公示牌、施工平面布置图、安全生产牌、消防保卫牌、管理人员名单及监督电话牌、文明施工牌等明显标示。

(2)作业区、安全通道应设置禁止标志，小型构件预制场的生产区、养护区、成品区以及办公区等各区域应设置明显标志。

(3)正在使用的机械设备应在醒目位置悬挂机械操作安全规定公示牌，即安全操作规程，易发生机械伤害的场所、施工现场出入口应设置禁止和警示标志。

1616　沥青混凝土拌和站场地选址应考虑哪些方面？

沥青拌和设备因其自身特点，场地的选址应从经济、便利、安全生产及环保等方面统筹考虑。

(1)场地应选择地势稍高，周围环境干燥的地点。因为原材料的含水率高，烘干时间长，燃油消耗大，生产能力下降，生产成本增加。

(2)地质状况。拌和站为大型机械设备，自重和材料的质量较大，设备各机构如给料机、干燥筒、拌和楼工作中都处在振动状态，故地质要求坚硬，能有效防止地面沉降。另外，拌和站为振动体，应有防共振方面措施，避免波及危害周边建筑物。

(3)场地应选择交通便捷的地点。拌和站需要运输大量的原材料和成品拌和料，要从降低成本和利于施工进行考虑。

(4)沥青混凝土的运距。沥青混凝土由拌和站运至施工现场，随着运距的增加，其温度会逐渐降低，影响路面施工质量。

(5)环保因素。沥青拌和站要远离住宅和人口稠密区，降低粉尘、噪声和有害气体排放。

(6)依地势确定建站方案。地势包括等高平面和不等高平面。通过利用地势合理布局，可为顺利生产打下良好基础。

1617　沥青混凝土拌和站场地建设有什么基本要求？

(1)沥青混凝土拌和站的占地面积在平原微丘区建议不少于50 000 m^2。在山岭重丘区，根据具体条件确定其占地面积。

(2)拌和站应根据工程实际情况集中布置,宜采用封闭式管理,拌和站内宜设置工地试验室。

(3)拌和站应设置材料堆放区、拌和区、作业区,各区应分开或隔离。

(4)拌和站的所有场地必须进行混凝土硬化处理,与水泥混凝土拌和站硬化处理方法相同。

(5)在场地外侧合适的位置设置沉砂井及污水过滤池,严禁将站内生产废水直接扫除。

1618 沥青混凝土拌和站的标志牌包括哪些?

(1)拌和站内醒目位置应设置工程告示牌、拌和站平面布置图、安全生产牌、消防保卫牌、管理人员名单及监督电话牌、文明施工牌等明示标志。

(2)拌和站出入口、拌和楼控制室应设置禁止、警告、指令标志。

(3)拌和机操作房前醒目位置应悬挂混凝土配合比标志牌,标志牌内应包括:混凝土设计与施工配合比、粗细集料的实测含水率及各种材料的每盘使用量等。

(4)拌和站管理人员和作业人员应统一制服,挂牌上岗。

1619 公路工程施工便道的设置原则是什么?

便道指供汽车运输建筑材料和大型机械设备进退场用的临时道路。便道的设置原则有以下方面。

(1)便道宜利用永久性道路。施工便道分为主(干)线和次(引入)线,施工主干线尽可能地靠近管段各主要工点,引入线以直达用料地点为原则。并应考虑与相邻标段便道的衔接。

(2)应尽量避免与既有铁路线、公路平面交叉。便道干线不宜占用路基,特殊地段必要时可考虑短期占用路基,但应采取临时过渡性措施,尽量缓解干扰。

(3)常年使用的便道,为保证晴雨天畅通,应设路面,若只要求晴天通雨天不通，或一次性使用的便道，可不设路面。

(4)应按环评报告和水土保持方案要求设置施工便道，当与环评报告和水土保持方案不一致时，应征求相关部门意见。

(5)施工便道应一次规划完成，不得随意开挖临时便道。

(6)施工结束后，承包人负责清除便道填料，做好复耕、河道清理及施工垃圾处理等工作。

1620 公路工程施工便道有什么技术要求？

(1)便道分双车道和单车道两种标准。双车道路基宽度不小于 7 m，路面宽度不小于 6 m；单车道路路基宽度不小于 4.5 m，路面宽度不小于 3.5 m。曲线或地形复杂地段应根据地形条件和视距要求适当加宽，不大于 400 m 设置 1 处错车道，错车道路基宽度不小于 6.5 m，路面宽度不小于 5 m，长度不小于 20 m。

(2)便道土质路基地段基层为不小于 20 cm 厚的片(碎)石垫层，其面层可为泥结碎石面层。挖方石质地段路基表面用泥结碎石找平。在软土或水田地带，基底抛填片石或用三七灰土换填处理。

(3)各场(站、区)、重点工程施工等大型作业区，进出场的便道 200 m 范围应进行硬化，标准为 C20 混凝土，厚度不小于 20 cm，并设置碎石或灰土垫层，基础碾压密实。

(4)便道应设排水沟。

(5)便道路面应保持直顺、无坑洼、不积水。

(6)便道经过水沟地段，要埋置涵洞或设置过水路面，做到排水畅通。

1621 公路工程施工便道应如何维护？

(1)施工期间应对施工便道进行日常检查和养护，项目都要配备洒水车以用于晴天洒水，做到雨天不泥泞，晴天少粉尘。

(2)施工现场的道路应保证畅通，并与现场的存放场、仓库、施工设备等位置相协调，满足施工车辆的行车速度、密度、载重量等要求。

(3)施工便道应设置必要的标志标牌,便道路口应设置限速标志,施工便道与建筑物、城市道路等转角、视线不良地段应设置明示标志,跨越(临近)道路施工应设置警告标志,道路危险段设置“危险地段,注意安全”等警告标牌。

(4)施工现场(站)区、办公区、生活区等拐弯处应设置拐弯指向标志,并设置防撞墩、防撞柱等防护措施;在便道的施工现场侧设置里程标和半公里标。

(5)各施工便道从起点起依序编号,在路口处设便道标志牌。

1622 什么是施工便桥?有哪几种形式?各适用于什么时候采用?

施工便桥是指便道在跨越水面处修建的桥梁或在修建大型桥梁时,为运输建筑材料和施工机械设备的需要修建的临时桥梁。

便桥的类型有墩架式梁桥、装配式公路钢桥(俗称贝雷桥)、浮桥和索桥。

当河窄、水浅时可选用墩架梁桥;当河宽且具备贝雷桥架部件时,可选用贝雷桥;由于任务紧急,临时桥梁的修建不能短期完成时,或河水很深,河床泥土松软,桩基承载力不够且施工困难时,或河流通航,墩架梁桥净宽、净高不能满足要求时,可以考虑建造部分桥段易于拆散、组建的浮桥;当遇到深山峡谷时,可选用索桥。

1623 便桥的设计考虑哪些因素?

(1)施工便道宜建在永久用地范围内。

(2)结构按照实际情况专门设计,满足使用要求。

(3)便桥桥面宽度不小于 4.5 m。

(4)高度不低于近年最高洪水位。

(5)止水流冲刷,宜于桥台上游预置围堰。

1624 墩架式梁桥如何设计与施工?

(1)墩架式梁桥结构

临时墩架梁桥由基础、墩台、梁部结构和桥面组成。基础常采用混凝土和桩基，桥墩多为排架墩，排架常采用贝雷、万能杆件或钢管组成；纵梁多为圆木、型钢；桥面多为木板和钢板。因受简支纵梁承载能力限制，墩架梁式桥的跨长一般为 5～8 m。

(2)墩架式梁桥基础

墩架式梁桥基础常采用混凝土基础和钢桩基础。

1)混凝土基础适用于砂石河床的浅滩处，埋置深度需考虑一般冲刷。施工时根据河床的地基土容许承载力确定基础尺寸，然后开挖基坑，整平坑底预埋墩身的锚固件，浇筑混凝土基础。

2)钢桩基础的钢桩可以是型钢、型钢组合、钢管桩。利用打入钢桩做基础和墩身。

(3)墩架式梁桥墩台

常采用的墩台类型：贝雷桥架墩、万能杆件墩和钢管桩桥墩，岸边桥台一般采用混凝土桥台。

1)贝雷桥架桥墩。如桥墩高度为 3 m，可用两层贝雷桥架叠置以弦杆螺栓连接组成；如桥墩高为 6 m，可用双排双层 6 片贝雷桥架以销子、弦杆螺栓和支撑架连接竖立组成；其桥墩宽约为 0.5 m，墩长约 4.5 m，墩基可用混凝土基础，贝雷墩架与混凝土基础可采用在混凝土基础中预埋弦杆螺栓连接。

2)万能杆件桥墩。由 3 个 2 m×2 m 的塔架杆连接而组成平面尺寸为 2 m×6 m 的墩架。墩架的基础可用混凝土基础，在混凝土基础顶面应预埋墩架的连接件。万能杆件墩架安装方法可采用人工拼装，或先分段组装，然后用机械设备分段吊装的方法。

3)钢桩桥墩。由打入的钢桩基础延伸形成墩身，钢桩间用剪刀撑和水平撑连接，钢桩顶面加支撑横梁构成。

(4)梁部结构和桥面

在墩台上设置纵梁，在纵梁上设置横梁。纵梁和横梁一般采用原木或型钢，安装方法可采用悬臂法和机械设备吊装。

桥面常用木桥面和钢桥面。木桥面由木纵梁、桥面板和车道板组成。铺设顺序是先安装木纵梁，再在木纵梁上铺设桥面板，最后铺设车道板。钢桥面由纵、横梁和钢面板组成，一般先将钢桥面分节制作好，采用机械设备吊装。

1625 贝雷桥如何设计与施工？

贝雷桥是两片主桁架之间通过横梁联系，在横梁上面配置纵梁和桥板，并由撑杆及系材使其固定，而架成桥梁。两侧主桁架可由单排、双排或三排并列配置，也可架成双层和三层桁架，用以提高承载能力。

(1)贝雷桥结构：由高强钢材制成轻便的标准化桁架单元构件及横梁、纵梁、桥面板、桥座及连接件等组成。

(2)贝雷桥基础：常采用混凝土基础和钢管桩基础，施工方法与墩架式梁桥的基础相同。

(3)贝雷桥的墩台：贝雷桥墩台的类型和施工方法与墩架式梁桥的墩台相同。

(4)贝雷桥架设方法：常采用的架设方法是悬臂推出法，履带吊机架设法和浮运架设法。

1626 浮桥如何设计与施工？

浮桥由桥梁上部构造和浮船组成，军用舟桥是成套的装配式浮桥。临时公路浮桥所用浮船除施工单位的船舶外，利用内河航运的各类船、驳加固为主。其上部构造一般采用贝雷桥、万能杆件拼装梁，如限于设备条件，也可用工字钢梁或木梁。

(1)浮桥的构造

通行汽车的公路浮桥一般由浮桥进出口、浮墩和上部构造组成。

1)浮桥进出口，浮桥常采用浮动小板桥或浮动小桥与桥头引道连接。此种小桥可具有斜坡的位置，并在任何规定极限的水位内，都能保证经由浮游部分到岸上引道间的行车不致中断。

2)浮墩，用浮桥船、浮箱或平底船可作为浮桥的墩座，军用浮桥的浮墩即平底船。

3)上部构造,公路浮桥一般采用3种上部构造桁梁体系:分离式、连续式、悬臂铰式。

在任何上部构造桁梁体系下,中心支承方法可以是分离式、连续式或悬臂铰式。偏心支承方法只适合于分离式体系。刚性支承方法适用于连续式桁梁和悬臂铰式桁梁体系。在浮墩上互相连接着的上部构造组成了浮桥。浮桥按其结构体系分为静定式和超静定式两种。

(2)浮桥的架设

浮桥架设方法有多种,最常用的是先在岸边结合好门桥,再将门桥依次引入桥轴线,再把门桥彼此连接起来。

(3)浮桥的固定

浮桥受流速、风力、车辆冲击等作用将产生纵、横方向的水平移动,为了防止水平移动保证其稳固,必须对浮桥进行纵向和横向固定。

1)纵向固定。除了要求在构筑桥基础时,基础材料的固定要牢固,桥节门桥的结合和互相连接要牢固可靠外,必要时,可设岸边控制钢丝绳。

2)横向固定。可采用投锚、张纲、锚定门桥等方法,也可将三种方法混合使用。

1627 临时码头指什么?有哪两种形式?

临时码头指当建设工程处在通航地区,为利用水上运输工具进行建筑材料的运输,或桥下施工需要工程拖轮和工程驳船运送材料和构件时进行接卸工作而修建的临时性码头。公路临时性码头常采用重力式码头和高桩码头,主要根据使用要求、自然条件和施工条件综合考虑确定。

重力式码头由胸墙、墙身、抛石基床、墙后回填体等组成,靠建筑物自重和结构范围内的填料重量和地基强度保持稳定性。按其墙身结构,有整体砌筑式、方块砌筑式、沉箱式和扶壁式等。重力式码头整体性好,结构经久耐用,损坏后易于修复,但要求有良好的地基，材料用量较大，一般适用于地基条件好，当地有大量砂石料可供利用的地区。

高桩码头主要由基桩和桩台两部分组成，高桩码头分为透空式和挡土式两大类。透空式码头又称栈桥式码头，桩台下是透空的，波浪和水流可穿透过去，对波浪不发生反射，河道上不影响泄洪，可减少港池回淤，码头下岸坡自身保持稳定，码头结构不承受侧向土压力，在工程上得到广泛应用。挡土式码头承受一定的侧向土压力，较少采用。

第二章 技术管理

第一节 施工前技术管理

2101 施工前技术准备工作的主要内容包括哪些?

(1)工程项目资料交接;

(2)设计交桩及导线点复测,建立控制测量网;

(3)研究和会审施工图纸,并结合现场核对设计文件;

(4)为实施性施工组织设计和技术方案补充必要的现场调查资料;

(5)划分单位、分部、分项工程;

(6)建立项目试验室并提前做好先期工程试验及配合比相关工作;

(7)为需要提前订购的主要材料和设备提供有关的技术参数、质量要求和最早进场时间;

(8)编制实施性施工组织设计、技术方案和施工预算;

(9)按业主和上级机关要求及工程具体情况配备项目所需的技术标准、规范、规程及有关技术参考资料;

(10)开工前的技术培训和学习,对职工进行计划、技术、质量、安全等交底工作;

(11)编制开工报告;

(12)其他技术准备工作。

2102 工程开工前除技术准备外,一般还应进行哪些施工准备?

(1)集结施工力量,组织、调整或健全、充实施工组织机构;

(2)清除现场施工障碍和平整场地;

(3)兴建各项临时工程和辅助企业及生活福利设施,接通水源、电源、交通道路和排水渠道?

(4)协助建设单位搞好征地拆迁工作;

(5)组织材料、半成品、施工机具进场,并进行安装、检验、试运转;

(6)组织预制构件和设备安装零配件及非标准设备等加工和新产品的试制及鉴定;

(7)生产班组要做好作业条件的施工准备工作。

2103 对季节性施工,要做好哪些准备工作?

(1)制订季节施工技术措施;

(2)组织季节施工需用的各种材料、机具等进场;

(3)全面检查现场的各种临时建筑、供水、排水、供电、供热、网路、施工机械和脚手架等辅助设施,对不能防风、防潮、防暑、防火等安全设施,进行补修、加固定和变换;

(4)组织季节性施工技术培训,调集施工需要的专职人员,对施工队、班组进行季节性的施工技术、安全教育及交底工作。

2104 工程资料交接的内容是什么?交接时应注意什么?

工程中标后,应按合同要求对工程资料及时进行交接。需要交接的主要工程资料包括投标期间的现场考察技术资料、投标答疑资料、投标文件、中标通知书、合同文件、与业主签订的协议、投标承诺、图纸等。工程资料交接时应注意以下问题:

(1)注意检查交接资料是否齐全,并办理交接手续;

(2)保留一套完整的合同文件及设计图纸存档,以便于今后编制竣工文件;

(3)根据需要给相关人员提供资料的复印件。

2105 如何进行设计交桩及导线点复测?

工程开工前,在业主(或监理)的主持下,由设计单位向施工单位进行交桩,交桩应在现场进行。设计单位将路线勘测时所设置的导线控制点、水准控制点及其他重要点位的桩位及相关技术资料逐一交给施工单位。

交桩应有交桩记录。在接受桩位时应注意观察桩位是否有移动、损坏甚至缺失现象，如有此类现象发生，应及时提出并提请设计单位进行补桩。接桩后应安排专人负责，采取措施妥善保护。

项目部接受导线控制点、水准控制点的桩位后，要及时对这些控制点进行复测，并将复测的结果报监理工程师审核批准，为下一步的控制测量做好准备。

2106 为什么要进行图纸复核？图纸复核工作的组织与进行应注意哪些问题？

图纸复核的目的：一是使参加施工的技术和管理人员提前熟悉图纸，了解工程特点和设计意图，找出需要解决的技术难题，制定解决方案，进行工程管理策划；二是发现图纸中存在的问题，减少图纸的差错，将图纸中的质量隐患消灭在萌芽之中。组织图纸复核工作应注意以下方面。

(1)应组织参加施工的全体技术人员参与对图纸的复核，不能仅仅局限于几个人。

(2)在图纸复核的过程中要注意全面领会设计意图，不要轻易否定设计。

(3)注意结合现场条件进行图纸复核。

(4)要带着问题进行图纸复核，为设计交底和以后编制实施性施工组织设计及施工技术方案做准备，不要仅仅局限于工程量的复核。

2107 图纸复核的重点是什么？

(1)是否符合现行相关技术标准、规范要求，有无重大原则错误。

(2)现有施工技术水平能否满足设计要求。

(3)是否符合现场和施工的实际条件。

(4)设计是否能够进一步优化。

(5)图纸本身有无矛盾。

(6)图纸中的工程数量表、材料表是否有错误。

(7)控制测量数据是否准确。

2108 施工前对现场核对的主要内容是什么?

(1)路线与构造物的总体布置、桥涵结构物形式等是否合理,相互之间是否有矛盾和错误。

(2)主要构造物的位置、尺寸、孔径是否恰当。

(3)新建的桥涵结构物等与原有道路、排水系统的衔接是否流畅。

(4)路线的高填深挖地段与设计是否有大的出入,是否合理。

(5)原有的灌溉、排水系统功能是否遭到破坏。

(6)对地质不良地段采取的技术处理措施是否恰当。

(7)投标文件中编制的总体施工方案及临时设施、便道、便桥方案是否合理可行。

2109 进行现场补充调查的主要内容有哪些方面?

(1)施工现场的地形、地貌。

(2)工程所在地的地质情况。

(3)水文情况调查。

(4)当地的气象情况。

(5)当地交通、电力、通信、文物、工程附近的建筑物对施工的干扰情况。

(6)当地的交通、运输条件。

(7)当地水电供应情况。

(8)当地地材供应情况。

(9)当地风俗习惯、医疗条件、通信条件、生活物资供应等情况。

(10)当地政府对建设工程颁布的相关管理规定。

2110　图纸会审一般分为哪几步？

(1)初审

初审指在熟悉图纸的基础上，在某专业内部组织有关人员对本专业施工图的详细细节进行审查，审查前，应根据设计图的内容，确定并收集的技术资料、标准、规范、规程等，做好技术保障工作。

(2)内部会审

内部会审是指施工企业内部各专业间(测量、试验、材料、土建、结构、机械、预算、合同、财务等工种)对施工图的会同审查，其任务是对各专业间相关的交接部分，如设计高程、尺寸、构筑物设置、施工程序配合、交接等是否合理、有无矛盾，施工中协作配合等事宜作仔细会审。

(3)综合会审

综合会审是指在内部会审的基础上，由土建施工单位与各分包施工单位，共同对施工图进行全面审查。图纸综合会审工作一般由建设单位负责组织，设计单位进行技术交底，施工单位参加。

2111　图纸会审的主要内容包括哪些？

(1)施工图是否符合国家现行的有关标准、经济政策的有关规定。

(2)施工的技术、设备条件能否满足设计要求；当采取特殊的施工技术措施时，现有的技术力量及现场条件有无困难，能否保证工程质量和安全施工的要求。

(3)有关特殊技术或新材料的要求，其品种、规格、数量能否满足需要及工艺规定要求。

(4)建筑结构与安装工程的设备与管线的接合部位是否符合技术要求。

(5)安装工程各分项专业之间有无重大矛盾。

(6)图纸的份数及说明是否齐全、清楚、明确，图纸上标注的尺寸、坐标、高程及地上地下工程和道路交会点等有无遗漏和矛盾。

2112 编制施工组织设计的基本要求是什么?

(1)按照基本建设程序和施工程序,科学地安排施工顺序,在保证质量的前提下,加快建设进度。满足国家和建设单位对工期的要求。

(2)贯彻施工规范、操作规程,采用先进施工技术,确保工程质量和安全生产,降低工程成本。

(3)本着自力更生,艰苦奋斗的精神,科学安排,合理施工,充分发挥机械设备的效能,提高机械化作业水平。

(4)运用科学方法,组织立体交叉,平行流水作业,确定最佳的施工组织方案。

(5)落实季节性施工措施,尽量缩短工期。

(6)尽量利用正式工程原有建筑物和已有的设施,减少大型临时设施工程。

(7)一切从实际出发,作好人力、物力的综合平衡,组织均衡生产。

(8)就地就近,合理利用当地资源,减少运量,节约能源,注意环境保护。

(9)精心地进行施工平面规划,做到文明施工。

(10)节约施工用地,力争不占或少占耕地。

(11)根据需要和可能,积极推广应用新技术、新材料、新设备、新工艺。改善施工方法,提高施工效率。

2113 施工组织设计的编制依据有哪些?

(1)国家和建设单位要求及有关规定;

(2)招(议)标施工合同或协议;

(3)设计文件;

(4)现场调查资料;

(5)施工能力、设备状况和技术力量；

(6)类似建设工程项目的资料和经验。

2114 指导性施工组织设计编制的内容一般包括哪些方面?

(1)说明书。简要说明工程概况、沿线自然特征、水文地质、气候情况、交通运输、施工条件及主要工程数量、施工期限。主要工程施工方法，施工单位区段划分，保证工期、质量、安全及降低工程造价、环境保护、技术措施以及大型临时设施规划。

(2)平面布置图。包括砂石料产地、运输道路、渡口、码头、大宗材料堆放场、施工队伍驻地及附属企业位置，临时通信等。

(3)施工组织进度图。

(4)各项资源计划表及说明。包括各项工程分年、季完成的工程数量表；完成投资分年计划表；劳动力或工天分年、季需要量表；主要材料分年需要计划表；主要施工机械，运输车辆分年配备计划表；成品制造安装分年计划表等。

(5)砂石料开采供应计划。确定开采数量、供应范围、运输方法及运距等，作为编制运杂费单价及施工计划的参考资料。

(6)明确建设、设计、施工三方面的协作配合关系，以及总分包的分工范围。

2115 实施性施工组织设计编制的内容一般包括哪些方面?

实施性施工组织设计是以工点或地段为单位，根据指导性施工组织设计的要求和规定进行编制，是具体指导现场施工与编制作业计划的依据。要求对工地布置、施工方法、施工顺序、机具材料配备、劳力组织、定额指标，安全、质量、工期要求等都应具体明确。一般编制内容有下列几项：

(1)说明书：可参照指导性施工组织设计的有关内容编写。

(2)包括场内运输道路的工地详细平面布置图。

(3)按单位工程或工序表示的工程进度图，或采用网络计划技术绘制的网络图。

(4)各工程项目分季(分月)完成工程量表,各项资源计算表及说明,劳动力分季(或分月)计划表,主要工程材料分季(或分月)需要量表,施工机具需要量及使用起讫日期表,有关材料备品需要量表。

(5)技术复杂工序及新施工方法的技术操作规定。

(6)保证工程质量及施工安全的技术组织措施等。

2116 施工组织设计的编制程序是什么?

(1)收集和熟悉编制施工组织总设计所需的有关资料和图纸,进行项目特点和施工条件的调查研究;

(2)计算主要工种工程的工程量;

(3)确定施工的总体部署;

(4)拟订施工方案;

(5)编制施工总进度计划;

(6)编制资源需求量计划;

(7)编制施工准备工作计划;

(8)施工总平面图设计;

(9)计算主要技术经济指标。

2117 公路工程施工组织的特点?

由于公路施工自身的特点,使得公路工程施工组织设计与房屋建筑工程、水利工程等土建工程的施工组织设计有所不同。公路工程施工组织的特点有以下方面。

(1)工程线性分布,施工流动性大,施工组织工作量大

公路是沿地面延伸的线性人工构筑物。由于它的线性特点,使得施工流动性大,临时工程多,施工作业面狭长,施工组织与管理的工作量大,也给施工企业员工的生活安排带来困难。

(2)工程类型繁多

公路线形及构造物形式受地形、地质、水文等自然条件的影响,又因公路等级和使用要求而异。造成公路工程类型多种多样,

必须个别设计，施工组织亦需个别进行。

(3)工程形体庞大，施工周期长

公路结构物与其他土建工程一样，具有形体庞大的特点，加之公路工程的线性特征，使这一特点对施工的影响更为严重。首先是同一地点要依次进行多个分部工程作业，施工周期长，特别是集中的土石方工程、大桥工程等，在较长时间内占用和消耗大量的人力资源与物资，直到整个施工周期结束，才能得到直接使用的产品；其次是施工各阶段、各环节必须有机地组成整体，在时间上不间断、空间上不闲置，才能有正常的施工秩序，否则将导致延迟工期，造成人力、物力和财力的大量浪费。

(4)施工组织考虑因素多

施工组织需要考虑的因素有：公路工程施工需要时间（工期）、占用空间（场地）、消耗资源（人工、材料、机具等）、需要资金（造价）、选择施工方法、确定施工方案等。公路施工需要具备哪些基本条件，如何按照施工的客观规律来考虑工期的安排、场地的布置、资源的消耗等，就成为公路施工组织设计必须认真解决的问题。

2118　公路工程施工总平面布置图应包含哪些内容？

施工总平面布置图包含的内容根据工程内容和施工组织的需要而定，一般应包括以下内容：

(1)原有地形地物；

(2)沿线的生产、行政、生活等区域的规划及其设施；

(3)沿线的便道、便桥及其他临时设施；

(4)基本生产、辅助生产、服务生产设施的平面布置；

(5)安全消防设施；

(6)施工防排水临时设施；

(7)新建线路中线位置及里程或主要结构物平面位置；

(8)标出需要拆迁的建筑物；

(9)划分的施工区段；

(10)取土和弃土场位置；

(11)标出已有的公路、铁路线路方向和位置与里程及与施工项目的关系，以及因施工需要临时改移的公路的位置；

(12)控制测量的放线标桩位置。

2119 公路工程施工总平面布置图的设计原则是什么？

施工平面布置是一项综合性的规划课题，在很大程度上取决于施工现场的具体条件，必须通过方案的比较和必要的计算与分析才能确定。施工总平面布置图应遵循以下设计原则：

(1)在保证施工顺利的前提下，充分利用原有地形、地物，少占农田，因地制宜，以降低工程成本；

(2)充分考虑水文、地质、气象等自然条件的影响，尤其要慎重考虑避免自然灾害(如洪水、泥石流)的措施，保护施工现场及周围生态环境；

(3)场区规划必须科学合理，应以生产流程为依据，并有利于生产的连续性；

(4)场内运输形式的选择及线路的布设，应力求材料直达工地，尽量减少二次倒运和缩短运距；

(5)一切设施和布局，必须满足施工进度、方法、工艺流程、机械设备及科学组织生产的需要；

(6)必须符合安全生产、保安防火和文明施工的规定和要求。

2120 公路路基工程施工组织设计重点是什么？

路基工程施工组织设计重点考虑以下内容：确定施工方法和土方调配、编制施工进度计划、确定工地施工组织、规定各工程队施工所需的机械数量等。

(1)土方调配。根据路基横断面计算出土石方的断面方数后，即可进行土石方调配，调配时需考虑技术经济条件，尽量在经济合理的范围内移挖作填，使路堑和路堤中土石方数量达到平衡，减少废方与借方。土方调配应重点处理好摊铺、碾压以及与桥涵施工的关系，做到分段施工，使工作面得到充分利用。

(2)施工方法的选择。按照土的种类、土方数量、运距、施工机械等具体条件，并根据工程期限和各种施工方法的技术经济指标来决定施工方法，正确地选用土方机械，并据以进行土方调配，土方调配与施工方法的选择密切相关，互为影响，必须同时考虑，最后的调配结果应与所选用机械的经济运距相适应。

(3)施工进度计划的编制。施工方法和土方调配决定以后，即可计算得出路基工程的施工方数，然后根据所采用的施工定额，求出劳动力的工日数和施工机械的台班数量；其次，根据路基工程的施工期限安排工地的施工日期和施工程序，求出需要的工人人数和机械台数，最后确定工人和机械的劳动组织，并决定其转移的次序，保证在规定期限内完成路基施工任务。

(4)工地施工组织。应根据施工进度计划所安排的施工方法、施工期限、施工程序来进行，尽量将开挖方量与填筑路堤的地点规划在一段，成为完整的挖、运、填、压的工作循环。

2121　公路路面工程施工组织设计应考虑哪些因素？

路面工程施工组织设计除一般的施工组织设计要求外，要根据路面工程的自身特点，在确定施工方案和进度计划时，充分考虑以下因素。

(1)路面各结构层的质量检验和材料准备以及试验路段

在施工组织时要考虑各个结构层的质量检验，以及路面材料选择采购、场外运输、试验路段的铺筑，以便获取数据。

(2)按均衡流水法组织施工

路面工程各结构层之间的施工是线性流水作业方式。在编制施工组织设计的进度计划时应考虑到路面工程施工的工序之间的逻辑关系。注意各结构层的施工可以采用搭接流水方式以加强施工进度。因此，要分析各结构层之间的施工进度，根据施工速度选择搭接类型，并根据各结构层施工速度和所需要的工作面大小计算出搭接间距，同时还要考虑到各结构层可能需要技术间歇时间的影响，以及路面各结构层的质量检验所需的时间等，实现均衡流水组织施工。

(3)路面施工的特殊技术要求

应注意到路面的各种结构层有其特殊的技术要求以及各种"缝"的施工要求和注意事项。特别是对于沥青结构层和水泥混凝土结构层的技术要求以及设备的配置与施工时间的关系。

(4)布置好堆料点、运料线、行车路线

由于路面用料数量很大，以及对于各结构层的平整度有一定的要求，所以对于堆料地点、运料路线以及机械的行驶位置都应予以适当的规定，即做好工地布置。

(5)主要施工机械的数量和规格

拌和设备的生产能力与材料的初凝时间或者温度要求相适应，从而决定机械的数量和规格等。应注意摊铺集料设备、拌和设备(路拌)、整形设备、碾压设备、养护设备在时间上是否能衔接上。

此外还应注意到路上施工与基地的统筹兼顾以及劳动力、其他设备、材料供应计划等方面。

2122 公路隧道工程施工组织设计应重点考虑哪些方面?

除了与总体施工组织设计内容基本相同外，还要根据隧道工程施工的自身特点，重点考虑以下内容：

(1)洞口场地平面布置

以洞口为中心的施工场地总布置应注意结合工程规模、工期、地形特点、弃渣场和水源等情况，本着因地制宜、充分利用地形、合理布置、统筹安排的原则进行。

(2)不同岩层段的开挖和出渣方案及方法

隧道的开挖应根据围岩类别、机具设备类别来综合考虑：钻爆作业设计；风、水、电等临时设施的设计；弃渣场设计；劳动力组织与计划；施工监测分析系统的设计与组织等方面综合确定开挖和出渣的方案及方法。

2123 隧道洞口场地布置应符合哪些要求？

(1)以洞口为中心布置施工场地。施工场地应事先规划，分期安排，并减少与现有道路的交叉和干扰。

(2)铺道运输的弃渣线、编组线和联络线，应形成有效的循环系统。

(3)长隧道洞外应有大型机械设备安装、维修和存放的场地。

(4)机械设备、附属车间、加工场应相对集中。仓库应靠近公路，并设有专用线。

(5)合理布置大堆材料(砂石料)、施工备用品及回收材料堆放场地位置。

(6)生活服务设施应集中布置在宿舍、保健和办公用房附近。

(7)运输便道、场区道路和临时排水设施等，应统一规划，做到合理布局，形成网络。

(8)危险品库房按有关安全规定办理。

2124 如何对公路工程施工组织设计的好坏进行评价？

(1)分析劳动力需要量图

劳动力需要量图可以表明劳动力需要量与施工期限之间的关系，它是衡量施工组织设计是否合理的重要标志。在编制施工进度时，应以劳动力需要量均衡为原则，对施工进度作恰当安排和必要的调整。

(2)采用工程进度曲线进行评价

项目施工初期应进行临时工程建设或作各项施工准备工作，劳动力和施工机械的投入逐渐增多，每天完成的工作量也逐渐增加，所以施工速度逐渐加快，同时也表明施工投入逐渐加快，即工程进度曲线的斜率逐渐增大，此阶段的曲线呈凹形。

在项目施工稳定期间，施工机械和劳动力投入最大且保持不变时，若不出现意外作业时间损失，且施工效率正常，则每天完成的工作量大致相等，投入施工的费用也大致相等，这时施工速度近似为常数，工程进度曲线的斜率几乎不变，故该阶段的曲线接近为直线。

项目施工后期，主体工程项目已完成，剩下修理加工及清理现场等收尾工作，劳动力和施工机械逐渐退场，每天完成的工程量逐渐减少，施工投入也减少，此时施工速度也逐步放慢即工程进度曲线的斜率逐步减小，此阶段的曲线则为凸形。

施工组织设计完成后，通过对施工进度曲线的形状分析，可以定性分析施工组织设计中工作内容安排的合理性，并可利用进度曲线对进度进行合理安排。同时进度曲线还可以在工程项目实施的过程中进行施工中的进度、费用控制。

(3)分析技术经济指标

技术经济指标主要包括施工周期、全员劳动生产率、各种资源的不均衡系数、综合机械化程度、“四新”项次及成果评价等。

施工周期指某工程项目从开工到全部投产所用的时间。

全员劳动生产率等于完成的建安工作量(元)除以全体职工平均人数。每月的全员劳动生产率应力求均衡。

劳动力不均衡系数，即施工期高峰人数与施工期平均人数之比，接近于 1 为好。

工程机械化程度=(某工种工程利用机械完成的实物量/某工种工程完成的全部实物量)×100%

综合机械化程度=[∑(每一工种工程利用机械完成的实物量总量×每一工种工程人工定额工日)/∑(各工种工程完成的全部实物量×各工种工程人工定额工日)]×100%

“四新”项次及成果评价，比较采用新技术、新工艺、新材料、新设备的项次及成果。

2125 施工组织设计中施工方案的优化包括哪些方面?

施工方案优化主要通过对施工方案的经济、技术比较，选择最优的施工方案，达到加快施工进度并能保证施工质量和施工安全，降低消耗的目的。主要包括：施工方法的优化、施工顺序的优化、施工作业组织形式的优化、施工劳动组织优化、施工机械组织优化等。

(1)施工方法的优化要能取得好的经济效益,同时还要有技术上的先进性。

(2)施工顺序的优化是为了保证现场秩序,避免混乱,实现文明施工,取得好快省而又安全的效果。施工顺序的优化又分为同类工程的施工顺序优化和单位工程施工顺序优化。

1)同类工程确定最优施工顺序,实际上是提高计划安排的经济效益的一种方法。因为全部工程整体的施工工期缩短了,且无需额外的附加资源也就相应的较为经济。

2)单位工程施工顺序优化。任何一个建筑物或构筑物都是由许多分项工程(工种工程和结构构件)构成的。所以,就一个单位工程来说,任务就不仅是要分别解决各项工程的施工方法与机具选择问题,而且要正确处理它们的关系和联系。

(3)施工作业组织形式的优化是指作业组织合理采取顺序作业、平行作业、流水作业三种作业形式的一种或几种的综合方式。

(4)施工劳动组织优化是指按照工程项目的要求,将具有一定素质的劳动力组织起来,选出相对最优的劳动组合方案,使之符合工程项目施工的要求,投入到施工项目中去。分工与协作是劳动组织优化的基本原理,从基本原理出发,劳动组织符合下列原则:

1)能够按工程项目总体施工计划要求,按时、按质、按量完成预定的分项和分部工程的全部施工任务。

2)各队、班(组)之间的作业基本平衡,并且符合各自的特点:班(组)内各工种及每个人的工作量达到满负荷。

3)投入项目人工日数不超过项目人力全员计划的总数。施工队、班(组)的工人技术平均等级不高于定额规定的平均等级。各队、班组的工人技术等级要成比例的搭配合理,不能全高,也不能全低。施工队、班(组)的工人施工水平不能低于规定的施工定额水平。

(5)施工机械组织优化就是要从仅仅满足施工任务的需要转

到如何发挥其经济效益上来。这就是要从施工机械的经济选择、合理配套、机械化施工方案的经济比较以及施工机械的维修管理上进行优化，才能保证施工机械在项目施工中发挥巨大的作用。

2126 施工组织设计中资源利用的优化包括哪些？

资源利用的优化主要包括：物资采购与供应计划的优化、机械需要计划的优化。

项目物资采购与供应计划的优化就是在工程项目建设全过程中对项目物资供需活动进行计划，必要时需调整施工进度计划。

机械需要计划的优化就是尽量考虑如何提高机械的出勤率、完好率、利用率，充分发挥机械的生产效率。

2127 什么是建设项目开工？哪些建设项目需办理开工报告审批手续？开工需具备哪些条件？

建设项目开工是指设计文件规定的永久性工程第一次开始施工的时间。分期建设的项目，其开工时间是指第一期工程开始施工的时间。

凡属新建、改建、扩建或国家政策性调整停建后复工的建设项目中的单项工程都应在正式开工或停建后复工之前，办理开（复）工报告审批手续。

工程正式开工前，要做好各项准备工作，经检查已具备以下条件后，方可填写开（复）工报告单，申请开工。

（1）设计文件能满足施工要求，经过会审，图纸中存在的问题和错误已经修正。

（2）施工组织设计或施工方案已批准并进行交底。

（3）施工预算已经编制和审定，并已签订工程合同。

（4）现场“三通一平”能满足施工需要。

（5）材料、成品、半成品和工艺设备等，能满足连续施工的要求。

（6）附属加工企业和职工的生活福利设施的建设，能满足施工和生活的需要。

(7)施工机械、设备已进场，并经过检验能保证正常运转。

(8)劳动力已经调集，并已经过必要的技术安全教育，安全消防设施已经具备。

(9)已办理开工许可证。

第二节　施工中技术管理

2201　技术交底应如何进行?

施工技术交底是作业指导书的一种，是保证工程施工符合设计要求和规范、质量标准和操作工艺标准规定，用以具体指导施工活动的操作性技术文件。技术交底应按不同层次、不同要求和不同方式进行，应使所有参与施工的人员掌握所从事工作的内容、操作规程方法和技术要求。

(1)项目经理部的技术交底工作由项目经理组织，项目总工程师主持实施。凡技术复杂(包括推行新技术)的重点工程、重点部位，应由总工程师向主任工程师、技术队长及有关职能部门负责人交底，明确关键性的施工技术问题、主要项目的施工方法和特殊工程的技术、材料要求及注意事项等内容。普通工程应由主任工程师参照上述内容进行。

(2)工长(技术队长)负责组织向本责任区内的班组交底。施工队一级的技术交底，由施工技术队长负责向技术员、施工员、质量检查员、安全员以及班组长进行交代，所承担的工程数量、要求期限、图纸内容、测量放样、施工方法、质量标准、技术措施、操作要求和安全措施等方面技术交底工作。

(3)施工员向班组的交底工作是各级技术交底的关键。施工员向班组交底时，要结合具体操作部位，贯彻落实上级技术领导的要求，明确关键部位的质量要求、操作要求及注意事项，制订保证质量、安全的技术措施，对关键性项目、部位、新技术的推行项目应反复、细致地向操作组进行交底，必要时应作文字交底或示范操作。

(4)对于分包工程，项目经理部应向分包单位详细地就承包合同中有关技术管理、质量要求、工程监理和竣工验收办法以及合同规定中双方应承担的经济合同法律责任等内容进行全面交底。

2202 技术交底的主要内容是什么？

技术交底内容包括承包合同有关条款、设计图、设计文件规定的技术标准、施工技术规范和质量要求、施工进度和总工期、拟采用的施工工艺方法和材质要求、技术安全措施等。对于重点工程、重点部位、特殊工程、新结构、新工艺、新材料的工程，更要作详细的技术交底。具体的有以下方面：

(1)承包合同中有关施工技术管理和监理办法，合同条款规定的法律、经济责任和工期。

(2)设计文件、施工图及说明要点等内容。

(3)分部、分项工程的施工特点，质量要求。

(4)施工技术方案。

(5)工程合同技术规范、使用的工法或工艺操作规程。

(6)材料的特性、技术要求及节约措施。

(7)季节性施工措施。

(8)安全、环保方案。

(9)各单位在施工中的协调配合、机械设备组合、交叉作业及注意事项。

(10)试验工程项目的技术标准和采用的规程。

(11)适应工程内容的科研项目、“四新”项目等先进技术推广应用的技术要求。

2203 技术交底的方式有哪些？

(1)口头交底。这种方式不限于形式、地点、时间。可利用茶前饭后、班前班后随时随地需要交代的问题说清楚就行了。例如工地上的材料堆放、零星工程等技术要求不复杂，易操作，且工程量小的项目可使用口头交底。

(2)示范交底。这种交底方法对于新工艺、新技术、新机具、新材料的使用，应有技术精湛的工人当众进行操作示范、演示在操作中应注意的动作要领，并进行必要的分析解释。

(3)挂牌交底。当施工做法类似、容易混淆的工艺或数据，可应用挂牌交底。例如，混凝土(砂浆)的配合比交底，细部工艺做法等。这种方法比较醒目，便于记忆，方便检查。

(4)卡(名)片交底。把施工中使用频率比较高的施工工艺、质量标准、成品保护条例、安全条例等，印刷成名片的形式，由技术员填写工程名称、时间、需要特殊说明的内容后，签发给班组或个人。这样既可以减少技术人员的重复工作又能起到较好的效果。

(5)样板交底。对于施工技术难度较大，工艺复杂的先派有技术有经验的操作人员做出样板，然后让全体操作人员进行观摩，要求按样板进行操作施工，按样板进行验收。这种方法能够切合实际，一目了然，有标准可依，是建筑工程施工中常用的措施。

(6)文字(书面)交底。这是施工技术人员交底的最基本的方式，用这种方法把文字、图表、数字、施工方法表示清楚，并还需要交底人、被交底人签字后生效，工程竣工后整理存入工程档案，是建筑工程必须采用的一种方式。

2204 施工技术交底的编写应遵循哪些原则？

(1)所写的内容必须针对工程实际，不可弃工程实际而照抄规范、标准和规定。

(2)所写内容必须实事求是，切实可行，对规范、标准和规定，不能因施工素质不高而降低。

(3)交底内容，必须重点突出，全面具体，确保达到指导施工的目的。

(4)交底工作必须在开始施工以前进行，要有预见性和告诫性。

(5)编写的程序和内容应力求科学化、标准化,表达方式通俗易懂。

2205 技术交底编制的依据有哪些?

(1)国家、行业、地方标准、规范、规程,当地主管部门有关规定,以及企业技术标准及质量管理体系文件。

(2)工程施工图纸、标准图集、图纸会审记录、设计变更及工作联系单等技术文件。

(3)施工组织设计、施工方案。

(4)其他有关文件:如有关工程管理、技术推广、质量管理及治理质量通病等方面的文件等。

2206 什么是设计变更?

设计变更是指公路工程项目初步设计文件或一阶段施工图设计文件批准之日起至通过竣工验收正式交付使用之日止,对批准的初步设计文件、技术设计文件或施工图设计文件所进行的修改、完善和调整等行为,分优化设计、完善设计和新增工程。

优化设计是指在工程正式开工之后,通过现场勘察、核对、分析、论证和比选,在保证使用安全和不降低技术标准的前提下,通过新技术、新工艺和新材料的应用,对原设计进行优化的变更行为,其目的是保证质量、减少病害、方便施工、降低造价、缩短工期、利于养护、减少运营费用以及节能环保、节约用地等。对设计工程取消实施,或分期修建等变更行为不属于优化设计。

完善设计是指工程正式开工之后,发现因测量勘察深度不足、调查预测失当,导致设计方案不合理、设计错漏,或因项目实施过程中新颁布生效的国家、部、省标准、技术规范等原因,必须对原设计文件进行修改、完善和补充的变更行为。

新增工程是指工程正式开工之后,至项目进行竣工验收之前,因社会经济发展或提高服务水平等方面的需要,对原批准设计规模新增内容并予以实施的变更行为。

2207　公路工程设计变更分为哪几类？具体限定条件是什么？

公路工程设计变更分为重大设计变更、较大设计变更和一般设计变更。

(1)有下列情形之一的属于重大设计变更：

1)连续长度 10 km(包括 10 km)以上的路线方案调整的；

2)特大桥的数量或结构型式发生变化的；

3)特长隧道的数量或通风方案发生变化的；

4)互通式立交的数量发生变化的；

5)收费方式及站点位置、规模发生变化的；

6)超过初步设计批准概算的。

(2)有下列情形之一的属于较大设计变更：

1)路线起讫点和主要控制点发生变化的；

2)连续长度 5 km(包括 5 km)以上的路线方案调整的；

3)局部技术标准:包括技术等级、路基宽度、设计荷载等级发生变化的；

4)高速公路连接线的标准和规模发生变化的；

5)路面结构类型(不含外掺剂及黏结材料等)发生变化的；

6)大桥的数量或结构型式发生变化的；

7)分离式立交(满足大桥标准)的数量或结构型式发生变化的；

8)非特长隧道的数量或方案发生变化的；

9)互通式立交的位置或方案发生变化的；

10)监控、通信系统总体方案发生变化的；

11)管理、养护和服务设施的数量和总规模(不含单一设施规模)发生变化的；

12)单项工程规模或技术方案(不含路基填料及运距、不良地质处理、隧道围岩级别、防护及排水工程等)发生变化,变更费用增减总额大于或等于 500 万元(高速公路 1 000 万元)的或需要调增已批准施工图预算的。

(3)一般设计变更是指除重大设计变更和较大设计变更以外的其他设计变更行为。

2208 产生设计变更的原因有哪些?

(1)经过会审后的施工图,在施工过程中,发现施工图仍有差错与实际情况不符。

(2)因施工条件发生变化与施工图的规定不符。

(3)材料、半成品、设备等,与原设计要求不符。

2209 设计变更的审批管理有什么要求?

(1)重大设计变更由省级交通运输管理部门审查后上报原初步设计审批部门审批;较大设计变更由项目建设单位(建设单位分级管理的,由项目法人单位负责)审查后上报省级交通运输管理部门审批;一般设计变更由项目建设单位审批。

(2)按一阶段施工图设计的项目,当发生重大或较大设计变更时,由一阶段施工图设计审批部门审批。

(3)当施工图设计与初步设计有重大或较大设计方案变化时,应在施工图设计批复之前一次性履行设计变更审批程序。

(4)未经审查批准的设计变更不得实施。任何单位不得肢解设计变更,规避审批。

(5)经批准的设计变更一般不得再次变更。

(6)对需要进行紧急抢险的公路工程设计变更,项目建设单位可先进行紧急抢险处理,同时按照规定的程序办理设计变更审批手续,并附相关的影像资料说明紧急抢险的情形。

(7)重大和较大设计变更审批还应满足行政许可的有关要求。

2210 设计变更可由谁提出?

(1)公路工程勘察设计、施工及监理等单位可以向项目建设单位提出公路工程设计变更的申请。

(2)根据公路工程项目的实际情况,项目建设单位可以直接做出一般设计变更的决定，也可以直接对重大或较大设计变更提出申请。

2211 测量复核签认有哪些规定？

测量工作必须严格执行测量复核签认，以保证测量工作质量，防止错误，提高测量工作效率。为此必须做到以下几点：

(1)测量队应核对有关设计文件和监理签认的控制网点测量资料，工作应由两人独立进行，核对结果应作记录并进行签认，成果经项目技术部门主管复核签认，总工程师审核签认后方可使用。

(2)测量外业工作必须有多次观测，并构成闭合检测条件。控制测量、定位测量和重要的放样测量必须坚持“两人两种方法”制度，坚持采用两种不同方法(或不同仪器)或换人进行复核测量。利用已知点(包括平面控制点、方向点、高程点)进行引测、加点和施工放样前，必须坚持“先检测后利用”的原则。

(3)测量后，测量成果必须采用两组独立平行计算进行相互校核，测量队长、测量组长对各自的测量成果进行复核签认。

(4)各工点、工序范围内的测量工作，测量组应自检复核签认，分工衔接上的测量工作，由测量队或测量组进行互检复核和签认。

(5)项目测量队组织对控制网点和测量组设置的施工用桩及重大工程的放样进行复核测量，经项目技术部门主管现场进行检查签认，总工程师审核签认合格后，报驻地监理工程师审批认可。

(6)项目经理部总工和技术部门负责人要对测量队、组执行测量复核签认制进行检查，并做好检查记录。测量队对测量组执行测量复核签认制进行检查，并做好检查记录。

2212 测量记录与测量资料管理应做好哪些工作？

(1)测量记录与资料必须分类整理、妥善保管，作为竣工文件的组成部分归档。具体包括：项目交接桩资料、监理工程师提供的有关测量控制网点、放样数据变更文件；项目及各工点、各工序测量原始记录，观测方案布置图、放样数据计算书；测量内业计算书、测量成果数据图表;计量器具周期检定文件。

(2)控制测量、每项单位工程施工测量必须分别使用单项测量记录本。测量记录统一使用水平仪簿和经纬仪簿。

(3)一切原始观测值和记录项目在现场记录清楚,不得涂改,不得凭记忆补记、补绘。

(4)记录中不准连环更改,不合格时应重测。手簿必须填写页次,注明观测者、观测日期、起始时间、终止时间、气象条件、使用的仪器和舰标类型及编号,并详细记载观测时的特殊情况。凡划去的观测记录,应注明原因,予以保存,不得撕毁。

(5)测量队、组应设专人管理原始记录和资料,建立台账,及时收集,按控制测量、单位工程分项整理立卷。因人事变动所涉及的测量记录和资料,应由测量队、组长主持办理交接手续。工点工程竣工测量完成后,测量组应将全部测量记录资料整理上交测量队。

(6)经测量队检查合格后,经理部方可验收工程。项目工程完工,线路贯通竣工测量完成之后,测量队应将项目全部测量记录和资料档案,分类整理装订成册,上交项目经理部技术部门,经验收合格后,双方办理交接手续。项目经理部按交工验收的要求将测量记录资料编入竣工文件。

(7)内业计算前应复查外业资料,核对起算数据。计算书要书面整洁,计算清楚,格式统一。计算者、复核者要签认。

2213 公路工程测量仪器、工具有哪些?其使用和保管应注意哪些方面?

公路工程施工常用测量仪器主要有:水准仪、经纬仪、光电测距仪、全站仪(包括舰标、水准尺等附属工具)。测量工具主要指量距尺、温度计、气压计。测量仪器工具的使用和保管应注意以下方面。

(1)测量仪器、工具使用人员,必须认真学习仪器说明书,熟悉各部分性能、操作方法和日常保养知识,了解各种仪器使用时必须具备的外部环境条件。仪器精度与性能应符合合同条件及规范要求，仪器的配置与使用范围应经项目总工程师签认确定。

(2)在使用前，应到国家法定计量技术检定机构对测量仪器、工具检定。当测量仪器、工具出现下列情况均视为不合格：已经损坏；过载或误操作；显示不正常；功能出现了可疑；超过了规定的周检确认时间间隔；仪表封缄的完整性已被破坏。出现了不合格项的测量仪器、工具，必须停止使用，隔离存放，并做明显标记。只有排除不合格原因，再次检定确认合格，并经项目技术部门主管验证签认后，方可使用。

(3)测量仪器使用时，应采取有效措施，达到其要求的环境条件。条件不具备时，不得架立、使用仪器。仪器架立后司仪人员应专心守护，不得擅自离开。

(4)测量仪器转站，严禁将带支架的仪器横杠肩上。经纬仪、光电测距仪和全站仪转站必须装箱搬运。行走困难地段，所有仪器必须装箱护行搬运。测量收工必须按说明书规定擦拭仪器装箱。携带仪器乘车必须将仪器箱放在座位上，或专人怀抱，不得无人监管任其受振。

(5)项目经理部的测量队应建立仪器总台账、仪器使用及检定台账，测量组也应建立相应的分账。

(6)仪器档案由项目技术部门保存原件，测量队、组长保存复印件，复印件随仪器装箱。仪器使用者负责使用期间的仪器保管，应防止受潮和丢失。测量仪器应做到专人使用、专人保管。不得私自外借他人使用。

2214 公路工程对试验检测机构有什么要求？

(1)检测机构等级满足工程检测需要，检测机构等级依据检测机构的公路工程试验检测水平、主要试验检测仪器设备及检测人员的配备情况、试验检测环境等基本条件对检测机构进行的能力划分。公路工程专业分为综合类和专项类。公路工程综合类设甲、乙、丙三个等级。公路工程专项类分为交通工程和桥梁隧道工程。

(2)检测机构在同一公路工程项目标段中不得同时接受业主、监理、施工等多方的试验检测委托。

(3)检测机构依据合同承担公路水运工程试验检测业务,不得转包、违规分包。

(4)检测人员分为试验检测工程师和试验检测员。检测机构的技术负责人应当由试验检测工程师担任。试验检测报告应当由试验检测工程师审核、签发。

2215 设立工地试验室有什么要求?

(1)公路施工过程中,施工单位应建立为现场进行工程质量控制及所需其他试验的规模齐全、设施配套的工地试验室。试验室应配备既有理论又有实践经验的工程师负责试验工作。

(2)除在施工的合同段内设置一个工地试验室外,同时应根据现场需要,增设若干个流动试验站。

(3)开始工作之前,应将工地试验室和流动试验站所在位置和面积、配备的仪器、器具等全部物品清单(含主要仪器的型号、规格、性能和说明等)报监理工程师审批。

(4)工地试验室(站)的仪器、器具应在开始工作前配齐,保证在工程进行期间正常运转使用。

(5)工地试验室(流动试验室)的各种试验工作,均应统一按合同列明的或正式颁布的国家标准及部级行业标准进行。

(6)各种试验均应采用统一的表格进行记录、报告和统一的方法进行整理、保存。

2216 原材料的验证试验应符合哪些规定?

(1)项目经理部必须严格控制工程进场材料的质量、型号、规格。根据材料部门提供的有关资料,项目在采购材料之前,材料采购部门应填写《材料试验检验通知单》交项目试验室,由试验室主任指派试验人员配合材料采购人员到货源处取样,进行性能试验。经检验合格的材料,方可与供应方签订供应合同。

(2)试验室对进场的主要原材料按施工技术规范规定的批量和项目进行检测试验。对于进场的原材料,试验频次较多,试验站(点)的试验人员按规定频率进行取样送样,取样要有代表性,一旦发现有弄虚作假的,严厉惩罚当事人。

(3)没有出厂合格证或试验单的材料及型号规格与图纸要求不符合的材料,一律不得在工程上使用。一旦发现应及时向上级技术负责人反映,通报工地材料员和试验员,及时取样做试验,及时提供材质证明和试验单。

(4)进场的材料要做到材质证明随材料走,材质证明要与所代表材料相符,做好材料的标志。

2217 标准试验的管理有哪些规定?

标准试验是对各项工程的内在品质进行施工前的数据采集,它是控制和指导施工的科学依据,包括各种标准击实试验、集料的级配试验、混合料的配合比试验、结构的强度试验等。应按以下要求进行:

(1)在各项工程开工前合同规定或合理的时间内,应完成标准试验,并将试验报告及试验材料提交监理工程师中心试验室审查批准。

(2)监理工程师中心试验室应在承包人进行标准试验的同时或以后,平行进行复核(对比)试验,以肯定、否定或调整承包人标准试验的参数或指标。

2218 工艺试验的管理有哪些规定?

工艺试验是依据技术规范的规定,在动工之前对路基、路面及其他需要通过预先试验方法能正式施工的分项工程预先进行工艺试验,然后依其试验结果全面指导施工。工艺试验应按以下要求进行:

(1)提出工艺试验的施工方案和实施细则并报监理工程师审查批准。

(2)工艺试验的机械组合、人员配额、材料、施工程序、预埋观测以及操作方法等应有两组以上方案,以便通过试验作出选定。

(3)试验结束后应提交试验报告,并经监理工程师审查批准。

2219 试验、检测记录的管理有哪些要求?

(1)试验室对试验检测的原始记录和报告应印成一定格式的表格,原始记录和报告要实事求是,字迹清楚,数据可靠,结论明确,同时应有试验、计算、复核、负责人签字及试验日期,并加盖试验专用公章。

(2)工程试验检测记录应使用签字笔填写,内容应填写完整,没有填写的地方应划"——"。

(3)原始记录是试验检测结果的如实记载,不允许随意更改,不许删减。

(4)原始记录如果需要更改,作废数据应划两条水平线,并将正确数据填在上方,同时加盖更改人印章。

(5)由于试验室记录类别多,应由专人负责整理记录,规定文件资料借阅、查找制度。对外发出的报告及上报的资料应建立总台账。

(6)试验室所有的质量记录,根据合同规定要求向业主提供足够份数,其余质量记录由试验室装订成册上交公司档案室。

(7)当所有规定的工程原材料检验、过程检验和试验均已完成,试验室应将所有的试验记录、报告以及分项工程、分部工程和单位工程的评定结果等资料,按交工验收要求整理成册,准备交工验收。

第三节 施工后技术管理

2301 施工技术总结分哪两种?什么情况下应进行总结?

施工技术总结分为工程总结和专题技术总结。大、中型建设项目，应编写全面的综合性的工程总结，工程综合总结初稿一般应在工程基本竣工、尚未正式验交前完成。工程验交后，工程综合总结应于三个月内完成。

建设项目中的重点、难点工程及施工中采用的新技术、新工艺、新材料、新设备、新结构、特殊施工方法、机械化施工及工程质量、施工安全等方面的经验，应编写专题技术总结。专题技术总结应附于建设项目中工程综合总结后面，成为建设项目中施工技术总结的一部分，也可独立成册，上报上级业务部门。

2302 工程综合总结的内容一般包括哪些？

(1)全线工程概况；

(2)自然条件；

(3)施工特点；

(4)主要技术条件和标准；

(5)人力部署及施工准备工作；

(6)全面施工阶段；

(7)工程收尾配套阶段；

(8)重大施工技术关键问题及采取的措施；

(9)采用新技术情况；

(10)重大设计变更；

(11)工程质量、施工安全、组织指挥、物资供应、机械设备、运输保障等方面的主要情况及经验教训；

(12)验收交接对工程的评价；

(13)工程数量、劳务、材料、投资、灾害损失、主要经济技术指标等统计资料；

(14)全线平面缩图、纵断面缩图及地面地理位置图；

(15)有关图表、照片；

(16)重点、难点工程及专题技术总结。

2303 专题技术总结的内容一般包括什么？

(1)工程概况。

(2)施工条件。

(3)主要施工方法。

(4)采用新技术情况、经验、效果及测量试验资料。

(5)施工中重大技术问题处理情况。

(6)工期、造价、工效、安全、质量、节约方面的综合分析，投资、材料、机械设备、动力的消耗使用资料。

(7)有关的照片、图表。

2304 施工技术总结的编写要求是什么？

(1)编写施工技术总结要严肃认真，实事求是，理论联系实际，要充分反映工程的成绩和经验，如实写出存在问题和缺点。

(2)施工技术总结应能反映施工中的重要环节，关键处要叙述清楚，必要时附图表、照片。

(3)统计数字力求准确，反复核实，并与竣工数量相一致。

(4)施工技术总结应内容充实，抓住重点，分析深入，文字简练，数据准确，图表清楚。用事实和数据说明问题。

(5)施工技术总结在开工时就应注意编写资料，指定专人进行这项工作，在工程竣工后规定的期限内整理出技术总结。

2305 技术档案和技术资料有什么区别？

(1)技本资料是施工活动中，为参考目的而收集和复制的技术文件材料(包括图纸，照片、报表、文字材料等)，它不是本单位施工活动中自然形成的，技术档案则是本单位在工程建设中直接产生和自然形成的。

(2)技术资料主要是通过交流、赠送、购买等方式收集的，它对建设工程不具有工作依据和必须遵照执行的性质，它是一种参考资料。技术档案则是本建设工程施工过程中自然形成的技术文件材料转化过来的，是本工程的施工直接成果，对施工起着指导和依据的作用。

2306　工程技术档案管理工作的任务是什么？档案整理的原则是什么？

工程技术档案管理工作按照一定的原则和要求，系统地收集记录工程建设过程中具有保存价值的技术文件材料，并按归档制度加以整理，以便完工验收后完整地移交给有关技术档案管理部门。

为做好技术档案的整理工作，必须注意搞好日常技术文件的管理。整理原则有以下方面：

(1)施工企业应根据实际需要建立和健全技术文件的专职管理机构。

(2)技术档案的系统整理是在技术档案材料全面收集基础上，对技术档案材料进行科学的分类和有秩序地排列。分类应符合技术档案本身的自然形成规律。

(3)工程技术档案分类，一般按工程项目分，使同一项工程的技术档案都集中在一起，而每一类下，又可按专业分为若干类。

(4)技术档案的目录编制应通过一定形式，按照一定要求，总结整理成果，揭示技术档案的内容和他们之间的联系，便于检索。

2307　工程施工技术档案包括哪些方面的内容？

(1)竣工图表，包括变更设计一览表、变更图纸、工程竣工图。

(2)工程管理文件，包括施工组织机构及人员，岗位责任划分，施工组织设计，技术交底文件，会议纪要等。

(3)施工质量控制文件，包括工程质量管理文件、材料及标准试验、施工工序资料、缺陷责任期资料。

(4)施工安全及文明施工文件。

(5)进度控制文件。

(6)计量支付文件。

(7)合同管理文件。

(8)施工原始记录。

2308 公路工程质量管理文件包括哪些内容?

(1)工程质量往来文件(质量保证体系,专项技术方案等)。

(2)工程质量自检报告及工程质量检验评定资料。

(3)工程质量事故及处理情况报告、补救后达到要求的认可证明文件。

(4)桥梁荷载试验报告。

(5)桥梁基础检验汇总资料。

(6)施工中遇到的非正常情况记录、处理方案、施工工艺、质量检测记录及观察记录、对工程质量影响分析。

(7)交工验收时施工单位的自检评定资料。

2309 公路工程材料及标准试验档案资料包括哪些?

(1)原材料、外购成品、半成品抽检试验报告及资料。

(2)外购材料(产品)出厂合格证书、检验报告及质量鉴定报告。

(3)各种标准试验、配合比设计报告。

2310 路基工程施工工序档案资料有哪些?

(1)路基土石方工程

1)地表处理资料。

2)不良地质处理方案、施工资料、检测资料。

3)分层压实资料。

4)路基检测、验收资料。

5)分段资料汇总。

(2)防护工程

1)基坑放样、开挖处理、试验检测资料。

2)各工序施工记录、检测、试验资料。

3)成品检测资料。

4)砂浆(混凝土)强度试验资料。

(3)小桥工程

1)基坑放样、开挖处理、试验检测资料。

2)基础施工检查、试验资料,桩基检测资料。

3)各分项施工工序检查、成品检测资料。

4)砂浆强度、混凝土强度、台背回填压实度等试验报告及汇总表。

(4)排水工程

1)基坑放样、开挖处理、试验检测资料。

2)各施工工序检查、成品检测资料。

3)砂浆、混凝土强度试验资料。

(5)涵洞工程

1)基坑放样、开挖处理、试验检测资料。

2)各施工工序检查、成品检测资料。

3)砂浆强度、混凝土强度、台背回填压实度等试验报告及汇总表。

2311 路面工程施工工序档案资料有哪些?

(1)施工工序检查资料。

(2)材料配合比抽检(油石比、马歇尔试验等)资料。

(3)压实度、弯沉、强度等试验检测报告及汇总资料。

2312 桥梁工程施工工序档案资料有哪些?

(1)基坑放样、开挖处理、试验检测资料。

(2)基础施工检查、试验资料,桩基检测资料。

(3)墩台、现浇构件、预制构件、预应力等施工工序检查、成品检测资料。

(4)各工序施工、检测记录。

(5)砂浆强度、混凝土强度、台背回填压实度等试验报告及汇总表。

(6)引道工程施工检测、试验资料。

2313 隧道工程施工工序档案资料有哪些?

(1)洞身开挖施工、检查资料。

(2)衬砌施工、检验资料。

(3)隧道路面工程施工、检查资料。

(4)照明、通风、消防设施施工、检查资料。

(5)洞口施工检查资料。

(6)各种附属设施检验施工资料。

(7)各环节工序检查、验收资料。

(8)隧道衬砌厚度、混凝土(砂浆)强度试验检测资料。

2314 交通安全设施施工工序档案资料有哪些?

(1)各种标志牌制作安装检查记录。

(2)标线检查资料、施工记录。

(3)防撞护栏、隔离栅及附属设施施工、检查资料。

(4)照明系统施工、检测资料。

(5)各中间环节检测资料。

(6)成品检测资料。

2315 公路工程施工安全及文明施工文件包括哪些?

(1)安全生产的有关文件。如:安全组织机构及人员、岗位责任、安全保证体系、施工专项技术方案、技术交底文件等。

(2)安全事故的调查处理文件。

(3)文明施工的有关文件。

2316 公路工程施工进度控制文件有哪些?

(1)进度计划(文件、图表)、批准文件。

(2)进度执行情况(文件、图表)。

(3)有关进度的往来文件。

2317　公路工程施工原始记录包括哪些?

(1)施工日志。

(2)天气、温度及自然灾害记录。

(3)测量原始记录。

(4)各工序施工原始记录。

(5)会议记录、纪要。

(6)施工照片、音像资料。

(7)其他原始记录。

第三章　进度管理

第一节　进度的计划与控制

3101　进行进度管理的前提和原则是什么？

进度管理的目的是通过管理以实现工程的进度目标。施工进度管理并不仅关系到施工进度目标能否实现，它还直接关系到工程的质量和成本。在工程施工实践中，必须坚持一个前提，即在确保工程质量的前提下，控制工程的进度。同时，在进度管理中应树立一个原则，即动态管理原则，因为进度管理也是制定进度计划、执行、验证并调整计划的一个循环提高的动态过程。

3102　施工进度的动态管理包括哪些内容？

工程项目是在动态条件下实施的，因此进度管理也就是一个动态的管理过程。它包括：

(1)进度目标的分析和论证，其目的是论证进度目标是否合理，进度目标是否可能实现。如果经过科学的论证，目标不可能实现，则必须调整目标；

(2)在收集资料和调查研究的基础上编制进度计划；

(3)进度计划的跟踪检查与调整，它包括定期跟踪检查所编制进度计划的执行情况，若其执行有偏差，则采取纠偏措施，并视必要调整进度计划。

3103　运用动态管理原理进行进度管理的步骤是什么？

(1)工程进度目标的逐层分解。工程进度目标的逐层分解是从项目实施开始前和在项目实施过程中，逐步地由宏观到微观，由粗到细编制深度不同的进度计划的过程。对于大型建设工程项目，应通过编制工程总进度规划、工程总进度计划、项目各子系统和各子项目工程进度计划等进行项目工程进度目标的逐层分解。

(2)在项目实施过程中对工程进度目标进行动态跟踪。跟踪包括两个方面，一是按照进度控制的要求，收集工程进度实际值。二是定期对工程进度的计划值和实际值进行比较。进度的计划值和实际值的比较应是定量的数据比较，比较的成果是进度跟踪和控制报告，如编制进度控制的旬、月、季、半年和年度报告等。

(3)通过工程进度计划值和实际值的比较，如发现进度的偏差，则必须采取相应的纠偏措施进行纠偏，如：分析由于管理的原因而影响进度的问题，并采取相应的措施，调整进度管理的方法和手段，改变施工管理和强化合同管理，及时解决工程款支付和落实加快工程进度所需的资金，改进施工方法和改变施工机具等。

(4)若发现原定的工程进度目标不合理，或原定的工程进度目标无法实现等，则调整工程进度目标。

3104　工程项目进度计划系统由哪些部分组成？

工程项目进度计划系统是由多个相互关联的进度计划组成的系统，常见的由以下系统组成。

(1)由多个相互关联的不同计划深度的进度计划组成的计划系统，包括：总进度规划(计划)、项目子系统进度规划(计划)、项目子系统中的单项工程进度计划等。

(2)由多个相互关联的不同计划功能的进度计划组成的计划系统，包括：控制性进度规划(计划)、指导性进度规划(计划)、实施性(操作性)进度计划等。

(3)由多个相互关联的不同项目参与方的进度计划组成的计划系统，包括：业主方编制的整个项目实施的进度计划、设计进度计划、施工和设备安装进度计划、采购和供货进度计划等。

(4)由多个相互关联的不同计划周期的进度计划组成的计划系统，包括：年度、季度、月度和旬计划等。

3105 进度控制在施工准备阶段、施工阶段和竣工验收阶段的主要工作是什么?

(1)施工准备阶段的进度控制

施工准备阶段的许多工作都对施工的开始和进度有直接的影响,包括双方对合同工期的约定、承包方提交进度计划、设计图纸的提供、材料设备的采购、延期开工的处理等。

(2)施工阶段的进度控制

开工后,承包人必须按照工程师确认的进度计划组织施工,进行进度控制,按要求提交上一周期进度计划实际执行情况和本周期的施工计划,接受工程师对进度的检查、监督。

(3)竣工验收阶段的进度控制

竣工验收是发包人对工程的全面检验,是保修期外的最后阶段。在竣工验收阶段,项目经理进度控制的任务是督促完成工程扫尾工程,协调竣工验收中的各方关系,参加竣工验收。

3106 编制完进度计划后,应重点从哪几方面对进度计划进行审查?

(1)工期和时间安排的合理性

1)施工总工期的安排应符合合同工期。

2)各施工阶段就单位工程(包括分部、分项工程)的施工顺序和时间安排与材料和设备的进场计划相协调。

3)易受冰冻、低温、炎热、雨季等气候影响的工程应安排在适宜的时间,并应采取有效的预防和保护措施。

4)对动员、清场、假日及天气影响的时间,应充分考虑并留有余地。

(2)施工准备的可靠性

1)所需主要材料和设备的运送日期已有保证。

2)主要骨干人员及施工队伍的进场日期已经落实。

3)施工测量、材料检查及标准试验的工作已经安排。

4)驻地建设、进场道路及供电、供水等已经解决或已有可靠的解决方案。

(3)计划目标与施工能力的适应性

1)各阶段或单位工程计划完成的工程量及投资额应与设备和人力实际状况相适应。

2)各项施工方案和施工方法应与施工经验和技术水平相适应。

3)关键线路上的施工力量安排应与非关键线路上的施工力量安排相适应。

3107 项目进度检查的重点是什么?

(1)关键工作进度,非关键工作的进度及时差利用情况,工作量的完成情况。

(2)实际进度对各项工作之间逻辑关系的影响。

(3)资源使用及进度的互配情况,成本状况。

(4)存在的其他问题,以及上次检查提出问题的处理情况。

3108 进度计划检查的方法有哪些?

(1)横道图比较法。横道图比较法是指将在项目实施中检查实际进度收集的信息,经整理后直接用横道线并列标于原计划的横道线处,进行直观比较的方法。

(2)"S"形曲线比较法。"S"形曲线比较法与横道图比较法不同,它不是在编制的横道图进度计划上进行实际进度与计划进度比较。它是以横坐标表示进度时间,纵坐标表示累计完成任务量,而绘制出一条按计划时间累计完成任务量的"S"形曲线,将施工项目的各检查时间实际完成的任务量与"S"形曲线进行实际进度与计划进度相比较的一种方法。

(3)"香蕉"曲线比较法。"香蕉"曲线是由两条以同一开始时间、同一结束时间的"S"形曲线组合而成。其中,一条"S"形曲线是工作按最早开始时间安排进度所绘制的"S"形曲线,简称 ES 曲线；而另一条“S”形曲线是工作按最迟开始时间安排进度所绘制的“S”形曲线，简称 LS 曲线。除了项目的开始和结束点外，ES 曲线在 LS 曲线的上方，同一时刻两条曲线所对应完成的工作量是不同的。在项目实施过程中，理想的状况是任一时刻的实际进度在这两条曲线所包区域内的曲线 R 上。

(4)前锋线比较法。前锋线比较法是通过绘制某检查时刻工程项目实际进度前锋线，进行工程实际进度与计划进度比较的方法，通过实际进度前锋线与原进度计划中各工作箭线交点的位置来判断工作实际进度与计划进度的偏差，进而判定该偏差对后续工作及总工期影响程度。它主要适用于时标网络计划。

3109 对进度计划进行调整的常用方法是什么？

(1)调整关键线路的方法

1)当关键线路的实际进度比计划进度拖后时，应在尚未完成的关键工作中，选择资源强度小或费用低的工作缩短其持续时间，并重新计算未完成部分的时间参数，将其作为一个新计划实施。

2)当关键线路的实际进度比计划进度提前时，若不拟提前工期，应选用资源占用量大或者直接费用高的后续关键工作，适当延长其持续时间，以降低其资源强度或费用；当确定要提前完成计划时，应将计划尚未完成的部分作为一个新计划，重新确定关键工作的持续时间，按新计划实施。

(2)非关键工作时差的调整方法

非关键工作时差的调整应在其时差的范围内进行，以便更充分地利用资源、降低成本或满足施工的需要。每一次调整后都必须重新计算时间参数，观察该调整对计划全局的影响。可采用以下几种调整方法：

1)将工作在其最早开始时间与最迟完成时间范围内移动；

2)延长工作的持续时间；

3)缩短工作的持续时间。

(3)增、减工作项目时的调整方法

增、减工作项目时应符合下列规定：

1)不打乱原网络计划总的逻辑关系，只对局部逻辑关系进行调整；

2)在增减工作后应重新计算时间参数，分析对原网络计划的影响；当对工期有影响时，应采取调整措施，以保证计划工期不变。

(4)调整逻辑关系

逻辑关系的调整只有当实际情况要求改变施工方法或组织方法时才可进行。调整时应避免影响原定计划工期和其他工作的顺利进行。

(5)调整工作的持续时间

当发现某些工作的原持续时间估计有误或实现条件不充分时，应重新估算其持续时间，并重新计算时间参数，尽量使原计划工期不受影响。

(6)调整资源的投入

当资源供应发生异常时，应采用资源优化方法对计划进行调整，或采取应急措施，使其对工期的影响最小。

3110 项目进度控制的组织措施有哪些？

(1)组织是目标能否实现的决定性因素，为实现项目的进度目标，应充分重视健全项目管理的组织体系。在项目组织结构中应有专门的工作部门和符合进度控制岗位资格的专人负责进度控制工作。

(2)进度控制的主要工作环节包括进度目标的分析和论证、编制进度计划、定期跟踪进度计划的执行情况、采取纠偏措施以及调整进度计划。这些工作任务和相应的管理职能应在项目管理组织设计的任务分工表和管理职能分工表中标示并落实。

(3)应明确项目进度控制的工作流程，如：定义项目进度计划系统的组成；各类进度计划的编制程序、审批程序和计划调整程序等。

(4)进度控制工作包含了大量的组织和协调工作，而会议是组织和协调的重要手段,应进行有关进度控制会议的组织设计。

3111 不同施工组织方式对进度有什么样的影响?

(1)顺序作业法

采用这种方法,施工现场的组织、管理、资源供应比较简单,但因为它没有充分利用工作面进行施工,工期较长;施工中不强调分工协作,多是间歇作业,不利于劳动生产率的提高,对劳动力和材料的使用可能不均衡。

(2)平行作业法

这种方法充分利用了工作面进行施工,工期较短;但劳动力、材料和机具投入大、协调工作复杂。实质是用增加资源的方法来达到缩短工期的目的,一般适用于需要突击性施工时施工作业的组织。

(3)流水作业法

必须按工艺专业化原则成立专业作业队(班组),实现专业化生产,有利于提高劳动生产率,保证工程质量;专业化作业队能够连续作业,相邻作业队的施工时间能最大限度地搭接;尽可能利用工作面进行施工,工期比较短;每天投入的资源量较为均衡,有利于资源供应的组织工作。

3112 项目进度控制的管理措施有哪些?

建设工程项目进度控制的管理措施涉及管理的思想、管理的方法、管理的手段、合同管理和风险管理等。

(1)建设工程项目进度控制在管理观念方面存在的主要问题是:

1)缺乏进度计划系统的观念,分别编制各种独立而互不联系的计划,形成不了计划系统;

2)缺乏动态控制的观念,只重视计划的编制,而不重视及时地进行计划的动态调整;

3)缺乏进度计划多方案比较和选优的观念,合理的进度计划应体现资源的合理使用、工作面的合理安排、有利于提高建设质量、有利于文明施工和有利于合理地缩短建设周期。

(2)工程网络计划的方法有利于实现进度控制的科学化。用工程网络计划的方法编制进度计划必须分析和考虑工作之间的逻辑关系,通过工程网络的计算可发现关键工作和关键路线,也可知道非关键工作可使用的时差。

(3)应注意分析影响工程进度的风险,并在分析的基础上采取风险管理措施,以减少进度失控的风险量。常见的影响工程进度的风险有:组织风险;管理风险;合同风险;资源(人力、物力和财力)风险;技术风险等。

(4)重视信息技术(包括相应的软件、局域网、互联网以及数据处理设备)在进度控制中的应用。虽然信息技术对进度控制而言只是一种管理手段,但它的应用有利于提高进度信息处理的效率、有利于提高进度信息的透明度、有利于促进进度信息的交流和项目各参与方的协同工作。

3113 项目进度控制的经济措施有哪些?

(1)应编制与进度计划相适应的资源需求计划(资源进度计划),包括资金需求计划和其他资源(人力和物力资源)需求计划,以反映工程实施的各时段所需要的资源。通过资源需求的分析,可发现所编制的进度计划实现的可能性,若资源条件不具备,则应调整进度计划。

(2)制定资金供应计划,包括可能的资金总供应量、资金来源(自有资金和外来资金)以及资金供应的时间。

(3)在工程预算中应考虑加快工程进度所需要的资金,其中包括为实现进度目标将要采取的经济激励措施所需要的费用。

3114 项目进度控制的技术措施有哪些?

(1)在工程施工过程中,特别是进度受阻时,应分析是否存在设计技术的影响因素,为实现进度目标有无设计变更的可能性。

(2)在决策施工方案时，不仅应分析技术的先进性和经济合理性，还应考虑其对进度的影响。在工程进度受阻时，应分析是否存在施工技术的影响因素，为实现进度目标有无改变施工技术、施工方法和施工机械的可能性。

第二节 进度计划的编制方法

3201 公路工程常用哪些形式表示进度计划?

(1)横道图

公路工程的进度横道图是以时间为横坐标，以各分部(项)工程或工作内容为纵坐标，按一定的先后施工顺序，用带时间比例的水平横线表示对应工作内容持续时间的进度计划图表。

(2)“S”形曲线

“S”形曲线是以时间为横轴，以累计完成的工程费用的百分数为纵轴的图表化曲线。一般在图上标注有一条计划曲线和实际支付曲线，实际支付曲线高于计划曲线则实际进度快于计划，否则就慢；曲线本身的斜率也反映进度推进的快慢。有时为反映实际进度，另增加一条实际完成线。

(3)垂直图(也称斜条图、时间里程图)

垂直图是以公路里程或工程位置为横轴，以时间为纵轴，而各分部(项)工程的施工进度则相应地以不同的斜线表示。在图中可以辅助表示平面布置图和工程量的分布。垂直图适合表示公路、隧道等线形工程的总体施工进度。斜率越陡进度越慢，斜率越平进度越快。

(4)斜率图

斜率图是以时间为横轴，以累计完成的工程量的百分数为纵轴，将分项工程的施工进度相应的用不同斜率表示的图表化曲(折)线。事实上就是分项工程的“S”曲(折)线，主要是作为公路工程投标文件中施工组织设计的附表，以反映公路工程的施工进度。

(5)网络图

常采用的有:双代号网络计划、单代号网络计划、双代号时标网络计划、单代号搭接网络计划等。

3202 横道图进度计划如何编制?

通常横道图的表头为工作及其简要说明,项目进展表示在时间表格上。按照所表示工作的详细程度,时间单位可以为小时、天、周、月等。这些时间单位经常用日历表示,此时可表示非工作时间,如:停工时间、公众假日、假期等。根据横道图使用者的要求,工作可按照时间先后、责任、项目对象、同类资源等进行排序。

横道图也可将最重要的逻辑关系标注在内,但是,如果将所有逻辑关系均标注在图上,则横道图简洁性的最大优点将丧失。

横道图用于小型项目或大型项目的子项目上,或用于计算资源需要量和概要预示进度,也可用于其他计划技术的表示结果。

3203 横道图计划表有什么优缺点?

横道图计划表中优点是进度线(横道)与时间坐标相对应,这种表达方式较直观,易看懂计划编制的意图。但是,横道图进度计划法也存在一些缺点,主要有:

(1)工序(工作)之间的逻辑关系可以设法表达,但不易表达清楚;

(2)适用于手工编制计划;

(3)没有通过严谨的进度计划时间参数计算,不能确定计划的关键工作、关键路线与时差;

(4)计划调整只能用手工方式进行,其工作量较大;

(5)难以适应大的进度计划系统。

3204 什么是网络图、网络计划?常用的基本概念有哪些?

网络图是由箭线和节点组成的用来表示工作流程的有向有序网状图形。网络计划是用网络图表达任务构成工作顺序并加注工作时间参数的进度计划。常用到下列基本概念：

(1)工作

工作：计划任务按需要粗细程度划分而成的消耗时间或同时也消耗资源的一个子项目或子任务。

虚工作：双代号网络计划中只表示前后相邻工作之间的逻辑关系既不占用时间也不耗用资源的虚拟工作。

关键工作：网络计划中总时差最小的工作。

紧前工作：紧排在本工作之前的工作。

紧后工作：紧排在本工作之后的工作。

(2)箭线

箭线：网络图中一端带箭头的实线，在双代号网络图中它与其两端节点表示一项工作，在单代号网络图中它表示工作之间的逻辑关系。

虚箭线：一端带箭头的虚线，在双代号网络图中表示一项虚拟的工作以使逻辑关系得到正确表达。

内向箭线：指向某个节点的箭线。

外向箭线：从某个节点引出的箭线。

(3)节点

节点：网络图中箭线端部的圆圈或其他形状的封闭图形。在双代号网络图中它表示工作之间的逻辑关系，在单代号网络图中它表示一项工作。

虚拟节点：在单代号网络图中，当有多个无内向箭线的节点或有多个无外向箭线的节点时，为便于计算，虚设的起点节点或终点节点的统称。该节点的持续时间为零，不占用资源。虚拟起点节点与无内向箭线的节点相连，虚拟终点节点与无外向箭线的节点相连。

起点节点：网络图的第一个节点，表示一项任务的开始。

终点节点：网络图的最后一个节点，表示一项任务的完成。

(4)线路

线路：网络图中从起点节点开始，沿箭头方向顺序通过一系列箭线与节点，最后达到终点节点的通路。

关键线路：自始至终全部由关键工作组成的线路或线路上总的工作持续时间最长的线路。

循环回路：从一个节点出发，沿箭头方向前进，又返回到原出发点的线路。

(5)时间参数

时间参数：工作或节点所具有的各种时间值。

工作持续时间：一项工作从开始到完成的时间。

最早开始时间(ES)：各紧前工作全部完成后本工作有可能开始的最早时刻。

最早完成时间(EF)：各紧前工作全部完成后本工作有可能完成的最早时刻。

最迟开始时间(LS)：在不影响整个任务按期完成的前提下工作必须开始的最迟时刻。

最迟完成时间(LF)：在不影响整个任务按期完成的前提下工作必须完成的最迟时刻。

节点最早时间：双代号网络计划中，以该节点为开始节点的各项工作的最早开始时间。

节点最迟时间：双代号网络计划中，以该节点为完成节点的各项工作的最迟完成时间。

时距：搭接网络图中相邻工作之间的时间差值。

自由时差(FF)：在不影响其紧后工作最早开始时间的前提下，本工作可以利用的机动时间。

总时差(TF)：在不影响总工期的前提下，本工作可以利用的机动时间。

(6)逻辑关系

网络图中工作之间相互制约或相互依赖的关系称为逻辑关系，它包括工艺关系和组织关系，在网络中均应表现为工作之间的先后顺序。

工艺关系：生产性工作之间由工艺过程决定的，非生产性工作之间由工作程序决定的先后顺序称为工艺关系。

组织关系：工作之间由于组织安排需要或资源（人力、材料、机械设备和资金等）调配需要而确定的先后顺序关系称为组织关系。

3205 网络计划的基本原理是什么？

（1）利用网络图的形式表达一项工程中各项工作的先后顺序及逻辑关系；

（2）通过对网络图时间参数的计算，找出关键工作、关键线路；

（3）利用优化原理，改善网络计划的初始方案，以选择最优方案；

（4）在网络计划的执行过程中进行有效的控制和监督，保证合理地利用资源，力求以最少的消耗获取最佳的经济效益和社会效益。

3206 网络计划有什么优缺点？

（1）能全面而明确地反映出各项工作之间开展的先后顺序和它们之间的相互制约、相互依赖的关系；

（2）可以进行各种时间参数的计算；

（3）能在工作繁多、错综复杂的计划中找出影响工程进度的关键工作和关键线路，便于管理者抓住主要矛盾，集中精力确保工期，避免盲目施工；

（4）能够从许多可行方案中，选出最优方案；

（5）保证自始至终对计划进行有效的控制与监督；

（6）利用网络计划中反映出的各项工作的时间储备，可以更好的调配人力、物力，以达到降低成本的目的；

（7）可以利用计算机进行计算、优化、调整和管理；

（8）缺点：在计算劳动力、资源消耗量时，与横道图相比较为困难。

3207 什么是双代号网络图？其构成要素是什么？

双代号网络图是以箭线及其两端节点的编号表示工作的网络图。由工作、节点、线路三个基本要素组成，如图 3-1 所示。

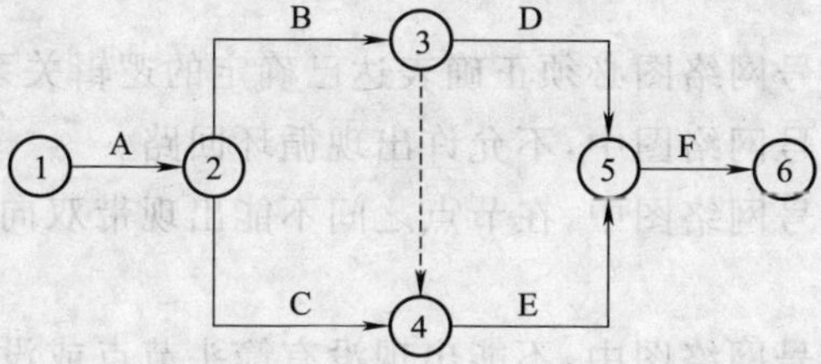

图 3-1 双代号网络图示例

(1)工作

双代号网络图中，每一条箭线表示一项工作。箭线的箭尾节点表示该工作的开始，箭线的箭头节点表示该工作的完成。工作名称可标注在箭线的上方，完成该项工作所需要的持续时间可标注在箭线的下方，如图 3-2 所示。

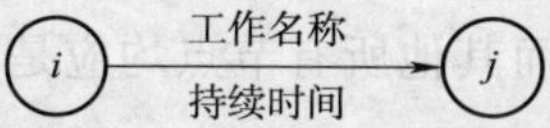

图 3-2 双代号网络图工作的表示方法

在无时间坐标的网络图中，箭线的长度原则上可以任意画，其占用的时间下方标注的时间参数为准。箭线可以为直线、折线或斜线，但其行进方向均应从左向右。在有时间坐标的网络图中，箭线的长度必须根据完成该工作所需持续时间的长短按比例绘制。

(2)节点

双代号网络图中，节点应用圆圈表示，并在圆圈内标注编号。一项工作应当只有唯一的一条箭线和相应的一对节点，且要求箭尾节点的编号小于其箭头节点的编号。网络图节点的编号顺序应从小到大，可不连续，但不允许重复。

(3)线路

双代号网络图中,各条线路的名称可用该线路上节点的编号自小到大依次记述。

3208 双代号网络图的绘图规则是什么?

(1)双代号网络图必须正确表达已确定的逻辑关系。

(2)双代号网络图中,不允许出现循环回路。

(3)双代号网络图中,在节点之间不能出现带双向箭头或无箭头的连线。

(4)双代号网络图中,不能出现没有箭头节点或没有箭尾节点的箭线。

(5)当双代号网络图的某些节点有多条外向箭线或多条内向箭线时,为使图形简洁,可使用母线法绘制(但应满足一项工作用一条箭线和相应的一对节点表示)。

(6)绘制网络图时,箭线不宜交叉。当交叉不可避免时,可用过桥法或指向法。

(7)双代号网络图中应只有一个起点节点和一个终点节点(多目标网络计划除外),而其他所有节点均应是中间节点。

3209 双代号网络计划按工作计算法如何计算时间参数?

按工作计算法计算时间参数,应在确定各项工作的持续时间之后进行。虚工作必须视同工作进行计算,其持续时间为零。按工作计算法计算时间参数,其计算结果应标注在箭线之上,如图 3-3 所示。

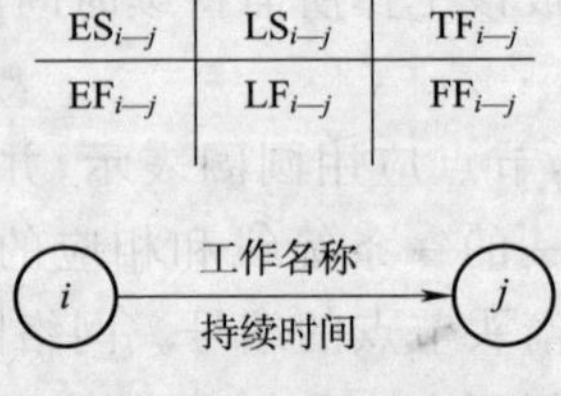

图 3-3 按工作计算法计算结果表示方法

(1)工作最早开始时间的计算应按下列规定进行。

1)工作 $i—j$ 的最早开始时间 ES_{i-j} 应从网络计划的起点节点开始顺着箭线方向依次逐项计算；

2)以起点节点 i 为箭尾节点的工作 $i—j$，当未规定其最早开始时间 ES_{i-j} 时，其值应等于零，即：

$$ES_{i-j}=0 \quad (i=1)$$

3)当工作 $i—j$ 只有一项紧前工作 $h—i$ 时，其最早开始时间 ES_{i-j} 应为：

$$ES_{i-j}=ES_{h-i}+D_{h-i}$$

4)当工作 $i—j$ 有多个紧前工作时，其最早开始时间 ES_{i-j} 应为：

$$ES_{i-j}=\max\{ES_{h-i}+D_{h-i}\}$$

式中　ES_{h-i}——工作 $i—j$ 的各项紧前工作 $h—i$ 的最早开始时间；

D_{h-i}——工作 $i—j$ 的各项紧前工作 $h—i$ 的持续时间。

(2)工作 $i—j$ 的最早完成时间 EF_{i-j} 应按下式计算。

$$EF_{i-j}=ES_{i-j}+D_{i-j}$$

(3)网络计划的计算工期 T_c 应按下式计算。

$$T_c=\max\{EF_{i-n}\}$$

式中　EF_{i-n}——以终点节点($j=n$)为箭头节点的工作 $i—n$ 的最早完成时间。

(4)网络计划的计算工期 T_p 的计算应按下列情况分别确定。

1)当已规定了要求工期 T_r 时：

$$T_p\leqslant T_r$$

2)当未规定要求工期时：

$$T_p=T_c$$

(5)工作最迟完成时间的计算应符合下列规定：

1)工作 $i—j$ 的最迟完成时间 LF_{i-j} 应从网络计划的终点节点开始，逆着箭线方向依次逐项计算。

2)以终点节点($j=n$)为箭头节点的工作的最迟完成时间 LF_{i-n}，应按网络计划的计划工期 T_p 确定，即：

$$LF_{i-n}=T_p$$

3)其他工作 i—j 的最迟完成时间 LF_{i-j} 应为：

$$LF_{i-j}=\min\{LF_{j-k}-D_{j-k}\}$$

式中 LF_{j-k}——工作 i—j 的各项紧后工作 j—k 的最迟完成时间；

D_{j-k}——工作 i—j 的各项紧后工作 j—k 的持续时间。

(6)工作 i—j 的最迟开始时间应按下式计算：

$$LS_{i-j}=LF_{i-j}-D_{i-j}$$

(7)工作 i—j 的总时差 TF_{i-j} 应按下式计算：

$$TF_{i-j}=LS_{i-j}-ES_{i-j}$$

或 $$TF_{i-j}=LF_{i-j}-EF_{i-j}$$

(8)工作 i—j 的自由时差 FF_{i-j} 的计算应符合下列规定：

1)当工作 i—j 有紧后工作 j—k 时，其自由时差应为：

$$FF_{i-j}=ES_{j-k}-ES_{i-j}-D_{i-j}$$

或 $$FF_{i-j}=ES_{j-k}-EF_{i-j}$$

式中 ES_{j-k}——工作 i—j 的紧后工作 j—k 的最早开始时间。

2)以终点节点($j=n$)为箭头节点的工作，其自由时差 FF_{i-j} 应按网络计划的计划工期 T_p 确定，即：

$$FF_{i-n}=T_p-ES_{i-n}-D_{i-n}$$

或 $$FF_{i-n}=T_p-EF_{i-n}$$

3210 双代号网络计划按节点计算法如何计算时间参数？

按节点计算法计算时间参数，应在确定各项工作的持续时间之后进行。虚工作必须视同工作进行计算，其持续时间为零。按节点计算法计算时间参数，其计算结果应标注在箭线之上，如图 3-4 所示。

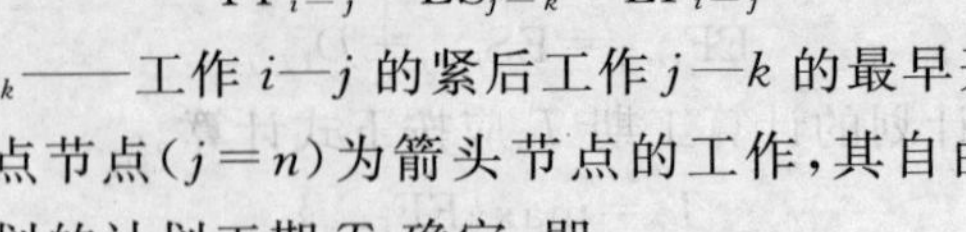

图 3-4 按节点计算法计算结果表示方法

(1)节点最早时间的计算应符合下列规定：

1)节点 i 的最早时间 ET_i 应从网络计划的起点节点开始，顺着箭线方向依次逐项计算；

2)起点节点 i 如未规定最早时间 ET_i 时，其值应等于零，即：

$$ET_i = 0 \quad (i=1)$$

3)当节点 j 只有一条内向箭线时，最早时间 ET_j 应为：

$$ET_j = ET_i + D_{i-j}$$

4)当节点 j 有多条内向箭线时，其最早时间 ET_j 应为：

$$ET_j = \max\{ET_i + D_{i-j}\}$$

式中 D_{i-j}——工作 i—j 的持续时间。

(2)网络计划的计算工期 T_c 应按下式计算：

$$T_c = ET_n$$

式中 ET_n——终点节点 n 的最早时间。

(3)网络计划的计算工期 T_p 的计算应按下列情况分别确定。

1)当已规定了要求工期 T_r 时：

$$T_p \leqslant T_r$$

2)当未规定要求工期时：

$$T_p = T_c$$

(4)节点最迟时间的计算应符合下列规定：

1)节点 i 的最迟时间 LT_i 应从网络计划的终点节点开始，逆着箭线的方向依次逐项计算，当部分工作分期完成时，有关节点的最迟时间必须从分期完成节点开始逆向逐项计算。

2)终点节点 n 的最迟时间 LT_n 应按网络计划的计划工期 T_p 确定，即：

$$LT_n = T_p$$

分期完成节点的最迟时间应等于该节点规定的分期完成的时间。

3)其他节点的最迟时间 LT_i 应为：

$$LT_i = \min\{LT_j - D_{i-j}\}$$

式中 LT_j——工作 i—j 的箭头节点 j 的最迟时间。

(5)工作 $i—j$ 的最早开始时间 ES_{i-j} 应按下式计算：

$$ES_{i-j}=ET_i$$

(6)工作 $i—j$ 的最早完成时间 EF_{i-j} 应按下式计算：

$$EF_{i-j}=ET_i+D_{i-j}$$

(7)工作 $i—j$ 的最迟完成时间 LF_{i-j} 应按下式计算：

$$LF_{i-j}=LT_j$$

(8)工作 $i—j$ 的最迟开始时间 LS_{i-j} 应按下式计算：

$$LS_{i-j}=LT_j-D_{i-j}$$

(9)工作 $i—j$ 的总时差 TF_{i-j} 应按下式计算：

$$TF_{i-j}=LT_j-ET_i-D_{i-j}$$

(10)工作 $i—j$ 的自由时差 FF_{i-j} 应按下式计算：

$$FF_{i-j}=ET_j-ET_i-D_{i-j}$$

3211 什么是双代号时标网络计划？有什么特点？

双代号时标网络计划是以时间坐标为尺度编制的网络计划。时标网络计划中应以实箭线表示工作，以虚箭线表示虚工作，以波形线表示工作的自由时差。双代号时标网络计划必须以水平时间坐标为尺度表示工作时间。时标的时间单位应根据需要在编制网络计划之前确定，可为时、天、周、月或季。时标网络计划中所有符号在时间坐标上的水平投影位置，都必须与其时间参数相对应。节点中心必须对准相应的时标位置。双代号时标网络计划主要特点如下：

(1)时标网络计划兼有网络计划与横道计划的优点，它能够清楚地表明计划的时间进程，使用方便；

(2)时标网络计划能在图上直接显示出各项工作的开始与完成时间、工作的自由时差及关键线路；

(3)在时标网络计划中可以统计每一个单位时间对资源的需要量，以便进行资源优化和调整；

(4)由于箭线受到时间坐标的限制，当情况发生变化时，对网络计划的修改比较麻烦，往往要重新绘图。但在使用计算机以后，这一问题已较容易解决。

3212　双代号时标网络计划如何编制？

时标网络计划宜按各个工作的最早开始时间编制。在编制时标网络计划之前，应先按已确定的时间单位绘制出时标计划表，见表 3-1。

表 3-1　时标计划表

日历 （时间单位）	1	2	3	4	5	6	7	8	9	10	11	12
网络计划 （时间单位）	1	2	3	4	5	6	7	8	9	10	11	12

编制时标网络计划应先绘制无时标网络计划草图，双代号时标网络计划的编制方法有两种。

（1）间接法绘制

先绘制出时标网络计划，计算各工作的最早时间参数，再根据最早时间参数在时标计划表上确定节点位置，连线完成，某些工作箭线长度不足以到达该工作的完成节点时，用波形线补足。

（2）直接法绘制

根据网络计划中工作之间的逻辑关系及各工作的持续时间，直接在时标计划表上绘制时标网络计划。绘制步骤如下：

1）将起点节点定位在时标计划表的起始刻度线上；

2）按工作持续时间在时标计划表上绘制起点节点的外向箭线；

3）其他工作的开始节点必须在其所有紧前工作都绘出以后，定位在这些紧前工作最早完成时间最大值的时间刻度上，某些工作的箭线长度不足以到达该节点时，用波形线补足，箭头画在波形线与节点连接处；

4)用上述方法从左至右依次确定其他节点位置,直至网络计划终点节点定位,绘图完成。

3213 双代号时标网络计划关键线路和时间参数如何确定?

(1)时标网络计划关键线路的确定,应自终点节点逆箭线方向朝起点节点观察,自始至终不出现波形线的线路为关键线路。

(2)时标网络计划的计算工期,应是其终点节点与起点节点所在位置的时标值之差。

(3)按最早时间绘制的时标网络计划,每条箭线箭尾和箭头所对应的时标值应为该工作的最早开始时间和最早完成时间。

(4)时标网络计划中工作的自由时差值应为表示该工作的箭线中波形线部分在坐标轴上的水平投影长度。

(5)时标网络计划中工作的总时差的计算应自右向左进行且符合下列规定:

以终点节点($j=n$)为箭头节点的工作的总时差 TF_{i-j} 应按网络计划的计划工期 T_p 计算确定,即:

$$TF_{i-n}=T_p-EF_{i-n}$$

其他工作的总时差应为:

$$TF_{i-j}=\min\{TF_{j-k}+FF_{i-j}\}$$

(6)时标网络计划中工作的最迟开始时间和最迟完成时间应按下式计算:

$$LS_{i-j}=ES_{i-j}+TF_{i-j}$$

$$LF_{i-j}=EF_{i-j}+TF_{i-j}$$

3214 什么是单代号网络图?其基本元素有哪些?

单代号网络图是以节点及其编号表示工作,以箭线表示工作之间逻辑关系的网络图,并在节点中加注工作代号、名称和持续时间,以形成单代号网络计划,如图 3-5 所示。单代号网络图有以下基本元素。

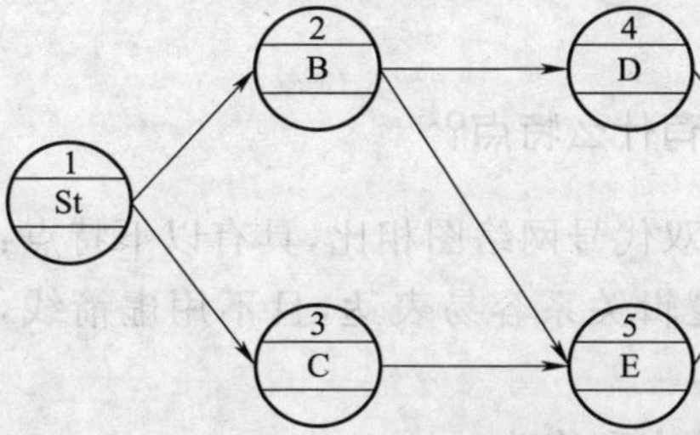

图 3-5　单代号网络图示例

(1)节点

单代号网络图中的每一个节点表示一项工作,节点宜用圆圈或矩形表示。节点所表示的工作名称、持续时间和工作代号等应标注在节点内。单代号网络图中的节点必须编号,编号标注在节点内,其号码可间断,但严禁重复。箭线的箭尾节点编号应小于箭头节点的编号。一项工作必须有唯一的一个节点及相应的一个编号。如图 3-6 所示。

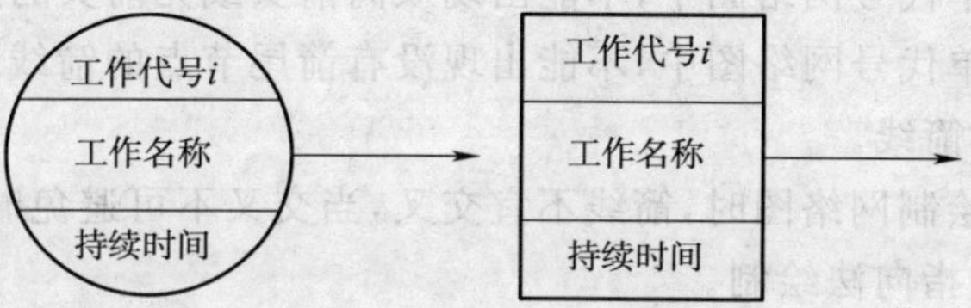

图 3-6　单代号网络图中工作表示方法

(2)箭线

单代号网络图中的箭线表示紧邻工作之间的逻辑关系,既不占用时间,也不消耗资源。箭线应画成水平直线、折线或斜线。箭线水平投影的方向应自左向右,表示工作的行进方向。工作之间的逻辑关系包括工艺关系和组织关系,在网络图中均表现为工作之间的先后顺序。

(3)线路

单代号网络图中,各条线路应用该线路上的节点编号从小到大依次表述。

3215 单代号网络图有什么特点？

单代号网络图与双代号网络图相比，具有以下特点：

(1)工作之间的逻辑关系容易表达，且不用虚箭线，故绘图较简单；

(2)网络图便于检查和修改；

(3)由于工作持续时间表示在节点之中，没有长度，故不够直观；

(4)表示工作之间逻辑关系的箭线可能产生较多的纵横交叉现象。

3216 单代号网络图的绘图规则有哪些？

(1)单代号网络图必须正确表达已确定的逻辑关系。

(2)单代号网络图中，不允许出现循环回路。

(3)单代号网络图中，不能出现双向箭头或无箭头的连线。

(4)单代号网络图中，不能出现没有箭尾节点的箭线和没有箭头节点的箭线。

(5)绘制网络图时，箭线不宜交叉，当交叉不可避免时，可采用过桥法或指向法绘制。

(6)单代号网络图中只应有一个起点节点和一个终点节点。当网络图中有多项起点节点或多项终点节点时，应在网络图的两端分别设置一项虚工作，作为该网络图的起点节点(St)和终点节点(Fin)。

3217 单代号网络计划时间参数如何计算？

单代号网络计划时间参数的计算应在确定各项工作的持续时间之后进行。单代号网络计划时间参数的标注形式如图 3-7 所示。

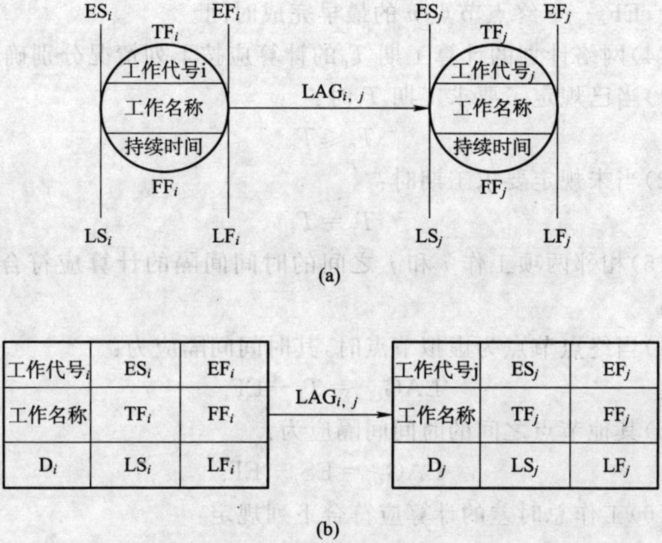

图 3-7　单代号网络计划时间参数表示方法

(1)工作最早开始时间的计算应符合下列规定：

1)工作 i 的最早开始时间 ES_i 应从网络图的起点节点开始顺着箭线方向依次逐项计算。

2)当起点节点 i 的最早开始时间 ES_i 无规定时，其值应等于零，即：

$$ES_i = 0 \quad (i=1)$$

3)其他工作的最早开始时间 ES_i 应为：

$$ES_i = \max\{EF_h\}$$

或

$$ES_i = \max\{ES_h + D_h\}$$

式中　ES_h——工作 i 的各项紧前工作 h 的最早开始时间；

D_h——工作 i 的各项紧前工作 h 的持续时间。

(2)工作 i 的最早完成时间 EF_i 应按下式计算：

$$EF_i = ES_i + D_i$$

(3)网络计划计算工期 T_c 应按下式计算：

$$T_c = EF_n$$

式中 EF_n——终点节点 n 的最早完成时间。

(4)网络计划的计算工期 T_p 的计算应按下列情况分别确定：

1)当已规定了要求工期 T_r 时：

$$T_p \leqslant T_r$$

2)当未规定要求工期时：

$$T_p = T_c$$

(5)相邻两项工作 i 和 j 之间的时间间隔的计算应符合下列规定：

1)当终点节点为虚拟节点时，其时间间隔应为：

$$LAG_{i,n} = T_p - EF_i$$

2)其他节点之间的时间间隔应为：

$$LAG_{i,j} = ES_j - EF_i$$

(6)工作总时差的计算应符合下列规定：

1)工作 i 的总时差 TF_i 应从网络计划的终点节点开始，逆着箭线方向依次逐项计算。当部分工作分期完成时，有关工作的总时差必须从分期完成的节点开始逆向逐项计算。

2)终点节点所代表工作 n 的总时差 TF_n 值应为：

$$TF_n = T_p - EF_n$$

3)其他工作 i 的总时差 TF_i 应为：

$$TF_i = \min\{TF_j + LAG_{i,j}\}$$

(7)工作 i 的自由时差 FF_i 的计算应符合下列规定：

1)终点节点所代表工作 n 的自由时差 FF_n 应为：

$$FF_n = T_p - EF_n$$

2)其他工作 i 的自由时差 FF_i 应为：

$$FF_i = \min\{LAG_{i,j}\}$$

(8)工作最迟完成时间的计算应符合下列规定：

1)工作 i 的最迟完成时间 LF_i 应从网络计划的终点节点开始，逆着箭线方向依次逐项计算。当部分工作分期完成时，有关工作的最迟完成时间应从分期完成的节点开始逆向逐项计算。

2)终点节点所代表的工作 n 的最迟完成时间 LF_n，应按网络

计划的计划工期 T_p 确定，即：

$$LF_n = T_p$$

3)其他工作 i 的最迟完成时间 LF_i 应为：

$$LF_i = \min\{LS_j\}$$

或

$$LF_i = EF_i + TF_i$$

式中　LS_j——工作 i 的各项紧后工作 j 的最迟开始时间。

(9)工作 i 的最迟开始时间 LS_i 应按下式计算：

$$LS_i - LF_i - D_i$$

或

$$LS_i = ES_i + TF_i$$

第四章　质量管理

第一节　质量管理体系

4101　什么是质量和工程质量？

质量是指一组固有特性满足要求的程度。就工程质量而言，其固有特性通常包括使用功能、寿命以及可靠性、安全性、经济性等特性，这些特性满足要求的程度越高，质量就越好。在工程项目中，工程质量包括狭义和广义两个方面的含义。狭义的工程质量指工程项目的施工质量，广义的工程质量除施工质量外，还包括工序质量和工作质量。

(1)施工质量

工程施工质量是指保证承建工程的使用价值，也就是指保证施工工程的适用性。质量应与项目的使用相适应，在确定质量标准时，应在满足使用功能的前提下，考虑技术可能性、经济合理性、安全可靠性和与环境协调性等因素。

(2)工序质量

工序质量也称生产过程质量。工程质量的形成必须经历一个过程，而过程的每一阶段又可看作是过程的子过程，所以，只要抓好每一过程(每一道工序)的质量，就能保证工程的整体质量。过程质量包括开发设计过程质量、施工过程质量、使用过程质量与服务过程质量等四个过程质量。

(3)工作质量

工作质量是指与质量有关的各项工作对产品质量、服务质量、过程质量的保证程度。它也是施工企业生产经营活动各项工作的总质量。工作质量的特点是难以直接地、定量地描述和衡量。一般来说，工作质量的好坏可以通过工作的成果(或效果)间接反映。

如广泛使用的合格率、错漏检率、返修率、投诉率、满意率等就是这一类工作质量的考察指标。

4102　什么是质量管理?

质量管理是在质量方面指挥和控制组织的协调活动。这些活动通常包括制定质量方针和质量目标，以及质量策划、质量控制、质量保证和质量改进等一系列工作。组织必须通过建立质量管理体系实施质量管理，其中，质量方针是组织最高管理者的质量宗旨、经营理念和价值观的反映；在质量方针的指导下，制定组织的质量手册、程序性管理文件和质量记录，进而落实组织制度，合理配置各种资源，明确各级管理人员在质量活动中的责任分工与权限界定等，形成组织质量管理体系的运行机制，保证整个体系的有效运行，从而实现质量目标。

4103　什么是质量控制?

质量控制是质量管理的一部分而不是全部。质量控制是在明确的质量目标和具体的条件下，通过行动方案和资源配置的计划、实施、检查和监督，进行质量目标的事前预控、事中控制和事后纠偏控制，实现预期质量目标的一系列相关活动。这些活动主要包括：

(1)设定标准：即规定要求，确定需要控制的区间、范围、区域；

(2)测量结果：测量满足所设定标准的程度；

(3)评价：即评价控制的能力和效果；

(4)纠偏：对不满足设定标准的偏差，及时纠偏，保持控制能力的稳定性。

4104　全面质量管理的特点与原理是什么?在工程项目的质量管理中主要体现为哪些内容?

全面质量管理的主要特点是以顾客满意为宗旨；领导参与质量方针和目标的制定；提倡预防为主、科学管理、用数据说话等。

这种方法的基本原理就是强调在企业或组织最高管理者的质量方针指引下，实行全面、全过程和全员参与的质量管理。建设工程项目的质量管理，同样应贯体现"三全"管理的思想和方法。

(1)全面质量管理

建设工程项目的全面质量管理是指建设工程项目参与各方所进行的工程项目质量管理的总称，其中包括工程质量和工作质量的全面管理。工作质量是产品质量的保证，工作质量直接影响产品质量的形成。业主、监理单位、勘察单位、设计单位、施工总承包单位、施工分包单位、材料设备供应商等，任何一方、任何环节的怠慢疏忽或质量责任不到位都会造成对建设工程质量的不利影响。

(2)全过程质量管理

全过程质量管理是指根据工程质量的形成规律，从源头抓起，全过程推进。要控制的主要过程有：项目策划与决策过程；勘察设计过程；施工采购过程；施工组织与准备过程；检测设备控制与计量过程；施工生产的检验试验过程；工程质量的评定过程；工程竣工验收与交付过程；工程回访维修服务过程等。

(3)全员参与质量管理

组织的最高管理者确定质量方针和目标，组织内部的每个部门和工作岗位都承担着相应的质量职能，开展全员参与质量管理就是运用目标管理方法，将组织的质量总目标逐级进行分解，使之形成自上而下的质量目标分解体系和自下而上的质量目标保证体系，发挥组织系统内部每个工作岗位、部门或团队在实现质量总目标过程中的作用。

4105　作为质量管理基本方法的 PDCA 循环如何进行？

PDCA 循环指计划、实施、检查、处置的循环管理过程，是在长期的生产实践和理论研究中形成的建立质量体系和进行质量管理的基本方法。围绕着实现预期的目标，进行计划、实施、检查和处置活动，随着对存在问题的解决和改进，在一次一次的滚动循环中逐步上升，不断增强质量能力，不断提高质量水平。每一个循环的四大职能活动相互联系，共同构成质量管理的系统过程。

(1)计划

计划由目标和实现目标的手段组成，质量管理的计划职能，包括确定质量目标和制定实现质量目标的行动方案两方面。质量计划的严谨周密、经济合理和切实可行，是保证工作质量、产品质量和服务质量的前提条件。

建设工程项目的质量计划，是由项目参与各方根据其在项目实施中所承担的任务、责任范围和质量目标，分别制定质量计划而形成的质量计划体系。即包括项目质量管理的组织、制度、工作程序、方法和要求。也包括在质量管理中的技术方法、业务流程、资源配置、检验试验要求、质量记录方式、不合格处理、管理措施等具体内容和做法的质量管理文件。

(2)实施

实施职能在于将质量的目标值，通过生产要素的投入、作业技术活动和产出过程，转换为质量的实际值。为保证工程质量的产出或形成过程能够达到预期的结果，在各项质量活动实施前，要根据质量管理计划进行行动方案的部署和交底；交底的目的在于使具体的作业者和管理者明确计划的意图和要求，掌握质量标准及其实现的程序与方法。在质量活动的实施过程中，则要求严格执行计划的行动方案，规范行为，把质量管理计划的各项规定和安排落实到具体的资源配置和作业技术活动中去。

(3)检查

指对计划实施过程进行各种检查，包括作业者的自检、互检和专职管理者专检。各类检查也都包含两大方面：一是检查是否严格执行了计划的行动方案，实际条件是否发生了变化，不执行计划的原因；二是检查计划执行的结果，即产出的质量是否达到标准的要求，对此进行确认和评价。

(4)处置

对于质量检查所发现的质量问题或质量不合格，及时进行原因分析，采取必要的措施，予以纠正，保持工程质量形成过程的受控状态。处置分为纠偏和预防改进两个方面。前者是采取有效措施，解决当前的质量偏差、问题或事故；后者是将目前质量状况信息反馈到管理部门，反思问题症结或计划时的不周，确定改进目标和措施，为今后类似质量问题的预防提供借鉴。

4106 建设工程项目质量的影响因素有哪些？

建设工程项目质量的影响因素，主要是指在建设工程项目质量目标策划、决策和实现过程中影响质量形成的各种客观因素和主观因素，包括人的因素、技术因素、管理因素、环境因素和社会因素等。

(1)人的因素

人的因素对建设工程项目质量形成的影响，取决于两个方面：一是指直接履行建设工程项目质量职能的决策者、管理者和作业者个人的质量意识及质量活动能力；二是指承担建设工程项目策划、决策或实施的组织的质量管理体系及其管理能力。前者是个体的人，后者是群体的人。

(2)技术因素

影响建设工程项目质量的技术因素涉及的内容十分广泛，包括直接的工程技术和辅助的生产技术，对于具体的建设工程项目，主要是通过技术工作的组织与管理，优化技术方案，发挥技术因素对建设工程项目质量的保证作用。

(3)管理因素

影响建设工程项目质量的管理因素，主要是决策因素和组织因素。其中，决策因素首先是业主方的建设工程项目决策；其次是建设工程项目实施过程中，实施主体的各项技术决策和管理决策。

管理因素中的组织因素，包括建设工程项目实施的管理组织和任务组织。管理组织指建设工程项目管理的组织架构、管理制度及其运行机制。任务组织是指对建设工程项目实施的任务及其目标进行分解、发包、委托，以及对实施任务所进行的计划、指挥、协调、检查和监督等一系列工作过程。

(4)环境因素

对于建设工程项目质量控制而言，直接影响建设工程项目质量的环境因素，一般是指建设工程项目所在地点的水文、地质和气象等自然环境；施工现场的通风、照明、安全卫生防护设施等劳动作业环境；以及由多单位、多专业交叉协同施工的管理关系、组织协调方式、质量控制系统等构成的管理环境。

(5)社会因素

影响建设工程项目质量的社会因素，表现在建设法律法规的健全程度及其执法力度；建设工程项目法人或业主的理性化程度以及建设工程经营者的经营理念；建筑市场包括建设工程交易市场和建筑生产要素市场的发育程度及交易行为的规范程度；政府的工程质量监督及行业管理成熟程度；建设咨询服务业的发展程度及其服务水准的高低；廉政建设及行风建设的状况等。

对于建设工程项目管理者而言，人、技术、管理和环境因素，是可控因素；社会因素存在于建设工程项目系统之外，一般情形下属于不可控因素，但可以通过自身的努力，尽可能做到趋利去弊。

4107 工程项目质量控制体系有哪些性质?

建设工程项目质量控制体系既不是业主方也不是施工方的质量管理体系或质量保证体系，而是建设工程项目目标控制的一个工作系统，其性质如下：

(1)建设工程项目质量控制体系是以工程项目为对象，由工程项目实施的总组织者负责建立的面向项目对象开展质量控制的工作体系；

(2)建设工程项目质量控制体系是建设工程项目管理组织的一个目标控制体系，它与项目投资控制、进度控制、职业健康安全与环境管理等目标控制体系，共同依托于同一项目管理的组织机构；

(3)建设工程项目质量控制体系根据工程项目管理的实际需

要而建立，随着建设工程项目的完成和项目管理组织的解体而消失，因此，是一个一次性的质量控制工作体系，不同于企业的质量管理体系。

4108 工程项目质量控制体系与组织机构质量管理体系有什么不同？

(1)建立的目的不同

建设工程项目质量控制体系只用于特定的建设工程项目质量控制，而不是用于建筑企业或组织的质量管理，其建立的目的不同。

(2)服务的范围不同

建设工程项目质量控制体系涉及建设工程项目实施过程所有的质量责任主体，而不只是某一个承包企业或组织机构，其服务的范围不同。

(3)控制的目标不同

建设工程项目质量控制体系的控制目标是建设工程项目的质量目标，并非某一具体建筑企业或组织的质量管理目标，其控制的目标不同。

(4)作用的时效不同

建设工程项目质量控制体系与建设工程项目管理组织系统相融合，是一次性的质量工作体系，并非永久性的质量管理体系，其作用的时效不同。

(5)评价的方式不同

建设工程项目质量控制体系的有效性一般由建设工程项目管理的总组织者进行自我评价与诊断，不需进行第三方认证，其评价的方式不同。

4109 工程项目质量控制体系的结构形态是怎样的？

建设工程项目质量控制体系，一般形成多层次、多单元的结构形态。多层次结构是对应于建设工程项目工程系统纵向垂直分解的单项、单位工程项目的质量控制体系。多单元结构是指在建设工程项目质量控制总体系下，第二层次的质量控制体系及其以下的质量自控或保证体系可能有多个。这是项目质量目标、责任和措施分解的必然结果。

4110 建设工程项目质量控制体系建立的原则是什么？

(1)分层次规划原则

建设工程项目质量控制体系的分层次规划，指建设工程项目管理的总组织者（建设单位或代建制项目管理企业）和承担项目实施任务的各参与单位，分别进行不同层次和范围的建设工程项目质量控制体系规划。

(2)目标分解原则

建设工程项目质量控制系统总目标的分解，根据控制系统内工程项目的分解结构，将工程项目的建设标准和质量总体目标分解到各个责任主体，明示于合同条件，由各责任主体制定出相应的质量计划，确定其具体的控制方式和控制措施。

(3)质量责任制原则

建设工程项目质量控制体系的建立，应按照《建筑法》和《建设工程质量管理条例》有关建设工程质量责任的规定，界定各方的质量责任范围和控制要求。

(4)系统有效性原则

建设工程项目质量控制体系，应从实际出发，结合项目特点、合同结构和项目管理组织系统的构成情况，建立项目各参与方共同遵循的质量管理制度和控制措施，并形成有效的运行机制。

4111 建设工程项目质量控制体系建立的程序是什么？

(1)确立系统质量控制网络

首先明确系统各层面的建设工程质量控制负责人。一般应包括承担项目实施任务的项目经理（或工程负责人）、总工程师，项目监理机构的总监理工程师、专业监理工程师等，以形成明确的项目质量控制责任者的关系网络架构。

(2)制定质量控制制度

包括质量控制例会制度、协调制度、报告审批制度、质量验收制度和质量信息管理制度等。形成建设工程项目质量控制体系的管理文件或手册,作为承担建设工程项目实施任务各方主体共同遵循的管理依据。

(3)分析质量控制界面

建设工程项目质量控制体系的质量责任界面,包括静态界面和动态界面。一般说静态界面根据法律法规、合同条件、组织内部职能分工来确定。动态界面主要是指项目实施过程中设计单位之间、施工单位之间、设计与施工单位之间的衔接配合关系及其责任划分,必须通过分析研究,确定管理原则与协调方式。

(4)编制质量控制计划

建设工程项目管理总组织者,负责主持编制建设工程项目总质量计划,并根据质量控制体系的要求,部署各质量责任主体编制与其承担任务范围相符合的质量计划,并按规定程序完成质量计划的审批,作为其实施自身工程质量控制的依据。

4112 为保证工程项目质量控制体系的运行?在运行环境方面应完善哪些内容?

(1)建设工程的合同结构

建设工程合同是联系建设工程项目各参与方的纽带,只有在建设工程项目合同结构合理,质量标准和责任条款明确,并严格进行履约管理的条件下,质量控制体系的运行才能成为各方的自觉行动。

(2)质量管理的资源配置

质量管理的资源配置,包括专职的工程技术人员和质量管理人员的配置;实施技术管理和质量管理所必需的设备、设施、器具、软件等物质资源的配置。人员和资源的合理配置是质量控制体系得以运行的基础条件。

(3)质量管理的组织制度

建设工程项目质量控制体系内部的各项管理制度和程序性文件的建立,为质量控制系统各个环节的运行,提供必要的行动指南、行为准则和评价基准的依据,是系统有序运行的基本保证。

4113 工程项目质量控制体系运行机制包括哪些方面的内容?

(1)动力机制

动力机制是建设工程项目质量控制体系运行的核心机制,它来源于公正、公开、公平的竞争机制和利益机制的制度设计或安排。这是因为建设工程项目的实施过程是由多主体参与的价值增值链,只有保持合理的供方及分供方等各方关系,才能形成合力,是建设工程项目成功的重要保证。

(2)约束机制

没有约束机制的控制体系是无法使工程质量处于受控状态的。约束机制取决于各主体内部的自我约束能力和外部的监控效力。约束能力表现为组织及个人的经营理念、质量意识、职业道德及技术能力的发挥;监控效力取决于建设工程项目实施主体外部对质量工作的推动和检查监督。两者相辅相成,构成了质量控制过程的制衡关系。

(3)反馈机制

运行状态和结果的信息反馈,是对质量控制系统的能力和运行效果进行评价,并为及时作出处置提供决策依据。因此,必须有相关的制度安排,保证质量信息反馈的及时和准确,坚持质量管理者深入生产第一线,掌握第一手资料,才能形成有效的质量信息反馈机制。

(4)持续改进机制

在建设工程项目实施的各个阶段,不同的层面、不同的范围和不同的主体之间,应用 PDCA 循环原理,即计划、实施、检查和处置不断循环的方式展开质量控制,同时注重抓好控制点的设置,加强重点控制和例外控制,并不断寻求改进机会、研究改进措施,才能保证建设工程项目质量控制系统的不断完善和持续改进，不断提高质量控制能力和控制水平。

第二节 质量的过程控制

4201 施工质量控制的依据有哪些？

（1）共同性依据

指适用于施工阶段且与质量管理有关的、通用的、具有普遍指导意义和必须遵守的基本条件。主要包括：工程建设合同、设计文件、设计交底及图纸会审记录、设计修改和技术变更、国家和政府有关部门颁布的与质量管理有关的法律和法规性文件。

（2）专门技术法规性依据

指针对不同的行业、不同质量控制对象制定的专门技术法规文件。包括规范、规程、标准、规定等。

4202 施工质量的事前控制、事中控制和事后控制的主要工作有哪些？

（1）事前质量控制

即在正式施工前进行的事前主动质量控制，事前质量预控要求针对质量控制对象的控制目标、活动条件、影响因素进行周密分析，找出薄弱环节，通过编制施工质量计划，明确质量目标，制定施工方案，设置质量管理点，落实质量责任，分析可能导致质量目标偏离的各种影响因素，针对这些影响因素制定有效的预防措施，防患于未然。

（2）事中质量控制

指在施工质量形成过程中，对影响施工质量的各种因素进行全面的动态控制。事中质量控制也称作业活动过程质量控制，包括质量活动主体的自我控制和他人监控的控制方式。自我控制是第一位的，即作业者在作业过程对自己质量活动行为的约束和技术能力的发挥,以完成符合预定质量目标的作业任务;他人监控是指作业者的质量活动过程和结果,接受来自企业内部管理者和企业外部有关方面的检查检验,如工程监理机构、政府质量监督部门等的监控。

事中质量控制的目标是确保工序质量合格,杜绝质量事故发生,控制的关键是坚持质量标准,控制的重点是工序质量、工作质量和质量控制点的控制。

(3)事后质量控制

事后质量控制也称为事后质量把关,以使不合格的工序或最终产品(包括单位工程或整个工程项目)不流入下道工序、不进入市场。事后控制包括对质量活动结果的评价、认定;对工序质量偏差的纠正;对不合格产品进行整改和处理。控制的重点是发现施工质量方面的缺陷,并通过分析提出施工质量改进的措施,保持质量处于受控状态。

4203 什么是施工质量计划?可通过哪些形式体现?

以施工项目为对象的质量计划称为施工质量计划。企业向顾客表明质量管理方针、目标及其具体实现的方法、手段和措施的文件,体现企业对质量责任的承诺和实施的具体步骤。常通过以下三种形式体现。

(1)工程项目施工质量计划;

(2)工程项目施工组织设计(含施工质量计划);

(3)施工项目管理实施规划(含施工质量计划)。

4204 施工质量计划的编制依据有哪些?

(1)合同中有关质量要求。

(2)与工程或施工过程有关的其他要求。

(3)质量管理体系文件。

(4)组织针对项目的其他要求。

4205 施工质量计划的基本内容一般应包括哪些方面?

(1)工程特点及施工条件(合同条件、法规条件和现场条件等)分析;

(2)质量总目标及其分解目标;

(3)质量管理组织机构和职责,人员及资源配置计划;

(4)确定施工工艺与操作方法的技术方案和施工组织方案;

(5)施工材料、设备等物资的质量管理及控制措施;

(6)施工质量检验、检测、试验工作的计划安排及其实施方法与接收准则;

(7)施工质量控制点及其跟踪控制的方式与要求;

(8)质量记录的要求等;

(9)所采取的措施。

4206 施工质量计划的审批程序是什么?

施工单位的项目施工质量计划或施工组织设计文件编成后,应按照工程施工管理程序进行审批,包括施工企业内部的审批和项目监理机构的审查。

(1)企业内部的审批

施工单位的项目施工质量计划或施工组织设计的编制与内部审批,应根据企业质量管理程序性文件规定的权限和流程进行。通常是由项目经理部主持编制,报企业组织管理层批准。

(2)监理工程师的审查

实施工程监理的施工项目,施工承包单位必须填写《施工组织设计(方案)报审表》并附施工组织设计(方案),报送项目监理机构审查。总监理工程师应组织专业监理工程师审查承包单位报送的施工组织设计(方案)报审表,提出意见,并经总监理工程师审核、签认后报建设单位。

4207 质量控制点的设置原则是什么？一般将哪些部位或环节设为质量控制点？

施工质量控制点是施工质量控制的重点对象。质量控制点应选择那些技术要求高、施工难度大，对工程质量影响大或是发生质量问题时危害大的对象进行设置。一般选择下列部位或环节作为质量控制点：

(1)对工程质量形成过程产生直接影响的关键部位、工序、环节及隐蔽工程；

(2)施工过程中的薄弱环节，或者质量不稳定的工序、部位或对象；

(3)对下道工序有较大影响的上道工序；

(4)采用新技术、新工艺、新材料的部位或环节；

(5)施工质量无把握的、施工条件困难的或技术难度大的工序或环节；

(6)用户反馈指出的和过去有过返工的不良工序。

4208 质量控制点的重点控制对象有哪些？

(1)人的行为：某些操作或工序，应以人为重点控制对象，如高空、高温、水下、易燃易爆、重型构件吊装作业以及操作要求高的工序和技术难度大的工序等，都应从人的生理、心理、技术能力等方面进行控制。

(2)材料的质量与性能：这是直接影响工程质量的重要因素，在某些工程中应作为控制的重点。如水泥的质量是直接影响混凝土工程质量的关键因素，施工中就应对进场的水泥质量进行重点控制，必须检查核对其出厂合格证，并按要求进行强度和安定性的复验等。

(3)施工方法与关键操作：某些直接影响工程质量的关键操作应作为控制的重点，同时，那些易对工程质量产生重大影响的施工方法，也应列为控制的重点。

(4)施工技术参数:如混凝土的外加剂掺量、水灰比,回填土的含水率,砌体的砂浆饱满度,防水混凝土的抗渗等级,建筑物沉降与基坑边坡稳定监测数据,大体积混凝土内外温差等技术参数都是应重点控制的质量参数与指标。

(5)技术间歇:有些工序之间必须留有必要的技术间歇时间,如混凝土浇筑与模板拆除之间,应保证混凝土有一定的硬化时间,达到规定拆模强度后方可拆除等。

(6)施工顺序:对于某些工序之间必须严格控制先后的施工顺序。

(7)易发生或常见的质量通病:如混凝土工程的蜂窝、麻面、空洞,工程渗水、漏水、空鼓、起砂、裂缝等。

(8)新技术、新材料及新工艺的应用:由于缺乏经验,施工时应将其作为重点进行控制。

(9)产品质量不稳定和不合格率较高的工序应列为重点,认真分析,严格控制。

(10)特殊地基或特种结构。

4209 对质量控制点的控制如何在施工中落实?

(1)要做好施工质量控制点的事前质量预控工作,包括:明确质量控制的目标与控制参数;编制作业指导书和质量控制措施;确定质量检查检验方式及抽样的数量与方法;明确检查结果的判断标准及质量记录与信息反馈要求等。

(2)向施工作业班组进行认真交底,使每一个控制点上的作业人员明白施工作业规程及质量检验评定标准,掌握施工操作要领。在施工过程中,相关技术管理和质量控制人员要在现场进行重点指导和检查验收。

(3)做好施工质量控制点的动态设置和动态跟踪管理。所谓动态设置,是指在工程开工前、设计交底和图纸会审时,可确定项目的一批质量控制点,随着工程的展开、施工条件的变化,随时或定期进行控制点的调整和更新。

(4)对于危险性较大的分部分项工程或特殊施工过程,除按一般过程质量控制的规定执行外,还应由专业技术人员编制专项施工方案或作业指导书,经项目技术负责人审批及监理工程师签字后执行。超过一定规模的危险性较大的分部分项工程,还要组织专家对专项方案进行论证。

4210 施工人员的质量控制包括哪些方面?应如何进行控制?

施工人员的质量包括参与工程施工各类人员的施工技能、文化素养、生理体能、心理行为等方面的个体素质及经过合理组织和激励发挥个体潜能综合形成的群体素质。企业应通过择优录用、加强思想教育及技能方面的教育培训,合理组织、严格考核,并辅以必要的激励机制,使企业员工的潜在能力得到充分的发挥和最好的组合,使施工人员在质量控制系统中发挥主体自控作用。

施工企业在人员控制应从如下各个方面进行加强。

(1)必须坚持执业资格注册制度和作业人员持证上岗制度。对所选派的施工项目领导者、组织者进行教育和培训,使其质量意识和组织管理能力能满足施工质量控制的要求。

(2)对所属施工队伍进行全员培训,加强质量意识的教育和技术训练,提高每个作业者的质量活动能力和自控能力。

(3)对分包单位进行严格的资质考核和施工人员的资格考核,其资质、资格必须符合相关法规的规定,与其分包的工程相适应。

4211 材料设备的质量控制的主要内容是什么?

(1)控制材料设备的性能、标准、技术参数与设计文件的相符性。

(2)控制材料、设备各项技术性能指标、检验测试指标与标准规范要求的相符性。

(3)控制材料、设备进场验收程序的正确性及质量文件资料的完备性。

(4)控制优先采用节能低碳的新型建筑材料和设备,禁止使用国家明令禁用或淘汰的建筑材料和设备等。

4212 工艺方案的质量控制包括哪些方面内容?

制定和采用技术先进、经济合理、安全可靠的施工技术工艺方案,是工程质量控制的重要环节。对施工工艺方案的质量控制主要包括以下内容:

(1)正确地分析工程特征、技术关键及环境条件等资料,明确质量目标、验收标准、控制的重点和难点;

(2)制定合理有效的有针对性的施工技术方案和组织方案,前者包括施工工艺、施工方法,后者包括施工区段划分、施工流向及劳动组织等;

(3)合理选用施工机械设备和施工临时设施,合理布置施工总平面图和各阶段施工平面图;

(4)选用和设计保证质量和安全的模具、脚手架等施工设备;

(5)编制工程所采用的新材料、新技术、新工艺的专项技术方案和质量管理方案;

(6)针对工程具体情况,分析气象、地质等环境因素对施工的影响,制定应对措施。

4213 施工机械包括哪些?如何在选择与使用机械设备方面加强质量控制?

施工机械是指施工过程中使用的各类机械设备,包括起重运输设备、人货两用电梯、加工机械、操作工具、测量仪器、计量器具以及专用工具和施工安全设施等。

施工机械设备是所有施工方案和工法得以实施的重要物质基础,合理选择和正确使用施工机械设备是保证施工质量的重要措施。

(1)对施工所用的机械设备,应根据工程需要从设备选型、主要性能参数及使用操作要求等方面加以控制,符合安全、适用、经济、可靠和节能、环保等方面的要求。

(2)对施工中使用的模具、脚手架等施工设备,除按适用的标准定型选用外,一般需按设计及施工要求进行专项设计,对其设计方案及制作质量的控制及验收应作为重点进行控制。

(3)按现行施工管理制度要求,工程所用的施工机械、模板、脚手架,特别是危险性较大的现场安装的起重机械设备,不仅要对其设计安装方案进行审批,而且安装完毕交付使用前必须经专业管理部门的验收,合格后方可使用。同时,在使用过程中尚需落实相应的管理制度,以确保其安全正常使用。

4214 施工环境因素包括哪些方面?如何消除环境因素的不利影响?

环境的因素主要包括施工现场自然环境因素、施工质量管理环境因素和施工作业环境因素。环境因素对工程质量的影响,具有复杂多变和不确定性的特点。要消除其对施工质量的不利影响,主要是采取预测预防的控制方法。

(1)对施工现场自然环境因素的控制

对地质、水文等方面影响因素,应根据设计要求,分析工程岩土地质资料,预测不利因素,并会同设计等方面制定相应的措施,采取如基坑降水、排水、加固围护等技术控制方案。

对天气方面的影响因素,应在施工方案中制定专项预案,明确在不利条件下的施工措施,落实人员、器材等方面的准备以紧急应对,从而控制其对施工质量的不利影响。

(2)对施工质量管理环境因素的控制

施工质量管理环境因素主要指施工单位质量保证体系、质量管理制度和各参建施工单位之间的协调等因素。要根据工程承发包的合同结构,理顺管理关系,建立统一的现场施工组织系统和质量管理的综合运行机制,确保质量保证体系处于良好的状态,创造良好的质量管理环境和氛围,使施工顺利进行,保证施工质量。

(3)对施工作业环境因素的控制

施工作业环境因素主要是指施工现场的给水排水条件,各种能源介质供应，施工照明、通风、安全防护设施，施工场地空间条件和通道，以及交通运输和道路条件等因素。要认真实施经过审批的施工组织设计和施工方案，落实保证措施，严格执行相关管理制度和施工纪律，保证上述环境条件良好，使施工顺利进行以及施工质量得到保证。

4215 施工准备工作的质量控制内容是什么?

(1)施工技术准备工作的质量控制

施工技术准备是指在正式开展施工作业活动前进行的技术准备工作。主要有：熟悉施工图纸，组织设计交底和图纸审查；进行工程项目检查验收的项目划分和编号；审核相关质量文件；细化施工技术方案和施工人员、机具的配置方案；编制施工作业技术指导书；绘制各种施工详图(如测量放线图、大样图及配筋、配板、配线图表等)；进行必要的技术交底和技术培训。

技术准备工作的质量控制，包括对上述技术准备工作成果的复核审查，检查这些成果是否符合设计图纸和相关技术规范、规程的要求；依据经过审批的质量计划审查、完善施工质量控制措施；针对质量控制点，明确质量控制的重点对象和控制方法；尽可能地提高上述工作成果对施工质量的保证程度等。

(2)现场施工准备工作的质量控制

1)计量控制

施工过程中的计量，包括施工生产时的投料计量、施工测量、监测计量以及对项目、产品或过程的测试、检验、分析计量等。开工前要建立和完善施工现场计量管理的规章制度；明确计量控制责任者和配置必要的计量人员；严格按规定对计量器具进行维修和校验；统一计量单位，组织量值传递，保证量值统一，从而保证施工过程中计量的准确。

2)测量控制

施工测量质量的好坏，直接决定工程的定位和高程是否正确，并且制约施工过程有关工序的质量。因此，施工单位在开工前应编制测量控制方案，经项目技术负责人批准后实施。对建设单位提供的原始坐标点、基准线和水准点等测量控制点进行复核，并将复测结果上报监理工程师审核，批准后施工单位才能建立施工测量控制网，进行工程定位和高程基准的控制。

3)施工平面图控制

施工单位要严格按照批准的施工平面布置图，科学合理地使用施工场地，正确安装设置施工机械设备和其他临时设施，维护现场施工道路畅通无阻和通信设施完好，合理控制材料的进场与堆放，保持良好的防洪排水能力，保证充分的给水和供电。制定严格的施工场地管理制度、施工纪律和相应的奖惩措施，严禁乱占场地和擅自断水、断电、断路，及时制止和处理各种违纪行为，并做好施工现场的质量检查记录。

4216　施工过程的工序质量控制包括哪些方面？

工序施工质量控制主要包括工序施工条件质量控制和工序施工效果质量控制。

(1)工序施工条件控制

工序施工条件是指从事工序活动的各生产要素质量及生产环境条件。工序施工条件控制就是控制工序活动的各种投入要素质量和环境条件质量。控制的手段主要有：检查、测试、试验、跟踪监督等。控制的依据主要是设计质量标准、材料质量标准、机械设备技术性能标准、施工工艺标准以及操作规程等。

(2)工序施工效果控制

工序施工效果主要反映工序产品的质量特征和特性指标。对工序施工效果的控制就是控制工序产品的质量特征和特性指标能否达到设计质量标准以及施工质量验收标准的要求。工序施工效果控制属于事后质量控制，其控制的主要途径是实测获取数据、统计分析所获取的数据、判断认定质量等级和纠正质量偏差。

4217 施工作业质量的自控控制程序是什么？

施工作业质量的自控过程是由施工作业组织的成员进行的，其基本的控制程序包括：作业技术交底、作业活动的实施和作业质量的自检自查、互检互查以及专职管理人员的质量检查等。

(1)施工作业技术的交底

技术交底是施工组织设计和施工方案的具体化，施工作业技术交底的内容必须具有可行性和可操作性。

从建设工程项目的施工组织设计到分部分项工程的作业计划，在实施之前都必须逐级进行交底，其目的是使管理者的计划和决策意图为实施人员所理解。施工作业交底是最基层的技术和管理交底活动，施工总承包方和工程监理机构都要对施工作业交底进行监督。作业交底的内容包括作业范围、施工依据、作业程序、技术标准和要领、质量目标以及其他与安全、进度、成本、环境等目标管理有关的要求和注意事项。

(2)施工作业活动的实施

施工作业活动是由一系列工序所组成的。为了保证工序质量的受控，首先要对作业条件进行再确认，即按照作业计划检查作业准备状态是否落实到位，其中包括对施工程序和作业工艺顺序的检查确认，在此基础上，严格按作业计划的程序、步骤和质量要求展开工序作业活动。

(3)施工作业质量的检验

施工作业的质量检查贯穿整个施工过程的最基本的质量控制活动，包括施工单位内部的工序作业质量自检、互检、专检和交接检查；以及现场监理机构的旁站检查、平行检验等。施工作业质量检查是施工质量验收的基础，已完工检验批及分部分项工程的施工质量，必须在施工单位完成质量自检并确认合格之后，才能报请现场监理机构进行检查验收。

前道工序作业质量经验收合格后，才可进人下道工序施工。未经验收合格的工序，不得进人下道工序施工。

4218　施工作业质量控制的要求是什么？

(1)预防为主

严格按照施工质量计划的要求，进行各分部分项施工作业的部署。同时，根据施工作业的内容、范围和特点，制定施工作业计划，明确作业质量目标和作业技术要领，认真进行作业技术交底，落实各项作业技术组织措施。

(2)重点控制

在施工作业计划中，一方面要认真贯彻实施施工质量计划中的质量控制点的控制措施，同时，要根据作业活动的实际需要，进一步建立工序作业控制点，深化工序作业的重点控制。

(3)坚持标准

工序作业人员在工序作业过程应严格进行质量自检，通过自检不断改善作业质量，并创造条件开展作业质量互检，通过互检加强技术与经验的交流。对已完工工序作业产品，应严格坚持质量标准。对不合格的施工作业质量，不得进行验收签证，必须按照规定的程序进行处理。

(4)记录完整

施工图纸、质量计划、作业指导书、材料质保书、检验试验及检测报告、质量验收记录等，是形成可追溯性的质量保证依据，也是工程竣工验收所不可缺少的质量控制资料。因此，对工序作业质量，应有计划、有步骤地按照施工管理规范的要求进行填写记载，做到及时、准确、完整、有效，并具有可追溯性。

4219　保证施工作业质量的有效控制制度有哪些？

(1)质量自检制度；

(2)质量例会制度；

(3)质量会诊制度；

(4)质量样板制度；

(5)质量挂牌制度；

(6)每月质量讲评制度等。

4220 施工作业质量的检查的内容重点在哪些方面?

(1)开工前的检查,主要检查是否具备开工条件,开工后是否能够保持连续正常施工,能否保证工程质量;

(2)工序交接检查,对于重要的工序或对工程质量有重大影响的工序,应严格执行“三检”制度(即自检、互检、专检),未经监理工程师(或建设单位技术负责人)检查认可,不得进行下道工序施工;

(3)隐蔽工程的检查,施工中凡是隐蔽工程必须检查认证后方可进行隐蔽掩盖;

(4)停工后复工的检查,因客观因素停工或处理质量事故等停工复工时,经检查认可后方能复工;

(5)分项、分部工程完工后的检查,应经检查认可,并签署验收记录后,才能进行下一工程项目的施工;

(6)成品保护的检查,检查成品有无保护措施以及保护措施是否有效可靠。

4221 在施工质量管理中应用的数理统计方法有哪些?其基本原理是什么?

分层法、因果分析法、直方图法、排列图法、管理图法、分布图法、检查表法等定量和定性方法,对施工现场质量管理都有实际的应用价值。几种常用的数理统计方法的原理如下。

(1)分层法。由于工程质量形成的影响因素多,因此,对工程质量状况的调查和质量问题的分析,必须分门别类地进行,以便准确有效地找出问题及其原因所在,这就是分层法的基本思想。

(2)因果分析图法。因果分析图法,也称为质量特性要素分析法,其基本原理是对每一个质量特性或问题,逐层深入排查可能原因,然后确定其中最主要原因,进行有的放矢的处置和管理。

(3)排列图法。在质量管理过程中,通过抽样检查或检验试验所得到的质量问题、偏差、缺陷、不合格等统计数据,以及造成质量问题的原因分析统计数据，均可采用排列图方法进行状况描述，可直观、主次分明的表示出来。

(4)直方图法通过统计数据的分布特征，即数据分布的集中或离散状况，掌握质量能力状态。并观察分析生产过程质量是否处于正常、稳定和受控状态以及质量水平是否保持在公差允许的范围内。

第三节 质量事故的预防与处理

4301 什么是质量缺陷？

“缺陷”通常解释为“残损、欠缺或不够完备”。在建筑工程中，缺陷是指由于人为的（勘察、设计、施工、使用）或自然的（地质、气候等）原因，致使建筑物出现影响美观、正常使用、承载力、耐久性和整体稳定性的种种不足的总称。

按照其严重程度，缺陷通常分为三类：轻微缺陷、使用缺陷和危及承载力缺陷。

(1)轻微缺陷

这种缺陷不影响建筑结构的承载力、刚度及其完整性，也不影响建筑结构的近期使用，但影响其耐久性或美观。如混凝土地坪不光滑、外墙涂料色差等。

(2)使用缺陷

也称为非破坏性缺陷，不影响建筑结构的承载力，但却影响其使用功能，或使结构的使用性能下降，有时还会使人产生不舒适感和不安全感。例如，框架梁挠度大、门窗变形使开启困难等。

(3)危及承载力缺陷

危及承载力缺陷往往是由于材料强度不足、构件截面尺寸不够、构件残缺有伤、安装连接与构造质量低劣等原因，影响到构件甚至整个结构的承载力和稳定性。

4302 什么是质量事故？与质量缺陷有什么区别？

事故通常理解为意外的、特别有害的事件，是物质条件、环境、行为和管理及意外事件的异常状态。建筑工程质量事故是指在施工过程中，凡未达到设计文件、承包合同及建筑安装工程质量验收标准的要求，造成（或隐含）危及工程的功能、使用价值和工程结构安全的事故。

质量缺陷和质量事故均属于工程质量问题，但两者造成的质量问题的严重程度不同。

事故通常表现为建筑结构局部或整体的临近破坏、破坏和倒塌，如某梁的断裂；而缺陷仅表现为具有影响正常使用（或后道工序作业）以及承载力、耐久性和完整性的种种隐藏的和显露的不足。缺陷往往是产生事故的直接或间接原因，而事故往往是缺陷的质变和经久不加处理的后果。

4303 工程质量事故按经济损失与人员伤亡分为哪四个等级？

《关于做好房屋建筑和市政基础设施工程质量事故报告和调查处理工作的通知》（建质〔2010〕111 号）文件规定：

(1)特别重大事故。是指造成 30 人以上死亡，或者 100 人以上重伤，或者 1 亿元以上直接经济损失的事故；

(2)重大事故。指造成 10 人以上 30 人以下死亡，或者 50 人以上 100 人以下重伤，或者 5 000 万元以上 1 亿元以下直接经济损失的事故；

(3)较大事故。指造成 3 人以上 10 人以下死亡，或者 10 人以上 50 人以下重伤，或者 1 000 万元以上 5 000 万元以下直接经济损失的事故；

(4)一般事故。指造成 3 人以下死亡，或者 10 人以下重伤，或者 100 万元以上 1 000 万元以下直接经济损失的事故。

该等级划分所称的“以上”包括本数，所称的“以下”不包括本数。

4304 工程质量事故按事故责任分为哪几类?

(1)指导责任事故:指由于工程实施指导或领导失误而造成的质量事故。例如,由于工程负责人片面追求施工进度,放松或不按质量标准进行控制和检验,降低施工质量标准等。

(2)操作责任事故:指在施工过程中,由于实施操作者不按规程和标准实施操作,而造成的质量事故。例如,浇筑混凝土时随意加水,或振捣疏漏造成混凝土质量事故等。

(3)自然灾害事故:指由于突发的严重自然灾害等不可抗力造成的质量事故。例如地震、台风、暴雨、雷电、洪水等对工程造成破坏甚至倒塌。这类事故虽然不是人为责任直接造成,但灾害事故造成的损失程度也往往与人们是否在事前采取了有效的预防措施有关,相关责任人员也可能负有一定责任。

4305 发生工程质量事故时应如何进行事故报告?

《关于做好房屋建筑和市政基础设施工程质量事故报告和调查处理工作的通知》(建质〔2010〕111 号)文件规定:

(1)工程质量事故发生后,事故现场有关人员应当立即向工程建设单位负责人报告;工程建设单位负责人接到报告后,应于 1 h 内向事故发生地县级以上人民政府住房和城乡建设主管部门及有关部门报告。

情况紧急时,事故现场有关人员可直接向事故发生地县级以上人民政府住房和城乡建设主管部门报告。

(2)住房和城乡建设主管部门接到事故报告后,应当依照下列规定上报事故情况,并同时通知公安、监察机关等有关部门:

1)较大、重大及特别重大事故逐级上报至国务院住房和城乡建设主管部门,一般事故逐级上报至省级人民政府住房和城乡建设主管部门,必要时可以越级上报事故情况。

2)住房和城乡建设主管部门上报事故情况,应当同时报告本级人民政府;国务院住房和城乡建设主管部门接到重大和特别重大事故的报告后,应当立即报告国务院。

3)住房和城乡建设主管部门逐级上报事故情况时,每级上报时间不得超过 2 h。

4)事故报告后出现新情况,以及事故发生之日起 30 日内伤亡人数发生变化的,应当及时补报。

4306 事故报告应包括哪些内容?

(1)事故发生的时间、地点、工程项目名称、工程各参建单位名称;

(2)事故发生的简要经过、伤亡人数(包括下落不明的人数)和初步估计的直接经济损失;

(3)事故的初步原因;

(4)事故发生后采取的措施及事故控制情况;

(5)事故报告单位、联系人及联系方式;

(6)其他应当报告的情况。

4307 公路工程质量事故等级如何划分?

《公路工程质量事故等级划分和报告制度》(交公路发〔1999〕90 号文附件)规定:公路工程质量事故,系指由于勘测、设计、监理、试验检测、施工等责任过失而使工程在下述时限内遭受损毁或产生不可弥补的本质缺陷,或因构造物倒塌造成人身伤亡或财产损失以及需加固、补强、返工处理的事故。道路工程:现场监理签认至工程项目通车后两年内;结构工程:施工过程中和设计使用年限内。

公路工程质量事故分质量问题、一般质量事故及重大质量事故三类。

(1)质量问题:质量较差、造成直接经济损失(包括修复费用)在 20 万元以下。

(2)一般质量事故:质量低劣或达不到合格标准,需加固补强,直接经济损失(包括修复费用)在 20 万元至 300 万元之间的事故。

一般质量事故分三个等级：

1)一级一般质量事故：直接经济损失在150万～300万元之间。

2)二级一般质量事故：直接经济损失在50万～150万元之间。

3)三级一般质量事故：直接经济损失在20万～50万元之间。

(3)重大质量事故：由于责任过失造成工程倒塌、报废和造成人身伤亡或者重大经济损失的事故。重大质量事故分为三个等级：

1)具备下列条件之一者为一级重大质量事故：

①死亡30人以上；

②直接经济损失1 000万元以上；

③特大型桥梁主体结构垮塌。

2)具备下列条件之一者为二级重大质量事故：

①死亡10人以上，29人以下；

②直接经济损失500万元以上，不满1 000万元；

③大型桥梁主体结构垮塌。

3)具备下列条件之一者为三级重大质量事故：

①死亡1人以上，9人以下；

②直接经济损失300万元以上，不满500万元；

③中小型桥梁主体结构垮塌。

4308 公路工程质量事故如何上报?

公路工程质量事故发生后，施工单位必须以最快的方式，将事故情况同时向建设单位、监理单位、质量监督站报告。监理单位发现工程质量事故后，应立即向建设单位报告。建设单位要及时掌握工程质量事故情况，立即采取相应措施，并在规定时间内上报，对高速公路建设项目，建设单位要直接向省质量监督站报告。按公路工程质量事故分类，具体报告要求如下：

(1)质量问题：施工单位应在2 d内书面上报建设单位、监理单位、质量监督站。建设单位同时应在 2 d 内书面上报质量监督站。

(2)一般质量事故:施工单位应在 3 d 内书面上报质量监督站,同时报企业上级主管部门、建设单位、监理单位和省质量监督站。建设单位应在 24 h 内按项目管理隶属关系向交通主管部门报告,同时报质量监督站。

(3)重大质量事故:建设单位和施工单位必须在 2 h 内速报省交通运输厅,同时报告省质量监督站,并在 12 h 内报出《公路工程重大质量事故快报》。

4309　施工质量事故发生的原因可分为哪几类?

(1)技术原因:指引发质量事故是由于在工程项目设计、施工中在技术上的失误。例如,结构设计计算错误,对水文地质情况判断错误,以及采用了不适合的施工方法或施工工艺等。

(2)管理原因:指引发的质量事故是由于管理上的不完善或失误。例如,施工单位或监理单位的质量管理体系不完善,检验制度不严密,质量控制不严格,质量管理措施落实不力,检测仪器设备管理不善而失准,以及材料检验不严等原因引起质量事故。

(3)社会、经济原因:指引发的质量事故是由于经济因素及社会上存在的弊端和不正之风,造成建设中的错误行为,而导致出现质量事故。例如,某些施工企业盲目追求利润而不顾工程质量;在投标报价中随意压低标价,中标后则依靠违法的手段或修改方案追加工程款,甚至偷工减料等,这些因素往往会导致出现重大工程质量事故,必须予以重视。

(4)人为事故和自然灾害原因:指造成质量事故是由于人为的设备事故、安全事故,导致连带发生质量事故,以及严重的自然灾害等不可抗力造成质量事故。

4310　施工质量事故的预防应从哪些方面着手?

(1)严格按照基本建设程序办事

首先要做好可行性论证，不可未经深入的调查分析和严格论证就盲目拍板定案；要彻底搞清工程地质水文条件方可开工；杜绝无证设计、无图施工；禁止任意修改设计和不按图纸施工；工程竣工不进行试车运转、不经验收不得交付使用。

(2)认真做好工程地质勘察

地质勘察时要适当布置钻孔位置和设定钻孔深度。钻孔间距过大，不能全面反映地基实际情况；钻孔深度不够，难以查清地下软土层、滑坡、墓穴、孔洞等有害地质构造。地质勘察报告必须详细、准确，防止因根据不符合实际情况的地质资料而采用错误的基础方案，导致地基不均匀沉降、失稳，使上部结构及墙体开裂、破坏、倒塌。

(3)科学地加固处理好地基

对软弱土、冲填土、杂填土、湿陷性黄土、膨胀土、岩层出露、岩溶、土洞等不均匀地基要进行科学的加固处理。要根据不同地基的工程特性，按照地基处理与上部结构相结合使其共同工作的原则，从地基处理与设计措施、结构措施、防水措施、施工措施等方面综合考虑治理。

(4)进行必要的设计审查复核

要请具有合格专业资质的审图机构对施工图进行审查复核，防止因设计考虑不周、结构构造不合理、设计计算错误、沉降缝及伸缩缝设置不当、悬挑结构未通过抗倾覆验算等原因，导致质量事故的发生。

(5)严格把好建筑材料及制品的质量关

要从采购订货、进场验收、质量复验、存储和使用等几个环节，严格控制建筑材料及制品的质量，防止不合格或是变质、损坏的材料和制品用到工程上。

(6)对施工人员进行必要的技术培训

要通过技术培训使施工人员掌握基本的建筑结构和建筑材料知识，懂得遵守施工验收规范对保证工程质量的重要性，从而在施工中自觉遵守操作规程，不蛮干，不违章操作，不偷工减料。

(7)加强施工过程的管理

施工人员首先要熟悉图纸，对工程的难点和关键工序、关键部位应编制专项施工方案并严格执行；施工中必须按照图纸和施工验收规范、操作规程进行；技术组织措施要正确，施工顺序不可搞错，脚手架和楼面不可超载堆放构件和材料；要严格按照制度进行质量检查和验收。

(8)做好应对不利施工条件和各种灾害的预案

要根据当地气象资料的分析和预测，事先针对可能出现的风、雨、高温、严寒、雷电等不利施工条件，制定相应的施工技术措施；还要对不可预见的人为事故和严重自然灾害做好应急预案，并有相应的人力、物力储备。

(9)加强施工安全与环境管理

许多施工安全和环境事故都会连带发生质量事故，加强施工安全与环境管理，也是预防施工质量事故的重要措施。

4311 处理施工质量事故的依据有哪些？

(1)质量事故的实况资料

包括质量事故发生的时间、地点；质量事故状况的描述；质量事故发展变化的情况；有关质量事故的观测记录、事故现场状态的照片或录像；事故调查组调查研究所获得的第一手资料。

(2)有关合同及合同文件

包括工程承包合同、设计委托合同、设备与器材购销合同、监理合同及分包合同等。

(3)有关的技术文件和档案

主要是有关的设计文件(如施工图纸和技术说明)、与施工有关的技术文件、档案和资料(如施工方案、施工计划、施工记录、施工日志、有关建筑材料的质量证明资料、现场制备材料的质量证明资料、质量事故发生后对事故状况的观测记录、试验记录或试验报告等)。

(4)建设相关的法规

主要包括《建筑法》和与工程质量及质量事故处理有关的法规，以及资质管理方面的法规，从业者资格管理方面的法规，建筑市场方面的法规，建筑施工方面的法规，关于标准化管理方面的法规等。

4312　施工质量事故处理的一般程序是什么？

(1)事故调查

事故发生后，施工项目负责人应按法定的时间和程序，及时向企业报告事故的状况，积极组织事故调查。事故调查应力求及时、客观、全面，以便为事故的分析与处理提供正确的依据。

(2)事故的原因分析

要建立在事故情况调查的基础上，特别是对涉及勘察、设计、施工、材料和管理等方面的质量事故，往往事故的原因错综复杂，必须对调查所得到的数据、资料进行仔细的分析，去伪存真，找出造成事故的主要原因。

(3)制定事故处理的方案

事故的处理要建立在原因分析的基础上，并广泛地听取专家及有关方面的意见，经科学论证，决定事故是否进行处理和怎样处理。在制定事故处理方案时，应做到安全可靠、技术可行、不留隐患、经济合理、具有可操作性、满足建筑功能和使用要求。

(4)事故处理

根据制定的质量事故处理的方案，对质量事故进行认真的处理。处理的内容主要包括：事故的技术处理，以解决施工质量不合格和缺陷问题；事故的责任处罚，根据事故的性质、损失大小、情节轻重对事故的责任单位和责任人作出相应的行政处分直至追究刑事责任。

(5)事故处理的鉴定验收

事故处理的质量检查鉴定，应严格按施工验收规范和相关的质量标准的规定进行，必要时还应通过实际量测、试验和仪器检测等方法获取必要的数据，以便准确地对事故处理的结果作出鉴定。

4313 施工质量事故处理的基本要求是什么?

(1)质量事故的处理应达到安全可靠、不留隐患、满足生产和使用要求、施工方便、经济合理的目的;

(2)重视消除造成事故的原因,注意综合治理;

(3)正确确定处理的范围和正确选择处理的时间和方法;

(4)加强事故处理的检查验收工作,认真复查事故处理的实际情况;

(5)确保事故处理期间的安全。

4314 施工质量事故处理的基本方法有哪些?

(1)修补处理

当工程的某部分的质量虽未达到规定的规范、标准或设计的要求,存在一定的缺陷,但经过修补后可以达到要求的质量标准,又不影响使用功能或外观的要求时,可采取修补处理的方法。

(2)加固处理

主要是针对危及承载力的质量缺陷的处理。通过对缺陷的加固处理,使建筑结构恢复或提高承载力,重新满足结构安全性与可靠性的要求,使结构能继续使用或改作其他用途。

(3)返工处理

当工程质量缺陷经过修补处理后仍不能满足规定的质量标准要求,或不具备补救可能性,则必须采取返工处理。

(4)限制使用

当工程质量缺陷按修补方法处理后无法保证达到规定的使用要求和安全要求,而又无法返工处理的情况下,不得已时可作出诸如结构卸荷或减荷以及限制使用的决定。

(5)不作处理

某些工程质量问题虽然达不到规定的要求或标准,但其情况不严重,对工程或结构的使用及安全影响很小,经过分析、论证、法定检测单位鉴定和设计单位等认可后可不作专门处理。一般可不作专门处理的情况有以下几种。

1)不影响结构安全、生产工艺和使用要求的。

2)后道工序可以弥补的质量缺陷。

3)法定检测单位鉴定合格的。

4)出现的质量缺陷,经检测鉴定达不到设计要求,但经原设计单位核算,仍能满足结构安全和使用功能的。

(6)报废处理

出现质量事故的工程,通过分析或实践,采取上述处理方法后仍不能满足规定的质量要求或标准,则必须予以报废处理。

第五章　安全管理

第一节　安全生产责任制

5101　项目经理安全生产责任有哪些?

(1)对承包项目工程生产经营过程中的安全生产负全面领导责任。

(2)贯彻落实安全生产方针、政策、法规和各项规章制度,结合项目工程特点及施工全过程的情况,制定本项目工程安全生产管理办法,或提出要求,并监督其实施。

(3)在组织项目工程业务承包,聘用业务人员时,必须本着安全工作只能加强的原则,根据工程特点确定安全工作的管理体制和人员,并明确各业务承包人的安全责任和考核指标,支持、指导安全人员的工作。

(4)健全和完善用工管理手续,录用外包队必须及时向有关部门申报,严格用工制度与管理,适时组织上岗安全教育,要对外包工队的健康与安全负责,加强劳动保护工作。

(5)组织落实施工组织设计中心安全技术措施,组织并监督项目工程施工中安全技术交底制度和设备、设施验收制度的实施。

(6)领导、组织施工现场定期的安全生产检查,发现施工生产中不安全问题,组织制定措施,及时解决。对上级提出的安全生产与管理方面的问题,要定时、定人、定措施予以解决。

(7)发生事故,在做好现场保护与抢救工作,及时上报、组织、配合事故的调查,认真落实制定的防范措施,吸取事故教训。

5102　项目工程技术负责人安全生产责任有哪些?

(1)对项目工程生产经营中的安全生产负技术责任。

(2)贯彻、落实安全生产方针、政策、严格执行安全技术规程、规范、标准。结合项目工程特点,主持项目工程的安全技术交底。

(3)参加组织编制施工组织设计,编制、审查施工方案时,要制定、审查安全技术措施,保证其可行与针对性,并随时检查、监督、落实。

(4)主持制定技术措施计划和季节性施工方案的同时,制定相应的安全技术措施并监督执行。及时解决执行中出现的问题。

(5)项目工程应用新材料,新技术、新工艺,要及时上报,经批准后方可实施,同时要组织上岗人员的安全技术、教育。认真执行相应的安全技术措施与安全操作工艺、要求,预防施工中因化学物品引起的火灾、中毒或其新工艺实施中可能造成的事故。

(6)主持安全防护设施和设备的验收。发现设备、设施的不正常情况应及时采取措施。严格控制不合标准要求的防护设备、设施投入使用。

(7)参加安全生产检查,对施工中存在的不安全因素,从技术上分析事故原因,提出整改意见和办法予以消除。

(8)参加、配合因工伤亡及重大未遂事故的调查,从技术上分析事故原因,提出防范措施、意见。

5103　工长安全生产责任有哪些?

(1)认真执行上级有关安全生产规定,对所管辖班组(特别是外包队)的安全生产负直接领导责任。

(2)认真执行安全技术措施及安全操作规程,针对生产任务特点,向班组(包括外包队)进行书面安全技术交底,履行签认手续,并对规程、措施、交底要求执行情况经常检查,随时纠正作业违章。

(3)经常检查所辖班组(包括外包队)作业环境及各种设备、设施的安全状况,发现问题及时纠正解决。对重点、特殊部位施工,必须检查作业人员及各种设施技术状况是否符合安全要求,严格执行安全技术交底,落实安全技术措施,并监督其执行,做到不违章指挥。

(4)定期和不定期组织所辖班组(包括外包队)学习安全操作规程,开展安全教育活动,接受安全部门或人员的安全监督检查,及时解决提出的不安全问题。

(5)对分管工程项目应用的新材料、新工艺、新技术严格执行申报、审批制度,发现问题及时停止使用,并上报有关部门或领导。

(6)发生因工伤亡及未遂事故要保护现场,立即上报。

5104 项目部安全员安全生产责任有哪些?

(1)认真贯彻执行劳动保护、安全生产的方针、政策、法令、法规、规范标准,做好安全生产的宣传教育和管理工作,推广先进经验。对本项目的安全生产负检查、监督的责任。

(2)深入施工现场,指导下级安全技术人员的工作,掌握安全生产情况,调查研究生产中的不安全问题,提出改进意见和措施,并对执行情况进行监督检查。

(3)协助项目经理组织安全活动和安全检查。

(4)参加审查施工组织设计(施工方案)和安全技术措施计划,并对执行情况进行监督检查。

(5)组织本项目新工人的安全技术培训、考核工作。

(6)制止违章指挥、违章作业,遇有险情有权暂停生产,并报告领导处理。

(7)进行工伤事故统计分析和报告,参加工伤事故调查、处理。

(8)负责本项目部的安全生产文明施工,劳务手续的办理及治安保卫的管理工作。

5105 技术人员安全生产责任有哪些?

(1)负责做好本职范围内的安全生产工作,确保各项技术工作安全可靠性。

(2)负责编制本专业的安全技术规程及管理制度,在编制开、停工或设备检修、技术改造方案时,要有可靠的安全卫生技术措施,并检查执行情况。

(3)在本专业范围内对员工进行安全操作技术与安全生产知识培训,组织技术练兵活动,定期考核。

(4)经常深入现场检查安全生产情况,发现事故隐患及时提出措施予以消除。制止违章作业,在紧急情况下对不听劝阻者,有权停止其工作,并立即请示领导处理。

(5)参加车间新建、扩建工程设计审查、竣工验收,参加设备改造、工艺条件变动方案的审查,使之符合安全技术要求。

(6)参加有关事故调查、分析、查明原因,分清责任,提出预防措施,并及时向领导或主管部门报告。

(7)制订装置检修、停工、开工方案,做好开工前的交底工作。

5106　施工员安全生产责任有哪些?

(1)遵守国家法令,学习熟悉安全技术措施,在组织施工过程中同时安排落实安全生产技术措施。

(2)对施工现场的安全工作是作为施工员本身的应尽职责,在施工中同时检查各安全设施的要求和科学性,发现不符规范要求和科学性的,及时调整,并汇报项目经理。

(3)施工过程中,发现违章现象或冒险作业,协同安全员共同做好工作,阻止和纠正,必要时暂停施工,汇报项目经理。及时采取措施,防患于未然。

(4)在施工过程中,生产与安全发生矛盾时,必须服从安全,暂停施工,待安全整改和落实安全措施后,方准再施工。

(5)施工过程中,发现安全隐患,及时告诉安全员和项目经理采取措施,协同整改,确保施工全过程的安全生产。

5107　质量员安全生产责任有哪些?

(1)遵守国家法令,执行上级有关安全生产规章制度,熟悉安全生产技术措施。

(2)在质量监控的同时,顾及安全设施的状况与使用功能和各部位洞边防护状况,发现不佳之处,及时通知安全员,落实整改。

(3)悬空结构的支撑,应考虑安全系数,不准由于支撑质量不佳,引起坍塌,造成安全事故发生。

(4)在施工中,结构安装的预制构件的质量应严格控制与验收,避免因构件不合格造成断裂坍塌,带来安全事故的发生。

(5)在质量监控过程中,发现安全隐患,立即通知安全员或项目经理,同时有权责令暂停施工,待处理好安全隐患后,再行施工。

5108 资料员安全生产责任有哪些?

(1)遵守国家法令,学习熟悉安全生产技术操作规程和安全资料的编制要求。

(2)按时、按规定做好安全技术资料,使之真实完整。

(3)深入施工现场,配合安全员检查安全生产,做好记录,使安全资料符合施工现场实际。

(4)如实做好资料,不准不了解施工现场实际情况便做记录,导致不安全资料空虚不切实际。

(5)坚持原则,杜绝作假,并可以报告上级处理。

5109 材料员安全生产责任有哪些?

(1)学习熟悉安全技术规范,遵守国家法令,执行上级部门关于安保方面的有关规定。

(2)在采购安全设施、材料物品,劳动保护用品,应保证产品质量,决不能以次充好和伪劣产品采购入库。

(3)购买安全设施和劳保用品及防护材料时,应认准国家批准的设施和物品,同时取得合格品证件。

(4)对于上门销售的安全设施和劳保防护物品,除国家与有关部门认可的外一律不准采购,以防以次品与伪劣产品危害安全。

(5)应廉洁奉公,不贪小利,坚持原则,保证设施与物品的质量,有权拒绝指令购买次品与伪劣物品中,并报告上级处理。

5110 设备员安全生产责任有哪些?

(1)贯彻国家、上级部门关于设备制造中、检修、维护保养及施工方面的安全规定,做好主管业务范围内的安全工作。

(2)负责组织制订和修订重要设备的操作规程和设备管理制度。

(3)负责审定全厂继电保护,防雷、防静电等设备的安全保护方案及方案实施监督,审定全厂机动设备整定值,定期检查考核有关单位实施情况。对设备及工业建筑物进行全方位管理监督,使其符合安全技术要求。

(4)负责组织本厂吊机月度,季度、年度安全技术检查,负责本厂压力容器登记取证工作和安全设施的定期检查,以保证特种设备的安全可靠度。

(5)在制订或审定有关设备制造,改造方案和设备检修计划时,应有相应的职业安全卫生措施内容,并确保实施。

(6)组织本专业的安全大检查,对查出的有关问题,要有计划地及时安排修复更换,按期实现安全技术措施计划和监督落实设备事故隐患的整改项目。

(7)负责设备、动力事故和检修质量事故的调查处理和统计上报,参加有关上报事故的调查处理。

(8)使用外借人员包括检修队伍和民工,应组织好安全教育及施工中的安全管理工作,负责贯彻有关施工纪律的管理规定。

(9)签订施工合同必须要有安全责任条款。

5111 仓库管理员安全生产责任有哪些?

(1)健全各种物资进出仓库登记制度,要按规定设立物资账及进出仓库凭证,做到实物与账本相符。

(2)各种设备、工具、用具及劳保用品须经厂(公司)批准,才能办理出仓手续。

(3)进出仓物资,每月清点一次,月终列表送财会结账,对各种积压物资要及时反映和处理。

(4)仓库内物资放置要安全、整齐、有序、保持库内清洁、卫生。

(5)库内严禁生火、吸烟,每天下班时要关闭库内电源。

(6)配备消防器材并经常检查,保持良好状态。

5112 班组长安全生产责任有哪些?

(1)认真执行安全交底,组织班组安全活动,开好班前安全生产会,有权拒绝违章指挥。

(2)经常组织本班组工人认真学习安全操作规程和安全管理制度,教育本班组人员遵章守纪和正确使用个人防护用品。

(3)经常检查本班组作业现场安全生产情况,发现问题及时解决,不能解决的要采取临时控制措施,并及时上报。

(4)对新工人(包括调换工种的工人)进行岗位安全操作规程和安全知识教育,新工人未经考核合格不得上岗。

(5)支持、接受专职安全员的监督检查和指导,对提出的改进措施要及时组织贯彻落实。

(6)领导并支持班组安全员开展日常工作,及时采纳安全员的正确意见,发动全班组职工共同搞好安全生产。

(7)发生工伤事故、未遂事故要保护现场并立即上报,积极配合本工种工伤及其他事故的调查处理。

5113 班组兼职安全员安全生产责任有哪些?

(1)模范执行安全生产各项规章制度和领导提出的有关安全方面的意见,协助班组长做好本班组的安全工作,接受专职安全员的业务指导。

(2)协助班组长组织开展好班组日常安全教育工作,反映班组安全生产情况和职工的要求。

(3)参加安全检查,协助落实整改措施。

(4)有权制止违章作业,有权抵制和越级上告违章指挥行为。

(5)及时发现和处理事故隐患,本人或本班组不能处理的危险因素要及时上报，积极配合本工种工伤及其他事故的调查处理。

5114　一般职工安全生产责任有哪些？

(1)遵守国家法令和安全生产操作规程与规章制度，不违章作业，有权拒绝违章指挥和安全设施不完善的危险区域施工。无有效安全措施的有权停止作业，汇报项目经理提出整改意见。

(2)正确使用劳动保护用品和安全设施，爱护机械电器等施工设备，不准非本工种人员操作机械、电器。

(3)学习熟悉安全技术操作规程和上级安全部门的规章制度遵守安全生产"六大纪律"和十项安全技术措施，努力提高自我保护意识和增强自我保护能力。

(4)职工之间，应相互监督，制止违章作业和冒险作业，发现隐患及时报告项目经理和安全员立即整改，在确保安全的前提下安全作业。

(5)发生工伤事故，及时抢救，并立即报告领导，保护现场，如果向上级反映情况。

5115　电工安全生产责任有哪些？

(1)学习、熟悉安全技术操作规程，遵守国家法令、执行上级部门的建筑工程现场施工用电的规范和技术要求。

(2)电工应经劳动局培训，考核合格后，持有效证件上岗，不准无证上岗作业。

(3)严禁带电作业和冒险作业，发现隐患立即整改，决不准发现隐患不整改，不汇报造成后果。

(4)在工程施工过程中，发现施工用电有隐患，需要工程停止施工的，立即通知施工人员停工，并立即汇报项目经理处理，拉闸绝电，待整改好后再行送电。

(5)提高增强自身技术业务水平，应对工作负责，不准马虎和随意作业，经常检查施工用电状况，及时完善整改，正确使用电工劳动保护用品。

5116 焊工生产责任有哪些？

(1)学习熟悉安全技术规程，遵守国家法令，执行上级安全操作规程，增强提高自身技术业务水平。

(2)焊工必须经过劳动局培训，考核合格后持有效证件上岗，不准无证操作。

(3)工程操作施工中应及时检查电源，防止漏电事故。

(4)在施工中，应办理动火批准手续，落实安全防火措施。

(5)正确使用焊工劳动保护用品，在高处作业时做好防坠工作。

(6)发现隐患即作整改，需要停止其他工种的施工，上报项目经理协调处理，必要时可责令其他工种停止施工。

5117 架子工安全生产责任有哪些？

(1)遵守国家法令，学习熟悉安全操作规程，执行上级部门的安全规章制度，增加提高自身的技术业务水平。

(2)架子工必须经劳动局培训、考核合格后持证上岗，不准无证操作。

(3)在悬空作业时，必须系好安全带，扣好带扣，防止坠落。

(4)在架子搭投中，传递杆件，应多人传递，防止杆件掉落伤人。

(5)在架子拆除时，设置警戒线，不准单面拆，应四周同步拆除，杆件不准掷落，要多人传递至地。

(6)剪除架体拉结，不准一剪到底，要边拆边剪，防止架子坍塌。

(7)及时检查，发现隐患，及时整改，在架子有严重隐患时，可以责令工程暂停施工，报项目经理处理。

5118 小型机械操作工安全生产责任有哪些？

(1)遵守国家法令，学习熟悉安全生产规范，执行上级安全部门的规章制度。

(2)机操工必须通过上级主管部门培训,考试合格持证上岗。

(3)及时检查机械各部件的状况,发现隐患,立即报告负责人进行修理和完善,确保机械安全运转。

(4)执行小型机械操作规程,拒绝违章作业,坚持原则,拒绝违反操作规程的人和事。

(5)发现机械安全隐患,汇报负责人要求整改,但未得到及时整改或置之不理的,机操工应停止操作,拉闸关机,汇报上级部门处理。

5119　搭吊起重工安全生产责任有哪些?

(1)遵守国家法令,学习熟悉安全生产操作规程,执行上级安全规章制度和规范要求。

(2)遵守执行十不吊规定要求,不准冒险作业和强行操作。

(3)搭吊司机和指挥员必须经过专门培训,考试合格后持证上岗,努力提高业务水平和技术水平。

(4)拒绝冒险和违章作业,遇危及安全情况的应拒绝开机,拉闸关机,立即汇报上级处理。

(5)经常检查机械运转情况和各保险设施的状况,发现隐患,立即整改,严禁带病运转,危及安全生产。

(6)正确使用劳动保护用品,严禁酒后操作,确保安全生产。

第二节　安全管理要求

5201　生产经营单位的主要负责人对本单位安全生产工作有哪些职责?

(1)建立、健全本单位安全生产责任制;

(2)组织制定本单位安全生产规章制度和操作规程;

(3)保证本单位安全生产投入的有效实施;

(4)督促、检查本单位的安全生产工作,及时消除生产安全事故隐患；

(5)组织制定并实施本单位的生产安全事故应急救援预案；

(6)及时、如实报告生产安全事故。

5202 企业取得安全生产许可证，应当具备哪些安全生产条件？

企业未取得安全生产许可证的，不得从事生产活动。要取得安全生产许可证，应当具备下列安全生产条件：

(1)建立、健全安全生产责任制，制定完备的安全生产规章制度和操作规程；

(2)安全投入符合安全生产要求；

(3)设置安全生产管理机构，配备专职安全生产管理人员；

(4)主要负责人和安全生产管理人员经考核合格；

(5)特种作业人员经有关业务主管部门考核合格，取得特种作业操作资格证书；

(6)从业人员经安全生产教育和培训合格；

(7)依法参加工伤保险，为从业人员缴纳保险费；

(8)厂房、作业场所和安全设施、设备、工艺符合有关安全生产法律、法规、标准和规程的要求；

(9)有职业危害防治措施，并为从业人员配备符合国家标准或者行业标准的劳动防护用品；

(10)依法进行安全评价；

(11)有重大危险源检测、评估、监控措施和应急预案；

(12)有生产安全事故应急救援预案、应急救援组织或者应急救援人员，配备必要的应急救援器材、设备；

(13)法律、法规规定的其他条件。

5203 公路工程哪些分部分项工程应编制专项施工方案？并附具安全验算结果。

(1)不良地质条件下有潜在危险性的土方、石方开挖；

(2)滑坡和高边坡处理；

(3)桩基础、挡墙基础、深水基础及围堰工程；

(4)桥梁工程中的梁、拱、柱等构件施工等；

(5)隧道工程中的不良地质隧道、高瓦斯隧道、水底海底隧道等；

(6)水上工程中的打桩船作业、施工船作业、外海孤岛作业、边通航边施工作业等；

(7)水下工程中的水下焊接、混凝土浇筑、爆破工程等；

(8)爆破工程；

(9)大型临时工程中的大型支架、模板、便桥的架设与拆除，桥梁、码头的加固与拆除；

(10)其他危险性较大的工程。

5204　哪些范围内危险性较大的安全专项方案需要论证？

(1)深基坑工程

1)开挖深度超过 5 m(含 5 m)的基坑(槽)的土方开挖、支护、降水工程。

2)开挖深度虽未超过 5 m，但地质条件、周围环境和地下管线复杂，或影响毗邻建筑(构筑)物安全的基坑(槽)的土方开挖、支护、降水工程。

(2)模板工程及支撑体系

1)工具式模板工程：包括滑模、爬模、飞模工程。

2)混凝土模板支撑工程：搭设高度 8 m 及以上，搭设跨度 18 m 及以上，施工总荷载 15 kN/m^2 及以上；集中线荷载 20 kN/m 及以上。

3)承重支撑体系：用于钢结构安装等满堂支撑体系，承受单点集中荷载 700 kg 以上。

(3)脚手架工程

1)搭设高度 50 m 及以上落地式钢管脚手架工程。

2)提升高度 150 m 及以上附着式整体和分片提升脚手架工程。

3)架体高度 20 m 及以上悬挑式脚手架工程。

(4)其他

1)施工高度 50 m 及以上的建筑幕墙安装工程。

2)跨度大于 36 m 及以上的钢结构安装工程;跨度大于 60 m 及以上的网架和索膜结构安装工程。

3)开挖深度超过 16 m 的人工挖孔桩工程。

(5)采用新技术、新工艺、新材料、新设备及尚无相关技术标准的危险性较大的分部分项工程。

5205 根据生产安全事故造成的人员伤亡或者直接经济损失,事故一般分为哪几个等级?

(1)特别重大事故,是指造成 30 人以上死亡,或者 100 人以上重伤(包括急性工业中毒,下同),或者 1 亿元以上直接经济损失的事故。

(2)重大事故,是指造成 10 人以上 30 人以下死亡,或者 50 人以上 100 人以下重伤,或者 5 000 万元以上 1 亿元以下直接经济损失的事故。

(3)较大事故,是指造成 3 人以上 10 人以下死亡,或者 10 人以上 50 人以下重伤,或者 1 000 万元以上 5 000 万元以下直接经济损失的事故。

(4)一般事故,是指造成 3 人以下死亡,或者 10 人以下重伤,或者 1 000 万元以下直接经济损失的事故。

5206 安全事故发生后,应如何做好事故报告?

(1)事故发生后,事故现场有关人员应当立即向本单位负责人报告;单位负责人接到报告后,应当于 1 h 内向事故发生地县级以上人民政府安全生产监督管理部门和负有安全生产监督管理职责的有关部门报告。情况紧急时,事故现场有关人员可以直接向事故发生地县级以上人民政府安全生产监督管理部门和负有安全生产监督管理职责的有关部门报告。

(2)事故报告后出现新情况的,应当及时补报。自事故发生之日起 30 日内,事故造成的伤亡人数发生变化的,应当及时补报。道路交通事故、火灾事故自发生之日起 7 日内,事故造成的伤亡人数发生变化的,应当及时补报。

(3)事故发生单位负责人接到事故报告后,应当立即启动事故相应应急预案,或者采取有效措施,组织抢救,防止事故扩大,减少人员伤亡和财产损失。

(4)事故发生后,有关单位和人员应当妥善保护事故现场以及相关证据,任何单位和个人不得破坏事故现场、毁灭相关证据。因抢救人员、防止事故扩大以及疏通交通等原因,需要移动事故现场物件的,应当做出标志,绘制现场简图并做出书面记录,妥善保存现场重要痕迹和物证。

5207 报告事故应当包括哪些内容?

(1)事故发生单位概况;

(2)事故发生的时间、地点以及事故现场情况;

(3)事故的简要经过;

(4)事故已经造成或者可能造成的伤亡人数(包括下落不明的人数)和初步估计的直接经济损失;

(5)已经采取的措施;

(6)其他应当报告的情况。

5208 公路施工单位应具备哪些安全条件?

(1)从业单位从事公路水运工程建设活动,应当具备法律、行政法规规定的安全生产条件。任何单位和个人不得降低安全生产条件。

(2)施工单位应当取得安全生产许可证。

(3)施工单位在工程中使用施工起重机械和整体提升式脚手架、滑模爬模、架桥机等自行式架设设施前,应当组织有关单位进行验收,或者委托具有相应资质的检验检测机构进行验收,使用承租的机械设备和施工机具及配件的,由承租单位、出租单位和安装单位共同进行验收,验收合格的方可使用。验收合格后30日内,应向当地交通主管部门登记。

(4)从业单位应当对从业人员进行安全生产教育和培训,保证从业人员具备必要的安全生产知识,熟悉有关的安全生产规章制度和安全操作规程,掌握本岗位的安全操作技能。未经安全生产教育和培训合格的从业人员,不得上岗作业。

5209 公路施工人员应具备哪些要求才能从事施工生产?

(1)施工单位的主要负责人、项目负责人、专项安全生产管理人员(以下简称安全生产三类人员)必须取得考核合格证书,方可参加公路水运工程投标及施工。

施工单位主要负责人是指对本企业日常生产经营活动和安全生产工作全面负责、有生产经营决策权的人员,包括企业法定代表人、企业安全生产工作的负责人等。

项目负责人是指由企业法定代表人授权,负责公路水运工程项目施工管理的负责人。包括项目经理、项目副经理和项目总工。

专职安全生产管理人员是指在企业专职从事安全生产管理工作的人员,包括企业安全生产管理机构的负责人及其工作人员和施工现场专职安全员。

(2)施工单位安全生产三类人员考核分为安全生产知识考试和安全管理能力考核两部分。考核合格的由交通部或省级交通主管部门颁发《安全生产考核合格证书》。

(3)施工单位的垂直运输机械作业人员、施工船舶作业人员、爆破作业人员、安装拆卸工、起重信号工、电工、焊工等国家规定的特种作业人员,必须按照国家规定经过专门的安全作业培训,并取得特种作业操作资格证书后,方可上岗作业。

5210 公路工程承包人有哪些安全责任?

(1)施工单位主要负责人依法对本单位的安全生产工作全面

负责。施工单位应当建立健全安全生产责任制度和安全生产教育培训制度及安全生产技术交底制度，制定安全生产规章制度和操作规程，保证本单位安全生产条件所需资金的投入，对所承担的公路水运工程进行定期和专项安全检查，并做好安全检查记录。

(2)施工单位的项目负责人依法对项目的安全施工负责，落实安全生产各项制度，确保安全生产费用的有效使用，并根据工程特点组织制定安全施工措施，消除安全事故隐患，及时、如实报告生产安全事故。

(3)施工单位应当设立安全生产管理机构，配备专职安全生产管理人员。施工现场应当按照每 5 000 万元施工合同额配备一名的比例配备专职安全生产管理人员，不足 5 000 万元的至少配备一名。专职安全生产管理人员负责对安全生产进行现场监督检查，并做好检查记录，发现生产安全事故隐患，应当及时向项目负责人和安全生产管理机构报告；对违章指挥、违章操作和违反劳动纪律的，应当立即制止。

(4)施工单位在工程报价中应当包含安全生产费用，一般不得低于投标价的 1%，且不得作为竞争性报价。安全生产费用，应当用于施工安全防护用具及设施的采购和更新、安全施工措施的落实、安全生产条件的改善，不得挪作他用。

(5)施工单位应当在施工组织设计中编制安全技术措施和施工现场临时用电方案，对危险性较大的工程应当编制专项施工方案，并附安全验算结果，经施工单位技术负责人、监理工程师审查同意签字后实施，由专职安全生产管理人员进行现场监督。必要时，施工单位对前款所列工程的专项施工方案，还应当组织专家进行论证、审查。

(6)施工单位应当在施工现场出入口或者沿线各交叉口、施工起重机械、拌和场、临时用电设施、爆破物及有害危险气体和液体存放处以及孔洞口、隧道口、基坑边沿、脚手架、码头边沿、桥梁边沿等危险部位，设置明显的安全警示标志或者必要的安全防护设施。

(7)施工单位应当根据不同施工阶段和周围环境及季节、气候的变化,在施工现场采取相应的安全施工措施。施工现场暂时停止施工的,施工单位应当做好现场防护。

(8)施工单位应当将施工现场的办公、生活区与作业区分开设置,并保持安全距离;办公、生活区的选址应当符合安全性要求。职工的膳食、饮水、休息场所、医疗救助设施等应当符合卫生标准。施工现场临时搭建的建筑物应当符合安全使用要求。施工现场使用的装配式活动房屋应当具有生产(制造)许可证、产品合格证。

(9)施工单位应当在施工现场建立消防安全责任制度,确定消防安全责任人,制定用火、用电、使用易燃易爆材料等各项消防管理制度和操作规程,设置消防通道,配备相应的消防设施和灭火器材。

(10)施工单位应当向作业人员提供必需的安全防护用具和安全防护服装,书面告知危险岗位的操作规程并确保其熟悉和掌握有关内容和违章操作的危害。

(11)施工单位采购、租赁的安全防护用具、机械设备、施工机具及配件,应当具有生产(制造)许可证、产品合格证,并在进入施工现场前由专职安全管理人员进行查验。施工现场的安全防护用具、机械设备、施工机具及配件必须由专人管理,定期进行检查、维修和保养,建立相应的资料档案,并按照国家有关规定及时报废。

(12)施工单位应当对管理人员和作业人员进行每年不少于两次的安全生产教育培训,其教育培训情况记入个人工作档案。施工单位在采用新技术、新工艺、新设备、新材料时,应当对作业人员进行相应的安全生产教育培训。新进人员和作业人员进入新的施工现场或者转入新的岗位前,施工单位应当对其进行安全生产培训考核。

(13)施工单位应当为施工现场的人员办理意外伤害保险,意外伤害保险费应由施工单位支付。实行施工总承包的,由总承包单位支付意外伤害保险费。

(14)建设工程实行施工总承包的,由总承包单位对施工现场的安全生产负总责。总承包单位依法将建设工程分包给其他单位的，分包合同中应当明确各自的安全生产方面的权利、义务。总承包单位对分包工程的安全生产承担连带责任。

(15)施工单位应当针对本工程项目特点制定生产安全事故应急预案，定期组织演练。发生生产安全事故，施工单位应当立即向建设单位、监理单位和事故发生地的公路水运工程安全生产监督管理部门以及地方安全监督部门报告。立即启动事故应急预案，组织力量抢救，保护好事故现场。

5211　安全专项方案的主要内容包括哪些？

(1)工程概况：包括工程的基本情况、水文地质情况、施工平面布置、施工要求和安全技术保证措施。

(2)编制说明及依据：相关法律、法规、规范性文件、标准、规范及图纸(国标图集)、施工组织设计等。

(3)施工计划：包括施工进度计划、材料与设备计划。

(4)施工方案和工艺技术、工艺流程、施工方法、检查验收等。

(5)施工质量安全和文明施工保证措施：技术质量措施、安全及文明施工措施、应急救援预案、监测监控等。

(6)劳动力和设备设施计划：专职安全生产管理人员、特种作业人员、施工设备机具等。

(7)特殊季节安全保障措施。

(8)计算书及相关表格、图纸等。

5212　应急救援预案编制的主要内容是什么？

(1)总则：编制的目的、依据；适用的范围等。

(2)生产经营单位危险性分析：危险源与风险分析，主要阐述本单位存在的重点危险源及风险分析结果。

(3)应急组织机构及职责：明确应急组织形式，构成单位或人员，并尽可能以结构图的形式表示出来；指挥机构及职责，明确应急救援指挥机构总指挥、副总指挥、各成员单位及其相应职责。

(4)预防与预警措施:危险源监控、预警提示信息、信息报告与处置等。

(5)应急响应:

1)响应分级。针对事故危害程度、影响范围和单位控制事态的能力,将事故分为不同的等级。按照分级负责的原则,明确应急响应级别。

2)响应程序。根据事故的大小和发展态势,明确应急指挥、应急行动、资源调配、应急避险、扩大应急等响应程序。

3)应急结束。明确应急终止的条件,事故现场得以控制,环境符合有关标准,导致次生、衍生事故隐患消除后,经事故现场应急指挥机构批准后,现场应急结束。

(6)信息发布:明确事故信息发布的部门、发布原则,事故信息应由事故现场指挥部及时准确向新闻媒体通报事故信息。

(7)后期处置:主要包括污染物处理、事故后果影响消除、生产秩序恢复、善后赔偿、抢险过程和应急救援能力评估及应急预案的修订等内容。

(8)保障措施:包括通信与信息保障、应急队伍保障、应急物资装备保障、经费保障及其他保障(如交通运输保障、治安保障、技术保障、医疗保障、后勤保障等)。

(9)培训与演练及奖励与处罚:要明确对本单位人员开展的应急培训计划、方式和要求,如果预案涉及社区和居民,要做好宣传教育和告知等工作;明确应急演练的规模、方式、频次、范围、内容、组织、评估、总结等内容,明确事故应急救援工作中奖励和处罚的有关内容。

第三节　路基、路面工程安全作业

5301　路基工程施工安全管理的一般要求有哪些?

(1)建立健全路基施工安全保障体系。项目经理部应建立健全路基施工安全保障体系，全面落实安全生产责任制，建立相应的安全生产预防、预警、预控、安全检查、隐患排查、事故报告与处理、应急处置等安全生产保障措施。

(2)施工现场布置应有利于生产，方便职工生活。施工现场的临时驻地与临时设施的设置，必须避开泥沼、悬崖、陡坡、泥石流、雪崩等危险区域，选在水文、地质良好的地段。施工现场内的各种运输道路、生产生活房屋、易燃易爆仓库、材料堆放，以及动力通信线路和其他临时工程，应按照《公路工程施工安全技术规程》(JTJ 076—1995)的有关规定绘出合理的平面布置图。

(3)施工现场内的坑、沟、水塘等边缘应设安全护栏，当场地狭小，行人和运输繁忙的地段应设专人指挥交通。

(4)路基用地范围内若有通信、电力设施、上下水道(管)等，均应协助有关部门事先拆迁或改造，对文物古迹应妥善保护，下挖工程开挖前，应根据设计文件复查地下构造物(电缆、管道等)的埋置位置及走向，并采取相应的安全防护措施。施工中如发现可疑物品时，应停止施工，报请有关部门处理。

(5)路基施工机械设备应有专人负责保养、维修和看管。各种机械操作手、电工必须持证上岗，同时经常加强对驾驶员、电工及路基作业人员的安全教育。

(6)路基施工现场必须做好交通安全管理工作。夜间施工，路口、边坡顶必须设置警示灯或反光标志，专人管理灯光照明。

(7)现场操作人员必须按规定佩戴个人安全防护用品，机械燃料库必须设消防防火设备。

(8)施工现场易燃品必须分开放置，保证一定的安全距离。

5302　路基工程土方施工安全要点有哪些？

(1)开挖土方前，必须了解土质、地下水的情况，查清地下埋设的管道、电缆和有毒有害气体等危险物及文物古迹、古墓的位置、深度走向，加设标记、设置防护栏杆。现场技术负责人在开工前必须对作业工人进行详细安全交底。施工人员必须按安全技术交底要求进行作业。

(2)开挖深度超过 2 m 时，特别是在街道、居民区、行车道附近开挖土方时，不论深度大小都应视为高处作业，并设置警告标志和高度不低于 1.2 m 的双道防护栏，夜间还要设红色警示灯。

(3)挖土应从上而下逐层挖掘，土方开挖应遵循“开槽支撑，先撑后挖，分层挖掘，严禁掏(超)挖”的原则，在靠近建筑物，电杆、脚手架附近挖土时，必须采取安全防护措施。

(4)开挖沟槽坑时，应根据土质情况进行放坡或支撑防护。挖掘深度超过 1.5 m，且不加支撑时，应按规定确定放坡度或加设可靠支撑。土方坡度为 1∶1，石方坡度为 1∶0.50 时若施工区域狭窄不能放坡，应采取围壁措施。同时，围壁支撑的材料不能有朽、糟、断裂现象。

(5)在开挖的坑(沟、槽)边沿 1 m 以内不许堆土或堆放物料；距沟槽坑边沿 1～3 m 间堆土高度不得超过 1.5 m；距沟糟坑边沿 3～5 m 堆土高度不得超过 2.5 m，在沟槽坑边沿停置车辆，起重机械、振动机械时距离不少于 4 m。

(6)当机械配合挖土、清底、平地修坡等作业时，作业人员不得在机械回转半径以内作业。

(7)人工挖掘土方时，作业人员之间必须保持足够的安全距离，横向间距不小于 2 m，纵向间距不得超过 1.5 m，土方开挖必须自上而下顺序放坡进行，严禁挖空底脚。对挖掘工具应随时检查，应木柄结实、连接牢靠。

(8)高边坡开挖土方时，作业人员要戴安全帽，并安排专职人员对上边坡进行监视，防止物体坠落和塌方。边坡开挖中若遇地下水涌出，应先排水，后开挖。

(9)开挖工作应与装运作业面相互错开，严禁上、下双重作业，弃土下方和有滚石危及的区域，应设警告标志；下方有道路时，严禁车辆通行。边坡上方有人作业时，下方不许站人；清理路基边坡上的突石和整修边坡时，应从上而下进行，严禁在危石下方作业，休息和存放机具。

(10)滑坡地段的开挖,应从滑坡体两侧向中部自上而下进行,禁止全面拉槽开挖;在岩溶地区施工,应认真处理岩溶水的涌出,以免突发性的塌陷;在泥沼地段施工时,应制定防止人、机下陷的安全措施,挖出的废土应堆置在合适的地方,以防止汛期造成人为的泥石流危害。

(11)施工中如遇土质不稳,山体滑动,发生拥塌危险时,应暂停施工,撤出人员和机具,当工作面出现陷机或不足以保证人员安全时,应立即停工,确保人员安全。

(12)机械车辆在危险地段作业时,必须设置明显的安全警告标志,并设专人指挥;运输土方的车辆在会车时,应轻车让重车,重车先行,前后两车间距必须大于 5 m,下坡时,两车间距不带小于 10 m,通过交叉路口,窄路、铁路道口及转变时,应注意来往的行人和车辆,运土车上方严禁乘人。

(13)土方作业时要随时注意检查边坡变化,发现有裂纹或部分塌方,必须采取果断措施,将人员撤离,排除隐患,确保安全。

5303 路基工程石方施工安全要点有哪些?

路基工程石方施工安全除了必须满足爆破安全的一般要求外,还应注意以下的施工安全:

(1)石方开挖应根据岩石的类别、风化的程度以及开挖的深度确定开挖方法,并做好安全技术交底,确保安全环保和文明施工。

(2)石方一般采用爆破开挖,开挖时应结合边坡分级情况确定每层开挖深度,利用浅孔钻机钻孔,深孔预裂爆破等方式进行。施工时,坡顶的排水天沟应与石方开挖同步,并做好横坡和纵坡的控制。

(3)爆破工程施工必须严格按照《爆破安全规程》的要求进行作业,所有涉爆人员必须经过爆破专业培训并取得相关从业资格的人员。

(4)人工打眼时,使锤人应站在掌钎人的侧面,禁止对面使锤;选择炮位时,炮眼口应避开正对的电线、路口和构造物,凿打炮眼时，应清除掉坡面上的浮岩危石。

(5)爆破器材库的选址和搭建应请当地公安部门进行指导和监督，运输爆破器材要用专用运输工具，中途不许停留，并应避开人员密集的地方。在报管、运输爆破器材过程中，工作人员严禁穿化纤服装。

(6)爆破器材应严格管理，并执行领用和退库制度，各种手续要有严格记录，并由专人领取，禁止由一人同时搬运炸药和雷管、电雷管严禁与带电物品一起携带运送；爆炸物品禁止乱丢乱放和私藏。

(7)爆破作业应由专人指挥，确定的危险边界应有明显标志，警戒区四周必须派出警戒人员，警戒区内的人员、牲畜必须撤离，预告、起爆、解除警戒等信号应有明确的规定。

(8)爆破装药前，所有与爆破无关的人员立即撤离施工现场。

(9)装药时严格遵守爆破作业的安全操作规程和安全操作细则，轻放轻拿，不可有任何的碰撞，禁止使用铁类金属进行安装，防止突发爆破事件。

(10)导火索起爆应采用一次点火法点火，其长度应保证点完导火索后人员撤离至安全地点，但不得短于 1.2 m，不许在同次爆破中使用不同燃速的导火索。

(11)进行露天爆破作业，一人连续点火不得超过 10 根，严禁使用明火点燃；多人同时点炮时，每个人的点炮数量应相同，严禁脚踏和挤压已点燃的导火索。爆破时，应点清爆破数与装炮数量是否相符，确认炮响完并过 5 min 后，方准爆破人员进入作业区。

(12)电力起爆时，在同一爆破网络上必须使用同厂、同型号的电雷管；爆破网路主线应绝缘良好，并设中间开关，与其他电源线路应分开敷设；爆破网络的连接必须在全部炮孔装填完毕，无关人员全部撤至安全地点后在进行。

(13)在雷雨季节、潮湿场地等情况下，应采用非电起爆法；深度不超过 10 m 的爆破用火花起爆，深度超过 10 m 的爆破不得采用火花起爆，必须采用电力起爆。

(14)大型爆破必须按审批的爆破设计书,并征得当地县(市)以上公安部门同意后由专门成立的现场指挥机构组织人员实施;大型爆破的安全距离,除考虑个别飞散物的因素外,还必须考虑爆破引起的地震及冲击波对人员、建筑物的影响,经计算后再确定安全距离。

(15)石方地段爆破后,确认已经解除警戒,作业面上的悬岩危石也经处理后,清理石方人员方准进入现场;人工撬动岩石必须由上而下逐层撬(打)落,严禁人员上下双重作业,更不得将下面撬空后使上部自然掉落。撬棍的高度不超过人的肩部,不得将棍端紧抵腹部,也不许把撬棍放在肩上施力。

5304 路基施工应采取哪些措施防止水土污染和流失?

(1)施工前,应制定相应的预防水土污染和水土流失措施,考虑土地资源的合理利用,缩短临时占地使用时间。

(2)在崩塌滑坡危险区和泥石流易发区严禁取土、挖砂、采石。

(3)施工过程中,各种排水沟渠的水流不得直接排放到饮用水源、农田、鱼塘中。

(4)不得随意丢弃生产及生活垃圾,垃圾的掩埋或处理应按当地环保部门的要求进行。不得随意排放含油废水及生活污水。

(5)使用工业废渣填筑路基,当废渣中含有可溶性有害物质,可能造成土质、水污染时,应采取措施,予以处理。

(6)在自然保护区、森林、草原、湿地及风景名胜区进行施工时,应遵守国家环境保护的相关规定。

5305 路基施工中噪声、空气污染的应如何防治?

(1)在居民聚居区或其他噪声敏感建筑物附近施工,当噪声超过规定时,应及时采取措施,减少施工活动对沿线居民的干扰。

(2)对施工作业人员,在噪声较大的现场作业时,应采取有效防护措施。

(3)路基施工过程中应采取措施控制扬尘、废气排放等。

(4)路基施工堆料场、拌和站、材料加工厂等宜设于主要风向的下风处的空旷地区。当无法满足时,应采取必要的环保措施。

(5)粉状材料运输应采取措施防止材料散落。

(6)粉煤灰、石灰等在露天堆存时,应采取防尘、防水措施。

(7)采用粉状材料作为路基填料或对路基填料进行现场改良施工时,应避免在大风天作业,施工人员应佩戴防尘口罩等劳动保护用品,并采取环境保护措施。

5306 路基施工如何做好生物保护和文物保护?

(1)施工前,应采取相应措施对位于路基范围内的珍稀植物进行保护。

(2)施工中严禁随意采摘、破坏野生植物资源及捕猎野生动物。

(3)在有国家级保护的野生动物出没路段,应按规定做好相关保护工作。

(4)砍伐林木必须符合相关法规的要求,不得随意砍伐。

(5)在草、木较密集的地区施工时,应遵守护林防火规定。

(6)在文物保护区周围进行施工时,应制定相应的保护措施,严防损毁文物古迹。

(7)施工中发现文物时,应暂停施工,保护好现场,并立即报告当地文物管理部门研究处理,不得隐瞒不报或私自处置。

5307 路面工程施工安全管理的一般要求有哪些?

(1)确定施工方案、及时准确发布路面施工信息。施工前,施工单位应确定施工区的范围以及安全管理的施工方案,对路面情况进行深入细致的分析,并在开工前及时发布施工信息,警告过往车辆要注意施工路段的交通情况,提醒车辆绕道而行,避免车辆拥堵。

(2)详细划分施工区域,设置好安全标志,严格按警告区、上游过渡区、缓冲区、作业区、下游过渡区、终止区来划分施工区域。

(3)施工现场所有施工人员应统一着橘黄色的反光安全服，施工时还应设专职的交通协管员和专职安全员，而且安全员分班实行 24 h 施工路段安全巡查。

(4)施工车辆必须配置黄色闪光标志灯，停放在施工区内规定的地点。不得乱停乱放，要摆放整齐，特别在进出施工场地时，要绝对服从专职交通协管员的指挥，不得擅自进出。

(5)在施工区域两端应设置彩旗、安全警示灯、闪光方向标，给施工车辆和社会车辆以提示作用。

5308　沥青路面工程施工安全要点有哪些？

(1)从事沥青作业人员均应进行体检，凡患有皮肤病、结膜炎及对沥青有过敏反应者，不宜从事沥青作业；沥青加热及混合料拌制，宜在人口较少、场地空旷的地段进行；沥青作业人员皮肤外露部分应涂防护药膏；工作服及防护用品应集中存放，严禁穿戴回家和存入宿舍；施工现场应配有医务人员。

(2)块状沥青搬运宜在阴天或夜间进行。避免炎热季节搬运；搬运时，必须有相应防护，如帆布手套、工作服、坎肩等；液态沥青用液态沥青车运送，沥青车满载运行时，遇到下坡或弯道时要提前减速，避免紧急制动。沥青装载不满时，应始终保持中速行驶。

(3)人工搬运桶装沥青时，运输车应停在平坦地段，并拉上手闸，跳板应有足够的强度，坡度不宜过陡；放倒的沥青桶经跳板上下滚动装卸时，要在露出跳板两侧的铁桶上各套一根结实的绳索，收放绳索要缓慢，两端同步上下。

(4)沥青混合料摊铺作业时，摊铺机驾驶台及作业现场要视野开阔，消除障碍物，作业时无关人员不得在驾驶台上停留，驾驶员不得擅离岗位。

(5)运料车向摊铺机送料时，应同步进行，动作协调，防止互相碰撞，驾驶摊铺机应平稳，弯道作业时，熨平装置的端头与路缘石的间距不得小于 10 cm，以免发生碰撞。

(6)自卸汽车与摊铺机联合作业，应紧密配合，以防碰撞；撒布碎石，速度要稳定，不应在撒布过程中换挡，换挡必须在摊铺机完全停止后进行，严禁强行换挡和在坡道上换挡或空挡滑行，熨平板预热时，应控制热量，防止因局部过熟而变形。

(7)在沥青摊铺作业中应设置施工标志，用柴油清洗摊铺机时，不许接近明火。

(8)沥青混合料运输车辆状况应良好，使用前应进行检查车斗密封情况与后挡板牢靠状况，不许站在运输车后往下捅沥青混合料。

(9)沥青拌和楼的各种机电设备，包括使用微电脑控制进料的控制室，在运转前均应由电工、机工、电脑操作人员进行仔细的检查，确认各部位正常完好后才能合闸运转。

(10)拌和站机组投入运转后，各岗位人员要随时监视各部位运转情况，运转过程中，如发现有异常情况时，应立即报告，并且及时排除故障，停机前应首先停止进料，等各部位卸料完后，方可停机，再次启动时，不得带荷启动。

(11)料仓卸料时，严禁人员从斗下通过，沥青拌和楼的各部位需经常检查、维修、并配备消防器材。

5309　水泥混凝土路面施工安全要点有哪些？

(1)使用小型翻斗车或手推车装混凝土时，车辆之间应保持一定的安全距离，混凝土运输车运送时要遵守交通规则，当传动系统出现故障、液压油输出中断导致滚筒停转时，要利用其急排出系统快速排出混凝土拌和料，自卸汽车运送混凝土时，不得超载和超速行驶，车停稳后方可顶开车厢卸料，车厢尚未放下时，操作人员不得上车去消除残料。

(2)人工摊铺作业在装卸钢模板时，必须逐片轻抬轻放，不得随意抛掷，多人同时操作摊铺时，因工作面小，长把工具多，应相互关照、注意安全，使用电动振捣器时，作业人员应佩戴防护用品，配电盘(箱)的接线宜用电缆线，绝缘良好。

(3)采用轨模摊铺机进行混凝土摊铺作业时，布料机和振平机之间应保持 5～8 m 的安全距离，作业中要认真检查布料机传动钢丝的松紧是否适度，不得将刮板置于运行方向垂直的位置，也不得借助整机的惯性冲击料堆。

(4)摊铺中严禁驾驶员擅离岗位，无关人员不得上下摊铺机，在弯道上作业时，要防止摊铺机脱轨。

(5)混凝土摊铺施工现场必须做好交通安全工作，交通繁忙的路口应设立安全警示标志牌，并有专人指挥，夜间施工时，基准线桩附近应设置警示灯或反光标志。

(6)施工现场的电线、电缆应尽量放置在无车辆、行人通行的部位，施工机电设备应有专人负责保修，现场操作人员按规定佩戴防护用品，在夜间或停工期间有专人值班保卫，防止原材料、机械、机具及零部件丢失。

(7)使用混凝土抹平机作业时，应确保抹平机的叶片光洁平整，并处于同一水平，其连接螺栓应坚固不松动，电缆要有专人收放，确保不打结、不砸压、不破损。如有异常，应立即停机检查。

(8)切缝机锯缝时，刀片夹板的螺母应紧固，各连接部位和防护罩确保完好正常，切缝前应先打开冷却水，冷却水中断时，应停止切缝；切缝中，刀片要缓缓切入，并注意切入深度指示器，当遇有较大切割阻力时，应立即升起刀片检查，停止切缝时，应先将刀片提离板面后方可停止运转。

(9)水泥混凝土路面施工，不管采用那种工艺方式，施工现场在不中断交通的情况下，应由专人负责指挥、维护交通，现场设立明显警示牌，以确保交通安全。

(10)旧路面凿除宜有计划地分小段进行，以免妨碍交通，并设置相关安全标志牌；用锤开挖旧路面时，应并排前进，左右间距不小于 2 m，不许面对面使锤，工具拼接牢靠，严防铁锤脱飞伤人；采用风动工具凿除旧路面时，确保各部管道接头紧固，不漏气，胶皮管不得缠绕打结；风镐操作人员应与空压机操作手紧密配合，及时送气或闭气，对风镐进行勤检查，确认合格方可使用。

(11)采用机械破碎旧路面时，应有专人统一指挥，操作范围内不应有人，铲刀切入深度不宜过深，推刀速度应缓慢，施工现场设置醒目安全警示标志牌，切实注意交通安全。

第四节 桥涵工程安全作业

5401 桥涵工程施工安全管理的一般要求有哪些？

(1)高墩、大跨、深水、结构复杂的大型桥梁施工，应对施工现场进行重大安全风险辨识与评估，并制定相应的安全技术措施。工程开工之前，应有相应的安全技术操作规程，并及时向施工人员进行安全技术交底。

(2)施工人员进入施工现场必须正确佩戴个人安全防护用品、用具，严防高处坠落，物体打击，触电或其他各类机械的、人为的伤害事故发生。

(3)施工前应对施工现场安全防护设施、临时用电、临时机电机具、特种设备设施等进行全面的安全检查，确认符合安全要求后方可施工。

5402 明挖基础施工安全控制要点有哪些？

(1)基坑开挖的方法、顺序以及支撑结构的安设，均应按照施工组织设计中的规定进行。开挖深度超过 5 m(含 5 m)的基坑(槽)的土方开挖、支护、降水工程或地质水文复杂的基坑开挖必须制定详细的施工方案和安全专项方案。

(2)基坑开挖时，要指派专人检查对邻近建(构)筑物或临时设施的安全，并留有检查记录。

(3)开挖基坑深度超过 1.5 m 时，为方便上下，必须挖设专用坡道或铺设跳板，其宽度应超过 60 cm。

(4)基坑开挖时要根据土壤、水文等情况，按规定的边坡坡度分层下挖，严禁局部深挖，掏洞开挖。如施工地区狭小或受其他条件限制，不能按标准放坡时，应采取固壁支撑措施。遇到有涌水、涌砂及基坑边坡不稳定现象发生时，应立即采取防护加固措施。

(5)基坑开挖过程中应随时检查坑壁边坡有无裂缝和拥塌现象，特别是雨后和解冻时期，必须视具体情况增加坡度或加固支撑。

(6)基坑边缘有表面水时，应采取截流措施。在有大量地下水流的情况下进行挖基时，应配足抽水机具。

(7)采取挖土机械开挖基坑时，坑内不得有人作业。

(8)基坑开挖需要爆破时，应按国家现行的爆破安全规程办理。

(9)寒冷地区采用冻结法开挖基坑时，应根据地质、水文、气温等情况，分层冻结，逐层开挖。

5403 筑岛、围堰施工安全控制要点有哪些？

(1)人工筑岛，应搭设双向运输便道或便桥。

(2)采用挡土板或板桩围堰，应视土质、涌水、挖深情况，逐段支撑。施工中，遇有流砂、涌砂或支撑变形等异常情况，应立即停止挖掘，并立即撤出作业人员。

(3)采用吸泥船吹砂筑岛，要对船体吃水深度、停泊位置、管路射程及连接方法等，进行严格检查和试验。

(4)挖基工程所设置的各种围堰和基坑支撑，其结构必须坚固牢靠。

(5)基坑抽水过程中，要指派专人经常检查土层变化、支撑结构受力等情况，基坑支撑拆除时，应在现场技术负责人的指导下进行。

5404 钢板桩及钢筋混凝土板桩围堰施工安全控制要点有哪些？

(1)使用钢板桩围堰时，要根据施工条件和安全要求及水深、地质等情况适当选择桩长，准确确定围堰尺寸、钢板桩数量、打入位置、入土深度和桩顶高程，使之既不影响水上施工，又不会伤及水下桩基等构造物。

(2)插打钢板桩(包括钢筋混凝土板桩)围堰前应对打桩机、卷扬机及其配套机具设备、绳索等,进行全面检查,经试验、鉴定合格后方可施工。

(3)钢板桩起吊应听从信号指挥,吊起的钢板桩未就位前,插桩桩位处不得站人。

(4)插打钢板桩宜插桩到全部合龙,然后再分段、分次打到高程。插桩顺序:在无潮汐河流一般是从上游中间开始分两侧对称插打至下游合龙,在潮汐河流,有两个流向的关系,为减少水流阻力,可采取从侧面开始,向上、下游插打,在另一侧合龙。插打钢板桩时,如因吊机高度不足,可改变吊点位置,在转换吊点时,必须先挂后换,使新吊点吃力后,并确定牢固,才能拆除原吊点。

(5)桩锤一般采用振动桩锤。钢板桩在锤击下沉时,初始阶段应轻打。

(6)使用沉拔桩锤沉拔板桩时,桩锤各部机件、连接件要确保完好,电气线路、绝缘部分要良好绝缘。

(7)拔桩时,应从下游向上游依次进行。遇有拔不动的钢板桩时,应立即停拔检查,可采取射水、振动等松动措施,严禁硬拔。

(8)采用吊机船拔除钢板桩,应指派专人经常检查吊机船的吃水深度,拔桩机或吊机受力情况,拔桩机和吊机应安装"限负荷"装置,以防超负荷作业。

(9)钢筋混凝土板桩采用锤击下沉时,桩头和桩尖部位,应采取加固措施。

5405 钻孔灌柱桩基础施工安全控制要点有哪些?

(1)钻机就位后,对钻机及其配套设备,应进行全面检查。

(2)各类钻机在作业中,应由本机或机管负责人指定的操作人员操作,其他人不得登机。

(3)每次拆换钻杆或钻头时,要迅速快捷,保证连接牢靠。

(4)采用冲击钻孔时,应随时检查选用的钻锥、卷扬机和钢丝绳的损伤情况,当断丝已超过5%时,必须立即更换,卷扬机套筒上的钢丝绳应排列整齐。

(5)使用正、反循环及潜水钻机钻孔时,对电缆线要严格检查;钻孔过程中,必须设有专人,按规定指标,保持孔内水位的高度及泥浆的稠度,以防塌孔。

(6)钻机停钻,必须将钻头提出孔外,置于钻架上,严禁将钻头停留孔内过久。

(7)采用冲抓或冲击钻孔,应防止碰撞护筒、孔壁和钩挂护筒底缘。提升时,应缓慢平稳。钻头提升高度应分阶段(按进尺深度)严格控制。

5406　人工挖孔桩安全控制要点是什么?

(1)严格施工队伍管理,施工人员必须经过安全培训,严格按施工方案进行。

(2)施工现场必须备有氧气瓶、气体检测仪器。

(3)施工人员下孔前,先向孔内送风,并检测确认无误,才允许下孔作业。

(4)施工所用的电气设备必须加装漏电保护器,孔下施工照明必须使用 24 V 以下安全电压。

(5)采用混凝土护壁时,必须挖一节,打一节,不准漏打。

(6)孔下人员作业时,孔上必须设专人监护,监护人员不准擅离职守,保持上下通话联系。

(7)发现情况异常,必须立即停止作业,撤离危险区。

(8)每个孔口必须备有孔口盖,完工或下班时必须将孔盖盖好。作业人员不得乘吊桶上下,必须另配钢丝绳及滑轮,并设有断绳保护装置。

(9)挖孔作业人员,在施工前必须穿绝缘鞋,头戴安全帽,腰系安全带,井下设置安全绳。

(10)井口周边必须设置不少于周边 3/4 范围的围栏,围栏外挂密目网。

(11)作业人员严禁酒后作业,不准在孔内吸烟,不准带火源下井。

(12)井孔挖出的土方必须及时运走，孔口周围1 m内禁止堆放泥土、杂物，堆土应在孔井边1.5 m以外。

5407 墩台施工安全控制要点有哪些？

(1)就地浇筑墩台混凝土，施工前必须搭设好脚手架和作业平台，模板就位后，应立即用撑木等固定其位置，以防倾倒砸人。

(2)用吊斗浇筑混凝土，吊斗提降，应设专人指挥。

(3)凿除混凝土浮浆及桩头，作业人虽必须按规定佩带防护用品，严禁风枪对准人。

(4)拆除模板，应规定禁行区，严禁行人通过。

5408 滑模施工安全控制要点是什么？

(1)高桥墩(台)、塔墩、索塔等高层结构，采用滑模施工时，应按照高处作业的安全规定，加设安全防护设施，穿戴好个人防护用品，并根据工程特点，编制单项施工方案及其安全技术措施，并向参加滑模施工人员进行安全技术交底。

(2)采用滑模施工，滑模及提升结构应按设计制作和施工，并严格按照施工设计安装，作业前要对滑升模板进行验算和试验，并应有足够的安全系数，顶杆和提升设备，应符合墩身的形状和要求。

(3)高层建筑采用爬模施工方法时，应进行特殊设计，在工厂制作。爬升架体罩、操作平台、脚手架等，要保证具有且够的刚度和安全度。

(4)操作平台上的施工荷载，应均匀对称，不得超负荷。

(5)灌注混凝土，不得用大罐漏斗直接灌入，防止冲击模板。

(6)模板每次提升前应进行检查，排除故障，观察偏斜数值，提升时，千斤顶应同步作业。

(7)操作平台的水平度、倾斜度应经常检查，发现问题应及时采取措施。

(8)主要机械设备等，应定机定人，严格执行交接班制度。

(9)为防止模板发生倾斜、扭转,施工宜采用油压千斤顶,并保持同步提升。

(10)支座安装应按设计施工,采用盆式橡胶支座,可在场地装配后整体或部分吊装就位。

(11)拆除滑模设备时,应做好安全防护措施。拆除时可视吊装设备能力,分组拆除或吊至地面上解体,以减少高处作业量和杆件变形。

5409 预制构件安装作业安全控制要点有哪些?

(1)装配式构件(梁、板)的安装,应制订安装方案,并建立统一的指挥系统。施工难度、危险性较大的作业项目应组织施工技术、指挥、作业人员进行培训。吊装作业所使用的起重设备都应符合国家关于特种设备的安全规程,并进行严格管理。

(2)吊装作业应根据吊装构件的大小、重量,选择适宜的吊装方法和机具,不准超负荷。

(3)吊钩的中心线,必须通过吊体的重心,严禁倾斜吊卸构件。

(4)起吊大型及有突出边棱的构件时,应在钢丝绳与构件接触的拐角处设垫衬。

(5)单导梁、墩顶龙门架安装构件时,各节点应连接牢固,在桥跨中推进时,悬臂部分不得超过已拼好导梁全长的1/3;墩顶或临时墩顶导梁通过的导轮支座必须牢固可靠。导梁上的轨道必须平行等距铺设,墩顶龙门架使用托架托运时,托架两端应保持平衡稳定,行进速度应缓慢。龙门架顶横移轨道的两端应设置制动枕木。

(6)预制场采用千斤顶顶升构件装车及双导梁、桁梁安装构件时,千斤顶使用前,要做承载试验。构件进入落梁或其他装载工具横移到位时,应保持构件在落梁时的平衡稳定;顶升T梁、箱梁等大吨位构件时,必须在梁两端加设支撑。预制场和墩顶装载构件的滑移设备要有足够的强度和稳定性,牵引(或顶推)构件滑移时,施力要均匀,双导梁向前推进中,应保持两导梁同速进行。

(7)架桥机安装构件时,架桥机组拼、悬臂牵引中的平衡稳定及机具配备等，均应按设计要求进行；架桥机就位后，为保持前后支点的稳定，应用方木支垫。构件在架桥上纵、横向移动时，应平缓进行。

5410 桥梁上部混凝土结构施工安全控制要点有哪些？

(1)作业前，对机具设备及其拼装状态、防护设施等进行检查，主要机具应经过试运转。

(2)施工中应随时检查支架和模板，发现异常状况应及时采取措施。支架、模板拆除应按设计和施工的有关规定的拆除程序进行。

(3)就地浇筑水上的各类上部结构，要按照水上作业的安全规定进行施工、作业。

5411 悬臂浇筑法施工安全控制要点是什么？

(1)施工前，应组织有关人员进行安全技术交底，制定安全技术措施。挂篮组拼后，要进行全面检查并做静载试验。

(2)施工操作人员进入现场时，必须戴安全帽，高空作业人员要体检，有不适病症的人员严禁上岗，托架、挂篮上的施工遇 6 级以上大风应停止作业。

(3)施工托架、挂篮安装时必须先安装好走道、栏杆，所有的栏杆使用扣件或绑扎成围，并检查其安全可靠性，托架、挂篮作业平台边缘必须设场脚板，以防止台上杂物坠落伤人。

(4)预应力张拉现场内与该工作无关的人员严禁入内，张拉或退棋时，千斤顶后面不得站人，以防预应力筋拉断或锚具崩出。

(5)设立桥面临时护栏。为保证施工人员在高空处的作业安全，防止材料、机具等物体从已浇好的桥面上坠落伤人，在已浇筑过的梁段上焊制安装 1.2 m 高度的桥面临时护栏，作业区范围内使用安全网封闭施工。

(6)夜间施工要有良好的照明设备，危险地段设危险标志和缓行标志，配备足够的交通值勤人员，组织好过往行人及车辆，确保人员车辆的安全。

(7)使用连接器的销点和吊带，必须在精轧螺纹钢筋端头做好油漆记号，安装时要保证钢筋安装到位，一般伸入连接器内不少于8 cm。

(8)顶升挂篮的千斤顶、提升挂篮的葫芦要确保完好，严禁超负荷工作。

(9)挂篮行走时，要确保吊带、模板等与挂篮分离，并派专人观察行走是否正常，挂篮、模板与箱梁或其他物品是否发生摩擦、牵挂，发现行走异常应立即停止，查明原因处理后再开始行走。

(10)挂篮行走要对称进行，行走前要弹出纵向轴线，在轨道上划出行走控制刻度线，行走时两侧行程要保持一致，轴向正确。

(11)挂篮行走到一定位置后，要及时对腹板外侧、底板进行修饰、打磨，使混凝土外观一致，对轻微错台，用扁钻子剔平，不得随意涂抹，吊带孔也要及时封堵。

5412　顶推及滑移模架法施工安全控制要点有哪些？

(1)采用顶推法施工，在墩台上也要有足够的工作面，以便更换滑道及留出安装支座的空间，并应验算在偏压情况下墩台结构的安全度。

(2)顶堆施工所用的机具设备、材料在使用前，应全面检查、验收和试验。

(3)设计应提供主梁最大悬臂状态下允许挠度值及顶推各阶段的墩顶反力和顶推力，应换算为油压读数和允许的墩顶位移值，以便控制位移量。

(4)采用多点顶推或单点顶推，其动力均应有统一的控制手段，使其能达到同步、纠偏、灵活和安全可靠。

(5)上下桥墩和梁上作业时，应设置扶梯、围栏、悬挂安全网等安全防护设施。

(6)顶推施工中，应有统一的指挥信号。必要时，应备有便利的现场通信设备。

(7)用滑移模架法浇筑箱梁混凝土时模架支撑于钢箱梁上,其前后端桁架梁、必须用优质高强螺栓连接好并拧紧。

(8)上岗作业必须穿防滑鞋、戴安全帽,拆卸底模人员,必须挂好安全带。

5413 预应力张拉施工安全控制要点包括什么?

(1)预应力钢束(钢丝束、钢绞线)张拉施工前,应检查张拉设备工具是否符合施工安全的要求。压力表应按规定周期进行检定,油泵开动时,进、回油速度与压力表指针升降保持一致,并平稳、均匀。

(2)后张法张拉时,应检查混凝土强度,必须达到设计要求强度后,方可进行张拉。

(3)钢束张拉应严格按规定程序进行。张拉作业中,应集中精力,仪表要看准,记录要准确无误,若出现异常现象,应立即停机进行检查。

(4)张拉钢束完毕退销时,应采取安全防护措施,防止销子弹出伤人。张拉时和完毕后,对张拉施锚两侧均应妥善保护,不得压重物。

(5)先张法张拉施工,除遵守张拉作业一般安全规定外,先张法张拉台座结构,应满足设计要求。张拉前,对台座、横梁及各种张拉设备、仪器等进行详细检查,合格后方可施工。先张法张拉中和未浇筑混凝土之前,周围不得站人和进行其他作业。浇筑混凝土时,严防振动。

5414 跨线桥及通道桥涵施工安全控制要点包括哪些?

(1)公路桥跨越铁路或其他线路时,施工前,应编制专门的安全施工组织设计或安全专项方案。

(2)公路桥跨越铁路或其他线路时,施工期间特别是梁体吊装阶段,应在施工现场及两端足够远处适宜地点设置人员和通信设备。要避免在列车通过的情况下,进行吊梁安装作业。

（3）对结构复杂、施工期较长的大型立交桥施工前，应编制专门的安全施工组织设计，确保不发生影响通车及坠物伤人事故，制定架梁吊装施工方案及安全技术措施，向作业人员进行安全技术交底和培训；配备通信设施，确保在紧急情况下，能够妥善处理发生的事故。

5415　斜拉桥、悬索桥施工安全控制要点有哪些？

（1）斜拉桥和悬索桥（吊桥）的索塔施工，属于高处或超高处作业，应根据结构、高度及施工工艺的不同情况，制定相应的专门的安全施工组织设计、安全作业指导书。

（2）索塔分节立模浇筑前，应搭好脚手架，扶梯、人行道及护栏。浇筑塔身混凝土，应按规定挂好减速漏斗及保险绳，漏斗上口应堵严，以防石子下落伤人。

（3）塔底与桥墩为铰接时，施工中必须将塔底临时固定。斜缆索全部安装并张拉完成后，方可撤除风缆并恢复铰接。

（4）施工期间，应与当地气象站建立联系，密切注意天气变化，大风、雷雨时，应立即停止作业。

（5）随着索塔升高，防雷电设施必须相应跟上，避雷系统未完善前，不得开工。

（6）缆索施工时，不得撞伤锚头。缆索的防护层不得有折损或磨伤；悬索桥的主索及斜拉桥的斜缆索，应进行破断试验，其破断力应满足设计要求；主索及斜缆索顶张拉时，应选择适当场地，埋设足够强度的地锚。对张拉设备应严格检查，以确保安全。

（7）悬索桥施工中，临时架设的工作索、牵引索安装完毕后，应对索具、吊具等进行全面、仔细检查。

（8）悬索桥采取重力式锚锭时，对锚锭体的施工，应按照有关安全规定浇筑混凝土或砌体工程。锚锭体必须达到坚实牢固。

5416　高处作业时对安全有什么要求？

（1）每个工程项目在编制施工组织设计和施工方案时，列入该项目所涉及高处作业的各项安全措施。在进行施工以前，应该由工程项目技术负责人，逐级向有关人员作好安全技术交底。对从事架子工、结构安装工等作业的人员进行培训，并要通过相应的考试，取得合格证后方可上岗。高处作业人员在各项安全技术措施和人身防护用品来解决和落实之前，不能进行施工。对各种用于高处作业的设施和设备，在投入使用前，加以检查，经确认完好后，才能投入使用。

(2)高处作业应按规定挂设安全网，安全网内不许有堆积物，破损的安全网应及时予以更换。高处作业的脚踏板应用坚实的钢板或木板铺满，不得留有空隙或探头板，脚踏板上的油污、泥砂等应及时消除，防止滑倒。

(3)作业平台的承重能力必须满足施工荷载的要求，周边应设置防护栏杆，防护栏杆的高度不应低于1.2 m，水平横挡的间距不大于0.35 m，强度满足安全要求。必须设置供作业人员上下的安全通道和扶梯。

(4)高处作业的挂篮、支架、托架、模板及操作平台等应由专业技术人员进行单项设计，其设计图纸、设计计算书、操作规程、技术交底等须上报主管部门审核，批准后实施，经验收合格后方可投入使用。

(5)高处进行模板安装和拆除作业时，要按设计所确定的顺序进行，作业面及操作平台下方不得有人员逗留、走动和歇息。高处作业拆除下的模板及剩余物料应及时清理运走，不得随意乱置，严禁向下丢弃物料，传递物件时，不得抛掷。

(6)高处作业临时配电线路按规范架(敷)设整齐；架空线必须采用绝缘导线，不得采用塑胶软线；高空作业现场按要求使用标准化配电箱，箱内应安装漏电保护器，下班切断电源，锁好电闸箱并有可靠防雨设施。

(7)桥梁主塔(墩)，塔身高于30 m时，应在其顶端装设防撞信号灯，主塔还应采取防雷措施，设置可靠的防雷电装置。遇雷雨时，作业人员应立即撤离危险区域，任何人员不得接触防雷装置。

(8)作业人员不得多人集中在作业平台的某一部位进行作业，以防发生突然断裂坠落伤人。作业人员在上下交叉作业时，不得在同一垂直面上。下层作业人员应处于上层作业人员和物体可能坠落的范围之外。当不能满足要求时，上下之间应设置隔离防护层。

(9)在高处进行电焊作业时，作业点下方及火星涉及范围内，必须彻底清除易燃、易爆物品，作业现场要配备消防器材，严禁电焊人员将焊条头随手乱扔。

(10)拆除工程应自上而下进行，先拆除非承重部分，后拆除承重部分，严禁立体交叉或多层上下进行拆除，严禁疲劳作业，并派专人负责现场的安全监护。在拆除龙门架、托架、钢支架等重物时，应有机械吊机配合进行，并有专人指挥。指挥人员信号明确。吊物要稳吊轻放，不得采取"整体推倒法"。

5417 进行水上作业时有什么安全方面的要求？

(1)桩基工程施工前打桩船的锚缆布置应根据抛锚区的土质、水深、水流、风向及锚重确定，要防止走锚，保持船身平稳。驳船停泊及锚缆布置，要便于沉桩船作业，避免各船锚缆互相干扰，并与沉完的桩保持一定距离，不得碰桩。

(2)凡在通航孔上方进行重要的施工作业或预制梁安装时，必须事先做好短时间的停航工作和水上交通管制工作，在通航和禁航的桥孔两侧应按章设置标志信号和慢行信号，夜间施工应有足够的灯光照明。

(3)水上进行吊装、混凝土浇筑、振桩等各项作业时，必须严格施工工艺和程序，要有专人指挥。由于天气变化或其他原因造成停工停产时，应对有可能造成倾倒、滑动、移位的设施和构造物采取临时加固措施。

(4)施工船舶在水上作业，需临时停泊或避台风所选择的避风港，其水深和河床地质等，必须符合船舶锚固的安全要求。

(5)拌和船必须严格按照安全操作规程进行操作，加强值班制度，作业时，随时检查拌和船的整体和锚具受力情况是否变化，防止走锚。对拌和船的机械、设备、必须经常性的进行检查和保养，使其保持最佳状态，拌和船体整体符合安全生产的要求。

(6)水上打桩船的荷载，横向稳定，抗风能力等必须满足要求，起吊桩体时要缓慢，并以溜绳控制其摇摆，桩体离开甲板后，防止滑动和倾斜。沉桩作业必须受人指挥，上下配合协调，作业时不得攀登桩锤、桩帽等，不得用手脚触摸运行中的滑轮。使用轮胎或履带吊车在船上进行打桩、起重作业时，必须先进行稳定计算，满足稳定性要求，船体按施工要求加固，并在吊车轮胎(或履带)下加铺垫板，支撑牢固。

(7)在水上搭建施工平台所使用的钢管桩必须符合施工组织设计要求，并经质检合格后方可使用。施工平台上必须按设计要求合理划分办公区，施工区和材料堆放区，并设置专门卫生间、吸烟室。平台上必须设置救生、消防设施。施工平台上的所有设施、设备和机械必须采取有效的固定措施，防止倾斜和倒塌。水上施工平台应于上下游各设置一套可靠、方便的平台爬梯，脚踏板应用麻袋包扎，以防作业人员踩脱滑倒。施工平台上应配备应急软梯。

第五节　隧道工程安全作业

5501　隧道工程施工安全管理的基本要求有哪些？

(1)隧道工程施工必须根据国家有关安全生产的法律法规、标准规范、施工组织设计等编制分部分项工程安全专项施工方案。

(2)隧道施工作业前，必须进行超前地质预报，全面了解地质状况，根据围岩等级进行钻爆设计，选择合适的施工方法和施工工艺，合理安排施工工序。

(3)隧道钻爆作业前，应对通风、排水、用电、通信进行专项设计，动力电线应与照明线路分开布设，照明器材及用电设备应根据隧道类型选用防爆型或非防爆型。

(4)隧道施工所有进出洞的人员必须本人签字登记,并应建立完善的交接班制度和进出洞翻牌制度。进洞施工人员必须戴安全帽、防护手套、穿工作服;电工和电钻工穿绝缘鞋和戴绝缘手套。

(5)隧道爆破工和炸药库保管员必须经过公安机关的专业培训并取得作业资格证方可上岗作业。

(6)进洞作业机动车辆应安装尾气净化装置或采取其他净化措施,防止有害气体洞内积聚对作业人员造成伤害。

(7)隧道软弱围岩施工应遵循"超前探、管超前、短进尺、弱(不)爆破、强支护、勤量测、紧衬砌"的原则,施工组织围绕这一原则开展施工。

(8)应制定详细的隧道施工安全生产事故应急救援预案,建立完善的应急救援体系,配备应急救援人员和必要的应急救援物质,并定期进行救援演练。

5502　隧道开挖施工安全技术要点?

(1)隧道的监控量测应贯穿于整个隧道施工的全过程,通过分析量测结果,掌握施工中所遇围岩和采取的支护措施的安全性,确保安全施工。

(2)在洞身开挖过程中,应结合岩层构造、岩性和地下水的情况,采用光面爆破或预裂爆破,使隧道开挖尽可能符合设计轮廓,尽量减轻对岩层的扰动,减少超、欠挖,并做好初期支护。

(3)掘进前应先做好隧道洞口工程,做好洞口边坡、仰坡与天沟、边沟等排水设施,确保地表水不危及隧道施工安全。洞口路基及边坡、仰坡断面应自上而下开挖,一次把石方工程做完,开挖人员不得上下重叠作业。边坡、仰坡以上山坡发现松动危石必须立即土清除。地质不良时,边仰坡应采取加固措施。

(4)人工开挖土质隧道时,作业人员必须互相配合,并且保持一定的安全距离,开挖人员到达工作地点后,首先检查工作面是否处于安全状态,检查支护是否牢固,顶板和两帮是否稳定,如有松动的石、土块或裂缝应予以清除或支护。

(5)机械凿岩时,必须采用湿式凿岩机或带有辅尘器的干式凿岩机。作业人员站在渣堆上作业时,应注意渣堆的稳定,防止滑塌伤人。

(6)风钻钻眼时,应先检查机身、螺栓、卡套、弹簧和支架是否正常完好,管子接头是否牢固,有无漏风,钻杆有无不直、带伤以及钻孔堵塞现象;湿式凿岩机的供水是否正常,干式凿岩机的辅尘设施是否良好,不符合要求的应立即予以修理或更换。

(7)使用带支架的风钻钻眼,必须将支架安置稳妥,风钻卡钻时,应用扳钳松动拔出,不可敲打,未关风前,不得拆除钻杆。

(8)隧道开挖后先使用机械找顶排险,后进行人工找顶排险。找顶完成前由专职安全员跟踪观察,发现落石或由于暴露的岩面不稳定引起的坍塌,及时采取相应的应急措施,发现落石或由于暴露的岩面不稳定引起的坍塌,及时采取相应的应急措施,人员机具应立即撤离现场。

(9)钻孔台车进洞时要有专人指挥,其行走速度不得超过25 m/min,并应认真检查道路状况和安全界限,台车在行走或暂停时,应将钻架和机具收拢到放置位置,就位后不得倾斜,并应制动车轮,放下支柱,防止移动。

5503 隧道施工爆破作业在安全方面应注意什么?

(1)隧道爆破施工必须遵守《中华人民共和国民用爆破物品管理条例》,认真执行《爆破安全规程》和《公路工程施工安全规程》的有关规定。

(2)洞内爆破必须统一指挥,并且经过专业培训且持有爆破操作合格证的专业人员进行作业。爆破作业和爆破器材管理人员必须穿防静电服装;洞内每天放炮次数应有明确规定,装药与放炮时间不得过久。

(3)爆破加工房应设在洞口 50 m 以外的安全地点。严禁在加工房以外的地点改制和加工爆破器材,长隧道施工必须在洞内加工爆破器材时,其加工洞室的设置应符合有关规定。

(4)装药前应检查爆破工作面附近的支护是否牢固;炮眼内的泥浆、石粉应吹洗干净,刚打好的炮眼,不得立即装药,如果遇有照明不足,流砂未经妥善处理或可能有大量溶洞涌水时,严禁装药爆破。装炮时,应使用木质炮棍装药,严禁火种。为防止点炮时发生照明中断,爆破工应随身携带手电筒,禁止用明火照明。

(5)点炮前,无关人员与机具均应撤至安全地点。爆破员实行“一爆三检”制度,放炮员最后离场,班组长清点人数,发出警告后方可引爆。当发现有“盲炮”时,必须由原爆破人员按规定处理,确保安全。进行爆破时,所有人员应撤离现场,其安全距离为:独头巷道不得少于 200 m;相邻上下坑道内不少于 100 m;相邻的平行坑道,横通道及横洞间不少于 50 m;全断面开挖进行深孔爆破时,不少于 500 m。

(6)爆破后必须经过 15 min 通风排烟后,检查人员方可进入工作面,检查有关“盲炮”及可疑现象;有无残余炸药和雷管,顶板两旁有无松动石块、危岩,支护有无损坏与变形。在妥善处理并确认无误后,其他施工人员方可进入工作面。

(7)采用电雷管爆破时,应加强洞内电源的管理,防止漏电引爆。装药等可用投光灯,矿灯或风灯照明,起爆主导线应悬空架设,距各种导电体的间距大于 1 m。采用导火索爆破时,导火索的长度应保证点完导火索后,人员能撤至安全地点;但导火索不得短于 1.2 m;一个爆破工一次点燃的导火索根数不宜超过 5 根。

(8)两工作面接近贯通时,两端应加强联系和统一指挥,岩石隧道两个工作面距离接近 15 m(软岩为 20 m),一端装药放炮时,另一端人员应撤离到安全地点。放炮前要加强联系和警戒,严防对方人员误入危险区。土质或岩石破碎隧道接近贯通时,应根据岩性适当加大预留贯通的安全距离,届时只许一端掘进,另一端的人员和机具应撤离到安全地点,贯通后的导坑应设专人看管,严禁非施工人员通行。

(9)在任何情况下,炸药和雷管必须放置在带盖的容器内分别运送。人力运送时,炸药和雷管不得由一人同时运送;汽车运送时，炸药和雷管必须分别装在两辆车内运送，其间距应相隔 50 m 以外；有轨机动车运送时，炸药和雷管不宜在同一列车上运送，如必须用同一列车运送时，装雷管与装炸药的车辆必须有 3 个空车厢隔开。

(10)人力运送爆破器材时，应由专人护送，并直接送到工地，中途不得停留；一人一次运送的炸药不得超过 20 kg 或原包装一箱，汽车运送时，排气口应加装防火罩，运行中应显示红灯，爆破器材高度不得超过车厢边缘，雷管或硝化甘油类炸药的装载不得超过两层；有轨机动车运送爆破器材时其行驶速度不得超过 2 m/s，护送人员与装卸人员只准乘坐在尾车内，硝化甘油类炸药或雷管必须放在专用的带盖木质车厢内，车内应铺有胶皮或麻袋，并只准堆放一层。

(11)严禁用翻斗车、自卸车、拖车、拖拉机、机动三轮车、人力三轮车、自行车、摩托车和皮带运输机运送爆破器材。在上下班或人员集中的时间内，禁止运输爆破器材。

5504　隧道内运输的安全技术要点有哪些？

(1)各类进洞车辆必须处于完好状态，安全防护装置齐全，制动有效，运输时严禁人料混装，进洞的各类机械与车辆，宜选用带净化装置的柴油机动力；燃烧汽油的车辆和机械不得进洞；所有运输车辆均不准超载、超宽、超高运输，装运大体积或超长料具时，应由专人指挥，并设置警示界限的红灯，物件应捆扎牢固。

(2)进出隧道人员应走人行道，不得与机械或车辆抢道，严禁扒车、追车或强行搭车。

(3)人工装渣时，应将车辆停稳并制动；机械装渣时，隧道断面应能满足装载机械的安全运转，装载机操作时，其回转范围内不得有人通过。卸渣时，应将车辆停稳并制动，严禁站在斗内扒渣。

(4)洞内运输车速不得超过 10 km/h；行驶中严禁超车，在洞口和狭窄地段应设置“缓行”标志，在洞内倒车或转向时，应开灯鸣号，并设专人指挥；洞内车辆相遇或有行人通行时，应关闭大灯光，改用近光或小灯光。

(5)凡停放在接近车辆运行界限处的施工设备与机械应在其外缘设置低压红色闪光灯，组成显示界限，以防止车辆碰撞；运输路线应由专人维修、养护，线路两侧的废渣和余料应随时清理。

(6)洞外卸渣场地应保持一段上坡段，并在堆渣边缘内 0.8 m 处设置挡木，防止运输车滑翻。

5505　隧道施工支护的安全技术要点有哪些？

(1)洞口地段和洞内水平坑道与辅助坑道(横洞、平行导坑等)的连接处，应加强支护或及早进行永久衬砌；洞口地段的支撑宜向洞外多架 5～8 m 明厢，并在其顶部压土以稳定支撑，待洞口建筑全部完工后方可拆除。

(2)洞内支护，应随挖随支护，支护至开挖面的距离一般不得超过 4 m；如遇石质碎破，风化严重或土质隧道时，应尽量缩小支护工作面，当短期停工时，应将支护直抵工作面。

(3)不得将支撑立柱置于废渣或活动的石头上，软弱围岩地段的立柱应加设垫梁。钢支护安装时要严格按设计或者变更设计施工，钢支护构件要绑扎牢固，以防整体构件或连接构件滑落伤人，损伤机械；安装时应采用纵向连接杆件将相邻钢支护连接牢，防止钢支护倾覆、扭转、变形等情况发生，钢支护脚部应设锁脚锚杆，防止钢支护下沉及水平收敛。

(4)喷锚支护时，危石应清除，脚手架应牢固可靠，喷射手应佩戴防护用品，机械各部位应完好正常；在处理管路堵塞时，喷头应由专人看护，防止消除堵塞后，喷头摆动伤人。注浆管喷嘴严禁对人放置。

(5)应定期对锚杆抗拔力进行试验，防止锚杆滑落造成事故，当发现已喷锚区段的围岩有较大变形或锚杆失效时，应立即在该区段增设加强锚杆，其长度不小于原锚杆长度的 1.5 倍，如喷锚后发现围岩突变或围岩变形量超过设计允许值时，宜用钢支架支护。

(6)当发现量测数据有不正常变化或突变,洞内或地表位移大于允许位移值,洞内或地面出现裂缝以及喷层出现异常裂缝时,均应视为危险信号,人员必须立即撤离现场,经处理达到安全作业条件后方可继续施工。

5506 隧道施工衬砌的安全技术要点有哪些?

(1)根据隧道开挖的设计要求及时进行衬砌或压浆,特别是洞口的衬砌必要尽早施工,不良地质地段的洞口必须首先完成。

(2)衬砌使用的脚手架、工作平台、跳板、梯子等应安装牢固,不利于露头的钉子和突出的尖角,靠近通道的一侧应有足够的净空,以保证车辆、行人的安全通过。

(3)脚手架及工作平台上脚手板应铺满,木质的端头必须搭于支点上,高于 2 m 的工作平台四周应设置不低于 1.2 m 的护栏,跳板应钉防滑条;脚手架及工作平台上,所站人数及堆放的建筑材料,不得超过其载重量。

(4)机械转动部分应设有防护罩,电动机必须有接地装置,移动和修理机器及管道线路时,应先停电,并切断电源、风源;安装、拆除模板、拱架时,作业地段应有人监护,拆下的模板不得堆在通道上。

(5)采用模板台车进行全断面衬砌时,台车距开挖面的距离不得小于 260 m,台车下的净空应能保证运输车辆的顺利通行。混凝土浇筑时,必须两侧对称进行,台车上不得堆放物料工具,拆除混凝土输送软管时,必须停止混凝土泵的运转。

5507 隧道施工的通风、防尘安全要点是什么?

(1)隧道施工时的通风,应设专人管理,保证每人每分钟得到 1.5～3 m^3 的新鲜空气,隧道内的空气成分每月至少取样分析一次,风速、粉尘量每月至少检测一次。

(2)无论通风机运转与否,严禁人员在风管的进出口附近停留,通风机停止运转时,任何人不得靠近通风软管行走和在软管旁停留，不得将任何物品堆放在通风管或管口上。

(3)施工时宜采用湿式凿岩机钻孔，采用有利于减少粉尘浓度的施工工艺，在凿岩和装渣工作面上应做好防尘工作，放炮前后应进行喷雾与洒水，出渣前应水淋渣堆和喷湿岩壁；在吹入式的出风口，宜放置喷雾器。

5508 隧道施工的照明安全要点有哪些？

(1)隧道内的照明灯光应保证亮度充足、均匀、不闪烁，应根据开挖断面的大小，工作面的位置选用不同高度的照明，潮湿且渗漏的隧道中的电灯应使用防水灯口。

(2)隧道内各部位照明电压符合下列要求：开挖、支撑且衬砌作业地段为 12～36 V，成洞地段为 110～220 V，手提作业灯为 12～36 V。

(3)隧道内用电线路，应使用防潮绝缘导线，并按规定高度用瓷瓶悬挂牢固，不得将电线挂在铁钉及其他铁件上，不许捆扎在一起，使用的电缆线应悬挂在高处，严禁拖在地面上受车辆碾压。

(4)隧道内的用电线路和照明设备必须由专人负责检修管理，在检修电器和照明设备时应切断电源。

5509 隧道施工的防火、防瓦斯安全要点有哪些？

(1)隧道施工各洞内机电室、料库、皮带运输机等处均应设置有效而数量足够的消防器材，并设明显标志，定期检查、补充和更换。洞内不得存放汽油、煤油等易燃物品，清洗风动工具时应在专用洞室内，并设置向外开的防火门。

(2)洞口 20 m 范围内的杂草必须消除，火源应距洞口至少 30 m 以外，库房 20 m 范围内严禁烟火，洞内严禁明火作业及取暖。

(3)隧道施工发现瓦斯时，应加强通风，断绝一切可能引燃瓦斯爆炸的火源。有瓦斯的隧道，每个洞内必须设专职瓦斯检查员，一般情况下，每小时检测一次，并将检测结果写入记录簿，检测瓦斯的检定器应每季度校对一次。

（4）隧道内严禁使用油灯、电石灯、汽灯等有火焰的灯光照明，任何人员进入隧道必须接受检查，严禁将火柴、打火机以及其他可燃物品带入洞内，施工人员必须具有防止瓦斯爆炸方面的安全知识。

第六节 施工临时用电安全

5601 施工现场对电工及用电人员有哪些基本要求？

（1）电工必须经过国家现行标准考核合格后持证上岗工作；其他用电人员必须通过相关教育培训和技术交底，考核合格后方可上岗工作。

（2）安装、巡检、维修或拆除临时用电设备和线路，必须由电工完成，并应有人监护。电工等级应同工程的难易程度和技术复杂性相适应。

（3）各类用电人员应掌握安全用电基本知识和所用设备的性能，使用电气设备前必须按规定穿戴和配备好相应的劳动防护用品，并应检查电气装置和保护设施，严禁设备带“缺陷”运转。

（4）保管和维护所用设备，用电人员发现问题应及时报告解决。

（5）暂时停用设备的开关箱必须分断电源隔离开关，并应关门上锁。

（6）移动电气设备时，必须经电工切断电源并做妥善处理后进行。

5602 施工临时用电安全技术档案管理有什么要求？

（1）施工现场临时用电必须建立安全技术档案，并应包括下列内容：用电组织设计的安全资料；修改用电组织设计的资料；用电技术交底资料；用电工程检查验收表；电气设备的试、检验凭单和调试记录;接地电阻、绝缘电阻和漏电保护器漏电动作参数测定记录表;定期检(复)查表;电工安装、巡检、维修、拆除工作记录。

(2)安全技术档案应由主管该现场的电气技术人员负责建立与管理。其中“电工安装、巡检、维修、拆除工作记录”可指定电工代管,每周由项目经理审核认可,并应在临时用电工程拆除后统一归档。

(3)临时用电工程应定期检查。定期检查时,应复查接地电阻值和绝缘电阻值。

(4)临时用电工程定期检查应按分部、分期工程进行,对安全隐患必须及时处理,并应履行复查验收手续。

5603 施工现场对外电线路防护有哪些要求?

(1)在建工程不得在外电架空线路正下方施工、搭设作业棚、建造生活设施或堆放构件、架具、材料及其他杂物等。

(2)在建工程(含脚手架)的周边与外电架空线路的边线之间的最小安全操作距离应符合规范规定。施工现场的机动车道与外电架空线路交叉时,架空线路的最低点与路面的最小垂直距离应符合规范规定。起重机严禁越过无防护设施的外电架空线路作业。在外电架空线路附近吊装时,起重机的任何部位或被吊物边缘在最大偏斜时与架空线路边线的最小安全距离应符合规范规定。当达不到时,必须采取绝缘隔离防护措施,并应悬挂醒目的警告标志。当防护措施无法实现时,必须与有关部门协商,采取停电、迁移外电线路或改变工程位置等措施,未采取上述措施的严禁施工。

(3)在外电架空线路附近开挖沟槽时,必须会同有关部门采取加固措施,防止外电架空线路电杆倾斜、悬倒。施工现场开挖沟槽边缘与外电埋地电缆沟槽边缘之间的距离不得小于 0.5 m。

5604 施工现场用电的接地与防雷有哪些基本要求?

(1)在施工现场专用变压器的供电的 TN-S 接零保护系统中,

电气设备的金属外壳必须与保护零线连接。保护零线应由工作接地线、配电室(总配电箱)电源侧零线或总漏电保护器电源侧零线处引出。

(2)当施工现场与外电线路共用同一供电系统时,电气设备的接地、接零保护应与原系统保护一致。不得一部分设备做保护接零,另一部分设备做保护接地。采用TN系统做保护接零时,工作零线(N线)必须通过总漏电保护器,保护零线(PE线)必须由电源进线零线重复接地处或总漏电保护器电源侧零线处,引出形成局部TN-S接零保护系统。

(3)在TN接零保护系统中,通过总漏电保护器的工作零线与保护零线之间不得再做电气连接。PE零线应单独敷设。重复接地线必须与PE线相连接,严禁与N线相连接。

(4)施工现场的临时用电电力系统严禁利用大地做相线或零线。

(5)接地装置的设置应考虑土壤干燥或冻结等季节变化的影响,接地电阻值在四季中均应符合相关要求。但防雷装置的冲击接地电阻值只考虑在雷雨季节中土壤干燥状态的影响。

(6)保护零线必须采用绝缘导线。配电装置和电动机械相连接的PE线应为截面不小于2.5 mm^2的绝缘多股铜线。手持式电动工具的PE线应为截面不小于1.5 mm^2的绝缘多股铜线。

(7)PE线上严禁装设开关或熔断器,严禁通过工作电流,且严禁断线。

(8)相线、N线、PE线的颜色标记必须符合以下规定:相线L_1(A)、L_2(B)、L_3(C)相序的绝缘颜色依次为黄、绿、红色;N线的绝缘颜色为淡蓝色;PE线的绝缘颜色为绿/黄双色。任何情况下上述颜色标记严禁混用和互相代用。

5605 在TN系统中,哪些电气设备不带电的外露可导电部分应做保护接零?哪些可不做保护接零?

在TN系统中,下列电气设备不带电的外露可导电部分应做保护接零：

（1）电机、变压器、电器、照明器具、手持式电动工具的金属外壳；

（2）电气设备传动装置的金属部件；

（3）配电柜与控制柜的金属框架；

（4）配电装置的金属箱体、框架及靠近带电部分的金属围栏和金属门；

（5）电力线路的金属保护管、敷线的钢索、起重机的底座和轨道、滑升模板金属操作平台等；

（6）安装在电力线路杆（塔）上的开关、电容器等电气装置的金属外壳及支架；

（7）城防、人防、隧道等潮湿或条件特别恶劣施工现场的电气设备必须采用保护接零。

在 TN 系统中，下列电气设备不带电的外露可导电部分，可不做保护接零：

（1）在木质、沥青等不良导电地坪的干燥房间内，交流电压 380 V 及以下的电气装置金属外壳（当维修人员可能同时触及电气设备金属外壳和接地金属的件的除外）；

（2）安装在配电柜、控制柜金属框架和配电箱的金属箱体上，且与其可靠电气连接的电气测量仪表、电流互感器、电器的金属外壳。

5606　配电室的建设与布置有哪些基本要求？

（1）配电室应靠近电源，并应设在灰尘少、潮气少、振动小、无腐蚀介质、无易燃易爆物及道路畅通的地方。配电室和控制室应能自然通风，并应采取防止雨雪侵入和动物进入的措施。配电室的建筑物和构筑物的耐火等级不低于 3 级，室内配置砂箱和可用于扑灭电气火灾的灭火器；配电室的门向外开，并配锁；配电室的照明分别设置正常照明和事故照明。配电室应保持整洁，不得堆放任何妨碍操作、维修的杂物。

(2)配电柜应装设电度表,并应装设电流、电压表。电流表与计费电度表不得共用一组电流互感器。成列的配电柜和控制柜两端应与重复接地线及保护零线做电气连接。配电柜应装设电源隔离开关及短路、过载、漏电保护电器。电源隔离开关分断时应有明显可见分断点。

(3)配电柜正面的操作通道宽度,单列布置或双列背对背布置不小于 1.5 m,双列面对面布置不小于 2 m;配电柜后面的维护通道宽度,单列布置或双列面对面布置不小于 0.8 m,双列背对背布置不小于 1.5 m,个别地点有建筑物结构凸出的地方,则此点通道宽度可减少 0.2 m;配电柜侧面的维护通道宽度不小于 1 m;配电室的顶棚与地面的距离不低于 3 m;配电室内设置值班或检修室时,该室边缘距配电柜的水平距离大于 1 m,并采取屏障隔离;配电室内的裸母线与地面垂直距离小于 2.5 m 时,采用遮栏隔离,遮栏下面通道的高度不小于 1.9 m。配电室围栏上端与其正上方带电部分的净距不小于 0.075 m;配电装置的上端距棚不小于 0.5 m。

(4)配电柜或配电线路停电维修时,应挂接地线,并应悬挂"禁止合闸、有人工作"停电标志牌。停送电必须由专人负责。

5607 发电机组的使用与管理应注意什么?

(1)发电机组及其控制、配电、修理室等可分开设置;在保证电气安全距离和满足防火要求情况下可合并设置。

(2)发电机组的排烟管道必须伸出室外。发电机组及其控制、配电室内必须配置可用于扑灭电气火灾的灭火器,严禁存放贮油桶。

(3)发电机组电源必须与外电线路电源连锁,严禁并列运行。

(4)发电机组应采用电源中性点直接接地的三相四线制供电系统和独立设置 TN-S 接零保护系统。

(5)发电机供电系统应设置电源隔离开关及短路、过载、漏电保护电器。电源隔离开关分断时应有明显可见分断点。

(6)发电机组并列运行时，必须装设同期装置，并在机组同步运行后再向负载供电。

5608　架空线路布设时应注意什么？

(1)架空线必须采用绝缘导线。架空线必须架设在专用电杆上，严禁架设在树木、脚手架及其他设施上。

(2)架空线在一个挡距内，每层导线的接头数不得超过该层导线条数的50%，且一条导线应只有一个接头。在跨越铁路、公路、河流、电力线路挡距内，架空线不得有接头。

(3)架空线路的挡距不得大于35 m。架空线路的线间距不得小于0.3 m，靠近电杆的两导线的间距不得小于0.5 m。架空线路与邻近线路或固定物的距离应符合相关规定。

(4)电杆埋设深度宜为杆长的1/10加0.6 m，回填土应分层夯实。在松软土质处宜加大埋入深度或采用卡盘等加固。直线杆和15°以下的转角杆，可采用单横担单绝缘子，但跨越机动车道时应采用单横担双绝缘子；15°～45°的转角杆应采用双横担双绝缘子；45°以上的转角杆，应采用十字横担。

(5)架空线路绝缘子应按下列原则选择：直线杆采用针式绝缘子；耐张杆采用蝶式绝缘子。

(6)电杆的拉线宜采用不少于3根 $D4.0$ mm的镀锌钢丝。拉线与电杆的夹角应在30°～45°之间。拉线埋设深度不得小于1 m。电杆拉线如从导线之间穿过，应在高于地面2.5 m处装设拉线绝缘子。因受地表环境限制不能装设拉线时，可采用撑杆代替拉线，撑杆埋设深度不得小于0.8 m，其底部应垫底盘或石块。撑杆与电杆的夹角宜为30°。

(7)接户线在挡距内不得有接头，进线处离地高度不得小于2.5 m。

(8)架空线路必须有短路保护。采用熔断器做短路保护时，其熔体额定电流不应大于明敷绝缘导线长期连续负荷允许载流量的1.5倍。采用断路器做短路保护时，其瞬动过流脱扣器脱扣电流整定值应小于线路末端单相短路电流。

(9)架空线路必须有过载保护。采用熔断器或断路器做过载保护时，绝缘导线长期连续负荷允许载流量不应小于熔断器熔体额定电流或断路器长延时过流脱扣器脱扣电流整定值的1.25倍。

5609 电缆线路布设有哪些基本要求？

(1)电缆中必须包含全部工作芯线和用作保护零线或保护线的芯线。需要三相四线制配电的电缆线路必须采用五芯电缆。电缆截面根据其长期连续负荷允许载流量和允许电压偏移确定，并应符合相关最小截面要求。

(2)电缆线路应采用埋地或架空敷设，严禁沿地面明设，并应避免机械损伤和介质腐蚀。埋地电缆路径应设方位标志。

(3)电缆类型应根据敷设方式、环境条件选择。埋地敷设宜选用铠装电缆；当选用无铠装电缆时，应能防水、防腐。架空敷设宜选用无铠装电缆。

(4)电缆直接埋地敷设的深度不应小于0.7 m，并应在电缆紧邻上、下、左、右侧均匀敷设不小于50 mm厚的细砂，然后覆盖砖或混凝土板等硬质保护层。埋地电缆与其附近外电电缆和管沟的平行间距不得小于2 m，交叉间距不得小于1 m。埋地电缆的接头应设在地面上的接线盒内，接线盒应能防水、防尘、防机械损伤，并应远离易燃、易爆、易腐蚀场所。

(5)埋地电缆在穿越建筑物、构筑物、道路、易受机械损伤、介质体育馆场所及引出地面从2.0 m高到地下0.2 m处，必须加设防护套管，防护套管内径不应小于电缆外径的1.5倍。

(6)架空电缆应沿电杆、支架或墙壁敷设，并采用绝缘子固定，绑扎线必须采用绝缘线，固定点间距应保证电缆能承受自重所带来的荷载，敷设高度应符合架空线路敷设高度的要求，但沿墙壁敷设时最大弧垂距地不得小于2.0 m。架空电缆严禁沿脚手架、树木或其他设施敷设。

(7)在建工程内的电缆线路必须采用电缆埋地引入，严禁穿越脚手架引入。电缆垂直敷设应充分利用在建工程的竖井、垂直洞等，并宜靠近用电负荷中心，固定点楼层不得少于一处。电缆水平敷设宜沿墙或门口刚性固定，最大弧垂距地不得小于 2.0 m。

(8)电缆线路必须有短路保护和过载保护，短路保护和过载保护电器与电缆的选配与架空线路要求一致。

5610 室内配线的基本要求有哪些？

(1)室内配线必须采用绝缘导线或电缆。

(2)室内配线应根据配线类型采用瓷瓶、瓷(塑料)夹、嵌绝缘槽、穿管或钢索敷设。潮湿场所或埋地非电缆配线必须穿管敷设，管口和管接头应密封；当采用金属管敷设时，金属管必须做等电位连接，且必须与 PE 线相连接。

(3)室内非埋地明敷主干线距地面高度不得小于 2.5 m。

(4)室内配线所用导线或电缆的截面应根据用电设备或线路的计算负荷确定，但铜线截面不应小于 1.5 mm^2，铝线截面不应小于 2.5 mm^2。

(5)室内配线必须有短路保护和过载保护。

5611 施工现场配电箱与开关箱设置的安全技术要点是什么？

(1)配电系统应设置配电柜或总配电箱、分配电箱、开关箱，实行三级配电。配电系统宜使三相负荷平衡。

(2)总配电箱应设在靠近电源的地区；分配电箱应装设在用电设备或负荷相对集中的地区；分配电箱与开关箱的距离不得超过 30 m；开关箱应由末级分配电箱配电，开关箱与其控制的固定式用电设备的水平距离不宜超过 3 m。

(3)配电箱与开关箱应装设在通风、干燥及常温场所。严禁装设在有严重损伤作用的瓦斯、烟气、蒸汽、液体及其他有害介质中，不得装设在易受撞击、振动、液体侵溅以及热源烘烤的场所；配电箱与开关箱周围应有足够两人同时工作的空间和通道，不得堆放任何妨碍操作、维修的物品，不得有杂草、灌木等。

(4)配电箱、开关箱应采用铁板或优质绝缘材料制作,铁板厚度应大于 1.5 mm;配电箱内的电器应首先安装在金属或非木质的绝缘电器安装板上,然后整体紧固在配电箱箱体内;金属板与配电箱箱体应作电气连接。

(5)配电箱、开关箱内的连接线采用绝缘导线,接头不松动,不得有外露带电部分;配电箱、开关箱内的工作零线应通过接线端子板连接,与保护零线接线端子板分设。配电箱、开关箱的金属箱体、金属电器安装板以及箱内电器的不应带电金属底座、外壳等必须做保护接零,保护零线应通过接线端子板连接。

(6)动力配电箱与照明配电箱宜分别设置。当合并设置为同一配电箱时,动力和照明应分路配电;动力开关箱与照明开关箱必须分设。每台用电设备必须有各自专用的开关箱,严禁用同一个开关箱直接控制 2 台及 2 台以上用电设备(含插座)。

(7)配电箱、开关箱中的导线进线口和出线口应设在箱体的下底面,严禁设在箱体的上顶面,侧面,后面域箱门处;进线和出线应加护套分路成束并做防水弯;导线束不得与箱体进、出口直接接触;进入开关箱的电源线,严禁用插销连接;移动式配电箱、开关箱的进口线、出口线必须采用橡皮绝缘电缆。

(8)配电箱、开关箱应装设牢固、端正,移动式配电箱、开关箱应装设在坚固的支架上,固定式配电箱、开关箱的下底面与地面的垂直距离应大于 1.3 m,小于 1.5 m;移动式分配电箱、开关箱的下底与地面的垂直距离宜大于 0.6 m,小于 1.5 m;所有的配电箱、开关箱必须防雨、防尘。

5612 配电箱、开关箱内的电器装置安全技术要点有哪些?

(1)配电箱、开关箱内的电器必须可靠、完好,严禁使用破损、不合格的电器。总配电箱的电器应具备电源隔离,正常接通与分断电路,以及短路、过载、漏电保护功能。总配电箱应装设电压表、总电流表、电度表及其他需要的仪表。分配电箱应装设总隔离开关、分路隔离开关以及总断路器、分路断路器或总熔断器、分路熔断器。开关箱必须装设隔离开关、断路器或熔断器，以及漏电保护器。当漏电保护器是同时具有短路、过载、漏电保护功能的漏电断路器时，可不装设断路或熔断器。隔离开关应采用分断时具有可见分断点，能同时断开电源所有极的隔离电器，并应设置于电源进线端。当断路器是具有可见分断点时，可不另设隔离开关。

(2)开关箱中的隔离开关只可直接控制照明电路和容量不大于 3.0 kW 的动力电路，但不应频繁操作。容量大于 3.0 kW 的动力电路应采用断路器控制，操作频繁时还应附设接触器或其他启动控制装置。开关箱中各种开关电器的额定值和动作整定值应与其控制用电设备的额定值和特性相适应。

(3)配电箱、开关箱中的漏电保护器宜选用无辅助电源型(电磁式)产品，或选用辅助电源故障时能自动断开的辅助电源型(电子式)产品。漏电保护器应装设在总配电箱、开关箱靠近负荷的一侧，且不得用于启动电气设备的操作。总配电箱和开关箱中漏电保护器的极数和线数必须与其负荷侧负荷的相数和线数一致。总配电箱、开关箱中漏电保护器的额定漏电动作电流不应大于 30 mA，额定漏电动作时间不应大于 0.1 s。使用于潮湿或有腐蚀介质场所的漏电保护器应采用防溅型产品，其额定漏电动作电流不应大于 15 mA，额定漏电动作时间不应大于 0.1 s。

(4) 配电箱、开关箱的电源进线端严禁采用插头和插座做活动连接。配电箱的进线和出线不得受外力，严禁与金属尖锐断口和强腐蚀介质接触。

(5)施工现场所有配电箱、开关箱都要由专人负责(专业电工)，所有配电箱、开关箱应配锁，并标明其名称、用途，作出分路标记。配电箱、开关箱内不得放置任何杂物，不得挂接其他临时用电设备；使用和更换熔断器时，要符合规格要求，严禁用铜丝等代替保险丝。

(6)开关箱操作人员应熟悉开关电器的正确操作方法；施工现场停业作业 1 h 以上时，应将动力开关箱断电上锁。在停、送电时，配电箱、开关箱之间应遵守合理的操作顺序：

送电操作顺序：总配电箱—分配电箱—开关箱；

断电操作顺序：开关箱—分配电箱—总配电箱。

正常情况下，停电时首先分断自动开关，然后分断隔离开关；送电时先合隔离开关，后合自动开关（出现电气故障时的紧急情况除外）。

（7）配电箱、开关箱应定期检查、维修。检查、维修人员必须是专业电工。检查、维修时必须按规定穿、戴绝缘鞋、手套，必须使用电工绝缘工具，并应做检查、维修工作记录。对配电箱、开关箱进行定期维修、检查时，必须将其前一级相应的电源隔离开关分闸断电，并悬挂“禁止合闸、有人工作”停电标志牌，严禁带电作业。

5613 电动机械设备、电动工具的安全技术要点有哪些？

（1）选购的电动建筑机械、手持式电动工具及其用电安全装置符合相应的国家现行有关强制性标准的规定，且具有产品合格证和使用说明书。

（2）塔式起重机、外用电梯、滑升模板的金属操作平台及需要设置避雷装置的物料提升机，除应连接PE线外，还应做重复接地。设备的金属结构构件之间应保证电气连接。

（3）手持式电动工具中的塑料外壳Ⅱ类工具和一般场所手持式电动工具中的Ⅲ类工具可不连接PE线。

（4）电动建筑机械和手持式电动工具的负荷线应按其计算负荷选用无接头的橡皮护套铜芯软电缆。电缆芯线数应根据负荷及其控制电器的相数和线数确定：三相四线时，应选用五芯电缆；三相三线时，应选用四芯电缆；当三相用电设备中配置有单相用电器具时，应选用五芯电缆；单相二线时，应选用三芯电缆。

（5）每一台电动建筑机械或手持式电动工具的开关箱内，除应装设过载、短路、漏电保护电器外，还应装设隔离开关或具有可见分断点的断路器，以及装设控制装置。正、反向运转控制装置中的控制电器应采用接触器、继电器等自动控制电器，不得采用手动双向转换开关作为控制电器。

(6)在强电磁波源附近工作的塔式起重机，操作人员应戴绝缘手套和穿绝缘鞋，并应在吊钩与机体间采取绝缘隔离措施，或在吊钩吊装地面物体时，在吊钩上挂接临时接地装置。

(7)外用电梯梯笼内、外均应安装紧急停止开关。外用电梯和物料提升机的上、下极限位置应设置限位开关。外用电梯和物料提升机在每日工作前必须对行程开关、限位开关、紧急停止开关、驱动机构和制动器等进行空载检查，正常后方可使用。检查时必须有防坠落措施。

(8)空气湿度小于75%的一般场所可选用Ⅰ类或Ⅱ类手持式电动工具，其金属外壳与PE线的连接点不得少于2处；除塑料外壳Ⅱ类工具外，相关开关箱中漏电保护器的额定漏电动作电流不应大于15 mA，额定漏电动作时间不应大于0.1 s，其负荷线插头应具备专用的保护触头。所用插座和插头在结构上应保持一致，避免导电触头和保护触头混用。

(9)在潮湿场所和金属构架上操作时，必须选用Ⅱ类或由安全隔离变压器供电的Ⅲ类手持式电动工具。严禁使用Ⅰ类手持式电动工具。

(10)狭窄场所必须选用由安全隔离变压器供电的Ⅲ类手持式电动工具，其开关箱和安全隔离变压器均应设置在狭窄场所外面，并连接PE线。漏电保护器的选择应符合用于潮湿或有腐蚀介质场所漏电保护器的要求。操作过程中，应有人在外面监护。

(11)手持式电动工具的负荷线应采用耐气候型的橡皮护套铜芯软电缆，并不得有接头。手持式电动工具的外壳、手柄、插头、开关、负荷线等必须完好无损，使用前必须做绝缘检查和空载检查，在绝缘合格、空载运转正常后方可使用。

5614　施工现场照明电器的安全使用有什么要求？

(1)在坑、洞、井内作业、夜间施工或厂房、道路、仓库、办公室、食堂、宿舍、料具堆放场及自然采光差等场所，应设一般照明、局部照明或混合照明。在一个工作场所内，不得只设局部照明。停电后，操作人员需及时撤离的施工现场，必须装设自备电源的应急照明。

(2)照明器具和器材的质量应符合国家现行有关强制性标准的规定，不得使用绝缘老化或破损的器具和器材。正常湿度一般场所，选用开启式照明器；潮湿或特别潮湿场所，选用密闭型防水照明器或配有防水灯头的开启式照明器；含有大量尘埃但无爆炸和火灾危险的场所，选用防尘型照明器；有爆炸和火灾危险的场所，按危险场所等级选用防爆型照明器；存在较强振动的场所，选用防振型照明器；有酸碱等强腐蚀介质场所，选用耐酸碱型照明器。

(3)一般场所宜适用额定电压为 220 V 的照明器。下列特殊场所应使用安全特低电压照明器：隧道、人防工程、高温、有导电灰尘、比较潮湿或灯具离地面高度低于 2.5 m 等场所的照明，电源电压不应大于 36 V；潮湿和易触及带电体场所的照明，电源电压不得大于 24 V；特别潮湿场所、导电良好的地面、锅炉或金属容器内的照明，电源电压不得大于 12 V。

(4)照明变压器必须使用双绕组型安全隔离变压器，严禁使用自耦变压器。照明系统宜使三相负荷平衡，其中每一单相回路上，灯具和插座数量不宜超过 25 个，负荷电流不宜超过 15 A。

(5)户内临时线路的导线必须安装在离地 2 m 以上主架上，户外临时线路必须安装在离地 2.5 m 以上直架上，零星照明线不允许使用花线，一般应使用软电缆线。携带式变压器的一次侧电源线应采用橡皮护套或塑料护套铜芯软电缆，中间不得有接头，长度不宜超过 3 m，其中绿/黄双色线只可用 PE 线使用，电源插销应有保护触头。

(6)对夜间影响飞机或车辆通行的在建工程及机械设备，必须设置醒目的红色信号灯，其电源应设在施工现场总电源开关的前侧，并应设置外电线路停止供电时的应急自备电源。

第六章　合同管理

第一节　施工承包合同的内容

6101　合同管理的主要内容是什么?

合同管理不仅包括对每个合同的签订、履行、变更和解除等过程的控制和管理,还包括对所有合同进行筹划的过程,合同管理的主要工作内容有:根据项目的特点和要求确定设计任务委托模式和施工任务承包模式(合同结构)、选择合同文本、确定合同计价方法和支付方法、合同履行过程的管理与控制、合同索赔等。

6102　施工承包方的主要合同关系有哪些?核心是什么?

(1)施工合同是施工承包方与业主签订的施工承包合同,它也是所有合同关系中的核心合同。

(2)分包合同。承包商把从业主那里承接到的工程中的某些分项工程或工作分包给另一承包商来完成,则要与其他承包商(即分包人)签订分包含同。分包人与业主无合同关系。总承包商仍向业主担负全部工程责任。

(3)采购合同。承包商为采购和供应工程所必要的材料、设备,与材料、设备供应商所签订的材料、设备采购合同。

(4)运输合同是承包商为解决材料、物资、设备的运输问题而与运输单位签订的合同。

(5)加工合同是承包商将建筑构配件、特殊构件的加工任务委托给加工承揽单位而签订的合同。

(6)租赁合同。当有些设备、周转材料在现场使用率较低,或自己购置需要大量资金投入而自己又不具备这个经济实力时,可以采用租赁方式,与租赁单位签订租赁合同。

(7)劳务采购(或分包)合同。即由劳务供应商(或劳务分包人)向工程施工提供劳务,承包人与劳务供应商(或劳务分包人)之间签订的合同。

(8)保险合同。即承包商按施工合同要求对工程进行保险,与保险公司签订保险合同。

(9)检测合同。即承包商与具有相应资质检测单位签订的合同。

6103 施工承包合同文件一般包含哪些内容?

(1)施工合同示范文本,一般由协议书、通用条款、专用条款三部分组成。

(2)其他合同组成文件,一般包括:中标通知书、投标书及其附件、有关的标准、规范及技术文件、图纸、工程量清单、工程报价单或预算书等。

6104 施工合同示范文本的内容一般包括哪些?

(1)词语定义与解释;

(2)合同双方的一般权利和义务,包括代表业主利益进行监督管理的监理人员的权力和职责;

(3)工程施工的进度控制;

(4)工程施工的质量控制;

(5)工程施工的费用控制;

(6)施工合同的监督与管理;

(7)工程施工的信息管理;

(8)工程施工的组织与协调;

(9)施工安全管理与风险管理等。

6105 施工承包合同文件的优先顺序如何确定?一般的优先顺序是什么?

确定合同文件优先顺序的规定一般在合同通用条款内,发包人可以根据项目的具体情况在专用条款内进行调整。原则上应把文件签署日期在后的和内容重要的排在前面，即更加优先。《公路工程标准施工招标文件》(2009 年版)规定解释合同文件的优先顺序如下：

(1)合同协议书及各种合同附件(评标期间和合同谈判过程中的澄清文件和补充资料)。

(2)中标通知书。

(3)投标函及投标函附录。

(4)项目专用合同条款。

(5)公路工程专用合同条款。

(6)通用合同条款。

(7)技术规范。

(8)图纸。

(9)已标价工程量清单。

(10)承包人有关人员、设备投入的承诺及投标文件中的施工组织设计。

(11)其他合同文件。

6106 施工承包合同中发包方的责任与义务主要有什么?

(1)提供具备施工条件的施工现场和施工用地。

(2)提供其他施工条件，包括将施工所需水、电、通信线路从施工场地外部接至专用条款约定地点，并保证施工期间的需要，开通施工场地与城乡公共道路的通道，以及专用条款约定的施工场地内的主要道路，满足施工运输的需要，保证施工期间的畅通。

(3)提供有关水文地质勘探资料和地下管线资料，提供现场测量基准点、基准线和水准点及有关资料，以书面形式交给承包人，并进行现场交验，提供图纸等其他与合同工程有关的资料。

(4)办理施工许可证及其他施工所需证件、批件和临时用地、停水、停电、中断道路交通、爆破作业等的申请批准手续。

(5)协调处理施工场地周围地下管线和邻近建筑物、构筑物

(包括文物保护建筑)、古树名木的保护工作、承担有关费用。

(6)组织承包人和设计单位进行图纸会审和设计交底。

(7)按合同规定支付合同价款。

(8)按合同规定及时向承包人提供所需指令、批准等。

(9)按合同规定主持和组织工程的验收。

6107 施工承包合同中承包方的责任与义务主要有哪些?

(1)按合同要求的质量、工期完成施工任务,并交付工程。

(2)按专用条款约定的数量和要求,向发包人提供施工场地办公和生活的房屋及设施,发包人承担由此发生的费用。

(3)遵守政府有关主管部门对施工场地交通、施工噪声以及环境保护和安全生产等的管理规定,按规定办理有关手续,并以书面形式通知发包人,发包人承担由此发生的费用,因承包人责任造成的罚款除外。

(4)接受发包人、工程师或其代表的指令。

(5)安全施工,保证施工人员的安全和健康;保持现场整洁;负责工地安全,看管进场材料、设备和未交工工程。

(6)负责对分包的管理,并对分包方的行为负责。

(7)按专用条款约定做好施工场地地下管线和邻近建筑物、构筑物(包括文物保护建筑)、古树名木的保护工作。

(8)负责保修期内的工程维修。

(9)按时参加各种检查和验收。

6108 施工承包合同中一般对进度控制应有哪些方面的要求?

(1)合同工期的约定

工期是指发包人和承包人在协议书中约定,按照总日历天数(包括法定节假日)计算的承包天数。承发包双方必须在协议书中明确约定工期,包括开工日期和竣工日期。

(2)进度计划

承包人应按合同专用条款约定的日期,将施工组织设计和工程进度计划提交发包方，发包方按专用条款约定的时间予以确认或提出修改意见。但并不免除承包人对施工组织设计和工程进度计划本身的缺陷应承担的责任。

(3)发包人对进度计划的检查和监督

开工后，承包人必须按照发包人确认的进度计划组织施工，接受进度的检查和监督。检查和监督的依据一般是双方已经确认的月度进度计划。

实际进度与计划进度不符时，承包人应提出改进措施，经过发包人确认后执行。但是，对于因承包人自身的原因导致实际进度与计划进度不符时，所有的后果都应由承包人自行承担。

(4)暂停施工

因为发包人原因造成停工的，由发包人承担所发生的追加合同价款，赔偿承包人由此造成的损失，相应顺延工期；因承包人原因造成停工的，由承包人承担发生的费用，工期不予顺延。在施工过程中出现一些意外情况，如果需要承包人暂停施工的，承包人应该暂停施工，此时工期是否给予顺延，应视风险责任应由谁承担而确定。

(5)竣工验收

当工程按合同要求全部完成后，具备竣工验收条件，承包人按国家工程竣工验收的有关规定，向发包人提供完整的竣工资料和竣工验收报告。

发包人收到竣工验收报告后 28 d 内组织验收，并在验收后 14 d 内给予认可或提出修改意见，承包人应当按要求进行修改，并承担因自身原因造成修改的费用，中间交工工程的范围和竣工时间，由双方在专用条款内约定。

发包人收到承包人送交的竣工验收报告后 28 d 内不组织验收，或者在组织验收后 14 d 内不提出修改意见，则视为竣工验收报告已经被认可。发包人在收到承包人竣工验收报告后 28 d 内不组织验收，从第 29 d 起承担工程保管及一切意外责任。

6109 施工承包合同中一般对质量控制有哪些要求?

(1)工程质量标准

工程质量应当达到协议书约定的质量标准,质量标准的评定以国家或行业的质量检验评定标准为依据。双方对工程质量有争议,由双方同意的工程质量检测机构鉴定,所需要的费用以及因此造成的损失,由责任方承担。

(2)检查和返工

承包人应认真按照标准、规范和设计图纸要求以及工程师依据合同发出的指令施工,随时接受工程师的检查检验,为检查检验提供便利条件。

工程师的检查检验不应影响施工的正常进行。如影响施工正常进行,检查检验不合格时,影响正常施工的费用由承包人承担。除此之外,影响正常施工的追加合同价款由发包人承担,相应顺延工期。

(3)隐蔽工程和中间验收

工程具备隐蔽条件或达到专用条款约定的中间验收部位,承包人进行自检,并在隐蔽或中间验收前 48 h 以书面形式通知工程师验收。承包人准备验收记录,验收合格,工程师在验收记录上签字后,承包人方可进行隐蔽和继续施工。验收不合格,承包人在工程师限定的时间内修改后重新验收。

(4)重新检验

无论工程师是否进行验收,当其提出对已经隐蔽的工程重新检验的要求时,承包人应按要求进行剥离或开孔,并在检验后重新覆盖或修复。检验合格,发包人承担由此发生的全部追加合同价款,赔偿承包人损失,并相应顺延工期。检验不合格,承包人承担发生的全部费用,工期不予顺延。

(5)工程试车

双方约定需要试车的,应当组织试车。试车有单机无负荷试车、联动无负荷试车和投料试车。

(6)竣工验收

工程未经竣工验收或竣工验收未通过的，发包人不得使用。发包人强行使用时，由此发生的质量问题及其他问题，由发包人承担责任。

(7)质量保修

承包人应按照法律、行政法规或国家关于工程质量保修的有关规定，以及合同中有关质量保修要求，对交付发包人使用的工程在质量保修期内承担质量保修责任。承包人应在工程竣工验收之前，与发包人签订质量保修书，作为合同附件，主要内容包括工程质量保修范围和内容、质量保修期、质量保修责任和质量保修金的支付方法等。

(8)材料设备供应

发包人应按合同约定提供材料设备，并向承包人提供产品合格证明，对其质量负责。发包人在所供材料设备到货前 24 h 以书面形式通知承包人，由承包人派人与发包人共同清点。

发包人供应的材料设备，承包人派人参加清点后由承包人妥善保管，发包人支付相应保管费用。因承包人原因发生丢失损坏，由承包人负责赔偿。

发包人供应的材料设备使用前，由承包人负责检验或试验，不合格的不得使用，检验或试验费用由发包人承担。

承包人负责采购材料设备的，应按照专用条款约定及设计和有关标准要求采购，并提供产品合格证明，对材料设备质量负责。

承包人供应的材料设备使用前，承包人应按照工程师的要求进行检验或试验，不合格的不得使用，检验或试验费用由承包人承担。

根据工程需要，承包人需要使用代用材料时应经工程师认可后才能使用。

6110　施工承包合同中一般对费用控制有哪些要求？

(1)施工合同价款

施工合同价款的约定可以采用固定总价、可调总价、固定单价、可调单价以及成本加酬金合同等方式。

(2)工程预付款

实行工程预付款的,双方应当在专用条款内约定发包人向承包人预付工程款的时间和数额,开工后按约定的时间和比例逐次扣回。

(3)工程进度款

工程量的确认,包括对承包人已完工程量进行计量、核实与确认,是发包人支付工程款的前提。

工程款(进度款)结算可以采用按月结算、按形象进度分段结算或者竣工后一次性结算等方式。

(4)变更价款的确定

承包人在工程变更确定后 14 d 内提出变更工程价款的报告,经工程师确认后调整合同价款。

(5)竣工结算

工程竣工验收报告经发包人认可后 28 d 内,承包人向发包人递交竣工结算报告及完整的结算资料,双方按照协议书约定的合同价款及专用条款约定的合同价款调整内容进行竣工结算。发包人收到承包人递交的竣工结算报告及结算资料后 28 d 内进行核实,给予确认或者提出修改意见。发包人确认竣工结算报告后向承包人支付工程竣工结算价款。

(6)质量保修金

保修期满,承包人履行了保修义务,发包人应在质量保修期满后 14 d 内结算,将剩余保修金和按工程质量保修书约定银行利率计算的利息一起返还承包人。

6111 什么是单价合同?有哪两种形式?其优缺点各是什么?一般什么情况下使用?

单价合同是根据计划工程内容和估算工程量,在合同中明确每项工程内容的单位价格(如每米、每平方米或者每立方米的价格),实际支付时则根据每一个子项的实际完成工程量乘以该子项的合同单价计算该项工作的应付工程款。

单价合同又分为固定单价合同和变动单价合同。固定单价合同条件下，无论发生哪些影响价格的因素都不对单价进行调整。当采用变动单价合同时，合同双方可以约定一个估计的工程量，当实际工程量发生较大变化时可以对单价进行调整，同时还应该约定如何对单价进行调整；当然也可以约定，当通货膨胀达到一定水平或者国家政策发生变化时，可以对哪些工程内容的单价进行调整以及如何调整等。

由于单价合同允许随工程量变化而调整工程总价，业主和承包商都不存在工程量方面的风险，因此对合同双方都比较公平。另外，在招标前，发包单位无需对工程范围作出完整的、详尽的规定，从而可以缩短招标准备时间，投标人也只需对所列工程内容报出自己的单价，从而缩短投标时间。

采用单价合同对业主的不足之处是，业主需要安排专门力量来核实已经完成的工程量，需要在施工过程中花费不少精力，协调工作量大。另外，用于计算应付工程款的实际工程量可能超过预测的工程量，即实际投资容易超过计划投资，对投资控制不利。

当施工发包的工程内容和工程量一时尚不能十分明确、具体地予以规定时，则可以采用单价合同形式。固定单价合同适用于工期较短、工程量变化幅度不会太大的项目。

6112 什么是总价合同？有什么特点？

总价合同是指根据合同规定的工程施工内容和有关条件，业主应付给承包商的款额是一个规定的金额，即明确的总价。总价合同也称作总价包干合同，即根据施工招标时的要求和条件，当施工内容和有关条件不发生变化时，业主付给承包商的价款总额就不发生变化。总价合同的特点是：

(1)发包单位可以在报价竞争状态下确定项目的总造价，可以较早确定或者预测工程成本；

(2)业主的风险较小，承包人将承担较多的风险；

(3)评标时易于迅速确定最低报价的投标人；

(4)在施工进度上能极大地调动承包人的积极性；

(5)发包单位能更容易、更有把握地对项目进行控制；

(6)必须完整而明确地规定承包人的工作；

(7)必须将设计和施工方面的变化控制在最小限度内。

6113　什么是固定总价合同？哪些情况下适合使用？

固定总价合同的价格计算是以图纸及规定、规范为基础，工程任务和内容明确，业主的要求和条件清楚，合同总价一次包死，固定不变，即不再因为环境的变化和工程量的增减而变化。在这类合同中，承包商承担了全部的工作量和价格的风险。因此，承包商在报价时应对一切费用的价格变动因素以及不可预见因素都做充分的估计，并将其包含在合同价格之中。固定总价合同适用于以下情况：

(1)工程量小、工期短，估计在施工过程中环境因素变化小，工程条件稳定并合理；

(2)工程设计详细，图纸完整、清楚，工程任务和范围明确；

(3)工程结构和技术简单，风险小；

(4)投标期相对宽裕，承包商可以有充足的时间详细考察现场、复核工程量，分析招标文件，拟订施工计划。

6114　什么是变动总价合同？

变动总价合同又称为可调总价合同，合同价格是以图纸及规定、规范为基础，按照时价进行计算，得到包括全部工程任务和内容的暂定合同价格。它是一种相对固定的价格，在合同执行过程中，由于通货膨胀等原因而使所使用的工、料成本增加时，可以按照合同约定对合同总价进行相应的调整。当然，一般由于设计变更、工程量变化和其他工程条件变化所引起的费用变化也可以进行调整。因此，通货膨胀等不可预见因素的风险由业主承担，对承包商而言，其风险相对较小，但对业主而言，不利于其进行投资控制，突破投资的风险大。

6115　什么是成本加酬金合同？主要有哪几种形式？

成本加酬金合同也称为成本补偿合同，这是与固定总价合同正好相反的合同，工程施工的最终合同价格将按照工程的实际成本再加上一定的酬金进行计算。在合同签订时，工程实际成本往往不能确定，只能确定酬金的取值比例或者计算原则。成本加酬金合同主要有以下形式：

(1)成本加固定费用合同

根据双方讨论同意的工程规模、估计工期、技术要求、工作性质及复杂性、所涉及的风险等来考虑确定一笔固定数目的报酬金额作为管理费及利润，对人工、材料、机械台班等直接成本则实报实销。如果设计变更或增加新项目，当直接费超过原估算成本的一定比例时，固定的报酬也要增加。

(2)成本加固定比例费用合同

工程成本中直接费加一定比例的报酬费，报酬部分的比例在签订合同时由双方确定。这种方式的报酬费用总额随成本加大而增加，不利于缩短工期和降低成本。一般在工程初期很难描述工作范围和性质，或工期紧迫，无法按常规编制招标文件招标时采用。

(3)成本加奖金合同

奖金是根据报价书中的成本估算指标制定的，在合同中对这个估算指标规定一个底点和顶点，承包商在估算指标的顶点以下完成工程则可得到奖金，超过顶点则要对超出部分支付罚款。如果成本在底点之下，则可加大酬金值或酬金百分比。采用这种方式通常规定，当实际成本超过顶点对承包商罚款时，最大罚款限额不超过原先商定的最高酬金值。

(4)最大成本加费用合同

在工程成本总价合同基础上加固定酬金费用的方式，即当设计深度达到可以报总价的深度，投标人报一个工程成本总价和一个固定的酬金(包括各项管理费、风险费和利润)。如果实际成本超过合同中规定的工程成本总价,由承包商承担所有的额外费用,若实施过程中节约了成本,节约的部分归业主,或者由业主与承包商分享,在合同中要确定节约分成比例。

6116 成本加酬金合同的特点有哪些?

(1)对业主而言,这种合同形式也有以下优点:

1)可以通过分段施工缩短工期,而不必等待所有施工图完成才开始招标和施工;

2)可以减少承包商的对立情绪,承包商对工程变更和不可预见条件的反应会比较积极和快捷;

3)可以利用承包商的施工技术专家,帮助改进或弥补设计中的不足;

4)业主可以根据自身力量和需要,较深入地介入和控制工程施工和管理;

5)也可以通过确定最大保证价格约束工程成本不超过某一限值,从而转移一部分风险。

(2)对承包商来说,这种合同比固定总价的风险低,利润比较有保证,因而比较有积极性。其缺点是合同的不确定性,由于设计未完成,无法准确确定合同的工程内容、工程量以及合同的终止时间,有时难以对工程计划进行合理安排。

6117 成本加酬金合同适合什么情况下使用?

(1)工程特别复杂,工程技术、结构方案不能预先确定,或者尽管可以确定工程技术和结构方案,但是不可能进行竞争性的招标活动并以总价合同或单价合同的形式确定承包商,如研究开发性质的工程项目;

(2)时间特别紧迫,如抢险、救灾工程,来不及进行详细的计划和商谈。

6118　什么是担保？建设工程常用的担保种类有哪些？

担保是为了保证债务的履行，确保债权的实现，在债务人的信用或特定的财产之上设定的特殊的民事法律关系。其法律关系的特殊性表现在担保的内容处于一种不确定的状态，即当债务人不按主合同之约定履行债务导致债权无法实现时，担保的权利和义务才能确定并成为现实。

我国担保法规定的担保方式有五种：保证、抵押、质押、留置和定金。建设工程中经常采用的担保种类有：投标担保、履约担保、支付担保、预付款担保、工程保修担保等。

6119　什么是投标担保？其作用是什么？常采用哪些形式？

投标担保也称投标保证金，指投标人保证中标后履行签订承发包合同的义务，否则，招标人将对投标保证金予以没收。

投标担保的主要目的是保护招标人不因中标人不签约而蒙受经济损失。投标担保要确保投标人在投标有效期内不要撤回投标书，以及投标人在中标后保证与业主签订合同并提供业主所要求的履约担保、预付款担保等。另外，在一定程度上可以起筛选投标人的作用。

投标担保可以采用保证担保、抵押担保等方式，其具体的形式通常有：现金、保兑支票、银行汇票、现金支票、不可撤销信用证、银行保函、由保险公司或者担保公司出具投标保证书。

6120　什么是履约担保？其目的是什么？常用的形式有哪些？

履约担保是指招标人在招标文件中规定的要求中标的投标人提交的保证履行合同义务和责任的担保。有效期始于工程开工之日，终止日期则可以约定为工程竣工交付之日或者保修期满之日。如果确定履约担保的终止日期为工程竣工交付之日，则需要另外提供工程保修担保。

履约担保将在很大程度上促使承包商履行合同约定，完成工程建设任务，从而有利于保护业主的合法权益。一旦承包人违约，担保人要代为履约或者赔偿经济损失。

履约担保可以采用银行保函或者履约担保书的形式。在保修期内,工程保修担保可以采用预留保留金的方式。

6121 什么是预付款担保?其目的是什么?有哪些担保形式?

预付款担保是指承包人与发包人签订合同后领取预付款之前,为保证正确、合理使用发包人支付的预付款而提供的担保。

预付款担保的主要作用在于保证承包人能够按合同规定进行施工,偿还发包人已支付的全部预付金额。如果承包人中途毁约,中止工程,使发包人不能在规定期限内从应付工程款中扣除全部预付款,则发包人作为保函的受益人有权凭预付款担保向银行索赔该保函的担保金额作为补偿。

预付款担保的形式可以采用银行保函或双方约定的其他形式,如担保公司提供保证担保,或采取抵押等担保形式。

6122 什么是支付担保?其作用是什么?通常采用的形式有哪些?

支付担保是中标人要求招标人提供的保证履行合同中约定的工程款支付义务的担保。

工程款支付担保的作用在于,通过对业主资信状况进行严格审查并落实各项担保措施,确保工程费用及时支付到位;一旦业主违约,付款担保人将代为履约。

支付担保通常采用如下形式:银行保函、履约保证金、担保公司担保。

第二节 施工承包合同的管理

6201 施工方建立合同管理制度的目的是什么?其内容包括哪些方面?

公路工程合同的复杂性和经济性决定了合同潜在的风险较

大，为了规避、化解风险，施工方必须建立完整的合同管理制度，使施工合同的谈判、签订、履行等各环节实现科学化、规范化、程序化和模块化。具体来讲，应建立和完善如下合同管理制度：

(1)合同管理相关部门的部门职责和工作岗位制度。

(2)合同管理的授权和内部会签制度。

(3)合同审查批准制度。

(4)印鉴及证书管理使用制度。

(5)合同管理绩效考核制度。

(6)合同档案管理制度。

6202　施工合同订立的程序是什么？

施工合同与其他合同的订立程序相同，建设工程合同的订立也要采取要约和承诺方式。根据《招标投标法》对招、投标的规定，招标、投标、中标的过程实质就是要约、承诺的一种具体方式。招标人通过媒体发布招标公告，或向符合条件的投标人发出招标文件，为要约邀请；投标人根据招标文件内容在约定的期限内向招标人提交投标文件，为要约；招标人通过评标确定中标人，发出中标通知书，为承诺；招标人和中标人按照中标通知书、招标文件和中标人的投标文件等订立书面合同时，合同成立并生效。

6203　工程施工承包合同谈判的主要内容是什么？

(1)关于工程内容和范围的确认

招标人和中标人可就招标文件中的某些具体工作内容进行讨论、修改、明确或细化，从而确定工程承包的具体内容和范围。在谈判中双方达成一致的内容，包括在谈判讨论中经双方确认的工程内容和范围方面的修改或调整，应以文字方式确定下来，并以“合同补遗”或“会议纪要”方式作为合同附件，并明确它是构成合同的一部分。

(2)关于技术要求、技术规范和施工技术方案

双方尚可对技术要求、技术规范和施工技术方案等进行进一

步讨论和确认，必要的情况下甚至可以变更技术要求和施工方案。

(3)关于合同价格条款

一般在招标文件中就会明确规定合同将采用什么计价方式，在合同谈判阶段往往没有讨论的余地。但在可能的情况下，中标人在谈判过程中仍然可以提出降低风险的改进方案。

(4)关于价格调整条款

对于工期较长的建设工程，容易遭受货币贬值或通货膨胀等因素的影响，可能给承包人造成较大损失。价格调整条款可以比较公正地解决这一承包人无法控制的风险损失。

(5)关于合同款支付方式的条款

建设工程施工合同的付款分四个阶段进行，即预付款、工程进度款、最终付款和退还保留金。关于支付时间、支付方式、支付条件和支付审批程序等有很多种可能的选择，并且可能对承包人的成本、进度等产生比较大的影响，因此，合同支付方式的有关条款是谈判的重要方面。

(6)关于工期和维修期

中标人与招标人可根据招标文件中要求的工期，或者根据投标人在投标文件中承诺的工期，并考虑工程范围和工程量的变动而产生的影响来商定一个确定的工期。同时，还要明确开工日期、竣工日期等。双方可根据各自的项目准备情况、季节和施工环境因素等条件洽商适当的开工时间。

合同文本中应当对维修工程的范围、维修责任及维修期的开始和结束时间有明确的规定，承包人应该只承担由于材料和施工方法及操作工艺等不符合合同规定而产生的缺陷。

承包人应力争以维修保函来代替业主扣留的保留金。与保留金相比，维修保函对承包人有利，主要是因为可提前取回被扣留的现金，而且保函是有时效的，期满将自动作废。

(7)合同条件中其他特殊条款的完善

主要包括：关于合同图纸；关于违约罚金和工期提前奖金；工程量验收以及衔接工序和隐蔽工程施工的验收程序；关于施工占

地;关于向承包人移交施工现场和基础资料;关于工程交付;预付款保函的自动减额条款等。

6204 工程施工承包合同签订时承包方应进行哪些工作?

(1)合同风险评估

在签订合同之前,承包人应对合同的合法性、完备性、合同双方的责任、权益以及合同风险进行评审、认定和评价。

(2)合同文件内容

工程施工承包合同文件由以下部分构成:合同协议书;工程量及价格;合同条件,包括合同一般条件和合同特殊条件;投标文件;合同技术条件(含图纸);中标通知书;双方代表共同签署的合同补遗(有时也以合同谈判会议纪要形式);招标文件;其他双方认为应该作为合同组成部分的文件,如:投标阶段业主要求投标人澄清问题的函件和承包人所做的文字答复,双方往来函件等。

承包方应对所有在招标投标及谈判前后各方发出的文件、文字说明、解释性资料进行清理。对凡是与上述合同构成内容有矛盾的文件,应宣布作废。可以在双方签署的《合同补遗》中,对此作出排除性质的声明。

(3)关于合同协议的补遗

在合同谈判阶段双方谈判的结果一般以《合同补遗》的形式,有时也可以以《合同谈判纪要》形式,形成书面文件。同时应该注意的是,工程施工承包合同必须遵守法律。对于违反法律的条款,即使由合同双方达成协议并签了字,也不受法律保障。

(4)签订合同

双方在合同谈判结束后,应按上述内容和形式形成一个完整的合同文本草案,经双方代表认可后形成正式文件。双方核对无误后,由双方代表草签,至此合同谈判阶段即告结束。此时,承包人应及时准备和递交履约保函,准备正式签署施工承包合同。

6205 施工承包合同分析指什么？其目的和作用是什么？

合同分析是从合同执行的角度去分析、补充和解释合同的具体内容和要求，将合同目标和合同规定落实到合同实施的具体问题和具体时间上，用以指导具体工作，使合同能符合日常工程管理的需要，使工程按合同要求实施，为合同执行和控制确定依据。合同分析的目的和作用体现在以下几个方面。

(1)分析合同中的漏洞，解释有争议的内容

在合同起草和谈判过程中，双方都会力争完善，但仍然难免会有所疏漏，通过合同分析，找出漏洞，可以作为履行合同的依据。

在合同执行过程中，合同双方有时也会发生争议，往往是由于对合同条款的理解不一致所造成的，通过分析，就合同条文达成一致理解，从而解决争议。在遇到索赔事件后，合同分析也可以为索赔提供理由和根据。

(2)分析合同风险，制定风险对策

不同的工程合同，其风险的来源和风险量的大小都不同，要根据合同进行分析，并采取相应的对策。

(3)合同任务分解、落实

在实际工程中，合同任务需要分解落实到具体的工程小组或部门、人员，要将合同中的任务进行分解，将合同中与各部分任务相对应的具体要求明确，然后落实到具体的工程小组或部门、人员身上，以便于实施与检查。

6206 为什么要进行合同分析？

(1)许多合同条文采用法律用语，往往不够直观明了，不容易理解，通过补充和解释，可以使之简单、明确、清晰；

(2)同一个工程中的不同合同形成一个复杂的体系，十几份、几十份甚至上百份合同之间有十分复杂的关系；

(3)合同事件和工程活动的具体要求(如工期、质量、费用等)，

合同各方的责任关系，事件和活动之间的逻辑关系等极为复杂；

(4)许多工程小组，项目管理职能人员所涉及的活动和问题不是合同文件的全部，而仅为合同的部分内容，全面理解合同对合同的实施将会产生重大影响；

(5)在合同中依然存在问题和风险，包括合同审查时已经发现的风险和还可能隐藏着的尚未发现的风险；

(6)合同中的任务需要分解和落实；

(7)在合同实施过程中，合同双方会有许多争执，在分析时就可以预测预防。

6207 工程施工合同分析的内容一般有哪些方面？

(1)合同的法律基础

即合同签订和实施的法律背景。通过分析，承包人了解适用于合同的法律的基本情况（范围、特点等），用以指导整个合同实施和索赔工作。对合同中明示的法律应重点分析。

(2)承包人的主要任务

承包人的主要任务，即合同的标的指承包人在设计、采购、制作、试验、运输、土建施工、安装、验收、试生产、缺陷责任期维修等方面的主要责任，施工现场的管理，给业主的管理人员提供生活和工作条件等责任。

工作范围，通常由合同中的工程量清单、图纸、工程说明、技术规范所定义。工程范围的界限应很清楚，否则会影响工程变更和索赔，特别对固定总价合同。

关于工程变更的规定。在合同实施过程中，变更程序非常重要，通常要作工程变更工作流程图，并交付相关的职能人员。

工程变更的补偿范围，通常以合同金额一定的百分比表示。通常这个百分比越大，承包人的风险越大。

工程变更的索赔有效期，由合同具体规定，一般为 28 天，也有 14 天的。一般这个时间越短，对承包人管理水平的要求越高，对承包人越不利。

（3）发包人的责任

主要分析发包人（业主）的合作责任。其责任通常有如下几方面：业主雇用工程师并委托其在授权范围内履行业主的部分合同责任；业主和工程师有责任对平行的各承包人和供应商之间的责任界限作出划分，对这方面的争执作出裁决，对他们的工作进行协调，并承担管理和协调失误造成的损失。

及时作出承包人履行合同所必需的决策，如下达指令、履行各种批准手续、作出认可、答复请示，完成各种检查和验收手续等。

提供施工条件，如及时提供设计资料、图纸、施工场地、道路等；按合同规定及时支付工程款，及时接收已完工程等。

（4）合同价格

应重点分析以下几个方面：合同所采用的计价方法及合同价格所包括的范围；合同价格的调整，即费用索赔的条件、价格调整方法，计价依据，索赔有效期规定；拖欠工程款的合同责任。

工程量计量程序，工程款结算（包括进度付款、竣工结算、最终结算）方法和程序。

（5）施工工期

在实际工程中，工期拖延极为常见和频繁，而且对合同实施和索赔的影响很大，所以要特别重视。

（6）违约责任

通常分析：承包人不能按合同规定工期完成工程的违约金或承担业主损失的条款；由于管理上的疏忽造成对方人员和财产损失的赔偿条款；由于预谋或故意行为造成对方损失的处罚和赔偿条款等。

由于承包人不履行或不能正确地履行合同责任，或出现严重违约时的处理规定；由于业主不履行或不能正确地履行合同责任，或出现严重违约时的处理规定，特别是对业主不及时支付工程款的处理规定。

（7）验收、移交和保修

验收包括许多内容，如材料和机械设备的现场验收，隐蔽工程验收，单项工程验收，全部工程竣工验收等。在合同分析中，应对重要的验收要求、时间、程序以及验收所带来的法律后果作说明。

移交作为一个重要的合同事件，同时又是一个重要的法律概念。它表示：业主认可并接收工程，承包人工程施工任务的完结；工程所有权的转让；承包人工程照管责任的结束和业主工程照管责任的开始；保修责任的开始；合同规定的工程款支付条款有效。

(8)索赔程序和争执的解决

主要分析：索赔的程序；争议的解决方式和程序；仲裁条款，包括仲裁所依据的法律，仲裁地点方式和程序，仲裁结果的约束力等。

6208　什么是施工合同交底？其任务是什么？

合同交底是由合同管理人员在对合同的主要内容进行分析、向各层次管理者作解释和说明的基础上，通过组织项目管理人员和各个工程小组学习合同条文和合同总体分析结果，使大家都树立全局观念，了解合同双方的合同责任和工作范围，使大家熟悉合同各种行为的法律使各项工作协调一致，避免执行中的违约行为。合同交底的任务如下：

(1)对合同的主要内容达成一致理解；

(2)将各种合同事件的责任分解落实到各工程小组或分包人；

(3)将工程项目和任务分解，明确其质量和技术要求以及实施的注意要点等；

(4)明确各项工作或各个工程的工期要求；

(5)明确成本目标和消耗标准；

(6)明确相关事件之间的逻辑关系；

(7)明确各个工程小组(分包人)之间的责任界限；

(8)明确完不成任务的影响和法律后果；

(9)明确合同有关各方(如业主、监理工程师)的责任和义务。

6209　施工合同的跟踪指什么？跟踪的对象主要有哪些？

为保证合同的顺利履行，承包方应对合同进行跟踪。施工合同跟踪一方面是指承包单位的合同管理职能部门对合同执行者（项目经理部或项目参与人）的履行情况进行的跟踪、监督和检查，另一方面是指合同执行者（项目经理部或项目参与人）本身对合同计划的执行情况进行的跟踪、检查与对比。在合同实施过程中二者缺一不可。合同跟踪的对象主要有以下三个方面。

(1)承包的任务

1)工程施工的质量，包括材料、构件、制品和设备等的质量，以及施工或安装质量，是否符合合同要求；

2)工程进度是否在预定期限内施工，工期有无延长，延长的原因是什么；

3)工程数量是否按合同要求完成全部施工任务，有无合同规定以外的施工任务；

4)成本的增加和减少。

(2)工程小组或分包人的工程和工作

可以将工程施工任务分解交由不同的工程小组或发包给专业分包完成，工程承包人必须对这些工程小组或分包人及其所负责的工程进行跟踪检查、协调关系，提出意见、建议或警告，保证工程总体质量和进度。

对专业分包人的工作和负责的工程，总承包商负有协调和管理的责任，并承担由此造成的损失，所以专业分包人的工作和负责的工程必须纳入总承包工程的计划和控制中，防止因分包人工程管理失误而影响全局。

(3)业主和其委托的工程师的工作

1)业主是否及时、完整地提供了工程施工的实施条件，如场地、图纸、资料等；

2)业主和工程师是否及时给予了指令、答复和确认等；

3)业主是否及时并足额地支付了应付的工程款项。

6210 合同实施中偏差分析的内容包括哪些？

通过合同跟踪，可能会发现合同实施中存在着偏差，应该及时分析原因，采取措施，纠正偏差，避免损失。合同实施偏差分析的内容包括以下几个方面。

(1)产生偏差的原因分析，通过对合同执行实际情况与实施计划的对比分析，不仅可以发现合同实施的偏差，而且可以探索引起差异的原因。原因分析可以采用鱼刺图、因果关系分析图(表)、成本量差、价差、效率差分析等方法定性或定量地进行。

(2)合同实施偏差的责任分析，即分析产生合同偏差的原因是由谁引起的，应该由谁承担责任。责任分析必须以合同为依据，按合同规定落实双方的责任。

(3)合同实施趋势分析，针对合同实施偏差情况，可以采取不同的措施，应分析在不同措施下合同执行的结果与趋势，包括：

1)最终的工程状况，包括总工期的延误、总成本的超支、质量标准、所能达到的生产能力(或功能要求)等。

2)承包商将承担什么样的后果，如被罚款、被清算，甚至被起诉，对承包商资信、企业形象、经营战略的影响等。

3)最终工程经济效益(利润)水平。

6211 根据合同实施偏差分析的结果，承包商可采取哪些调整措施？

(1)组织措施，如增加人员投入，调整人员安排，调整工作流程和工作计划等；

(2)技术措施，如变更技术方案，采用新的高效率的施工方案等；

(3)经济措施，如增加投入，采取经济激励措施等；

(4)合同措施，如进行合同变更，签订附加协议，采取索赔手段等。

6212 什么是工程变更？有哪些类型？

工程变更一般是指在工程施工过程中，根据合同约定对施工的程序、工程的内容、数量、质量要求及标准等作出的变更，如设计变更、进度计划变更、施工条件变更以及原招标文件和工程量清单中未包括的新增工程变更，工程变更是合同变更的一种特殊形式。

根据《公路工程标准施工招标文件》(2009 年版)规定，工程变更有如下几种类型：

(1)取消合同中任何一项工作，但被取消的工作不能转由发包人或其他人实施，由于承包人违约造成的情况除外。

(2)改变合同中任何一项工作的质量或其他特性。

(3)改变合同工程的基线、高程、位置或尺寸。

(4)改变合同中任何一项工作的施工时间或改变已批准的施工工艺或顺序。

(5)为完成工程需要追加的额外工作。

6213 产生工程变更的原因有哪些方面？

(1)业主新的变更指令，对建筑的新要求，如业主有新的意图、修改项目计划、削减项目预算等；

(2)由于设计人员、监理方人员、承包商事先没有很好地理解业主的意图，或设计的错误，导致图纸修改；

(3)工程环境的变化，预定的工程条件不准确，要求实施方案或实施计划变更；

(4)由于产生新技术和知识，有必要改变原设计、原实施方案或实施计划，或由于业主指令及业主责任的原因造成承包商施工方案的改变；

(5)政府部门对工程新的要求，如国家计划变化、环境保护要求、城市规划变动等；

(6)由于合同实施出现问题，必须调整合同目标或修改合同条款。

6214 工程变更提出与确认应按什么样的程序进行?

根据工程实施的实际情况,设计方、业主方、承包商都可以根据需要提出工程变更。

(1)由设计方提出的工程变更应该与业主协商或经业主审查并批准;批准后按照业主方变更管理程序进行。

(2)由业主方提出的工程变更,涉及设计修改的应该与设计单位协商,并一般通过监理工程师发出。

1)在合同履行过程中,可能发生合同约定变更情形的,监理工程师可向承包人发出变更意向书。变更意向书应说明变更的具体内容和发包人对变更的时间要求,并附必要的图纸和相关资料。变更意向书应要求承包人提交包括拟实施变更工作的计划、措施和竣工时间等内容的实施方案。发包人同意承包人根据变更意向书要求提交变更实施方案的,由监理工程师按合同约定发出变更指示。

2)在合同履行过程中,发生合同约定变更情形的,监理工程师应按照合同约定向承包人发出变更指示。

3)若承包人收到监理工程师的变更意向书后认为难以实施此项变更,应立即通知监理工程师,对其说明原因并附详细依据。监理工程师与承包人和发包人协商后确定撤销、改变或不改变原变更意向书。

(3)承包商提出的工程变更,应该交予监理工程师审查并批准。

1)承包人收到监理工程师按合同约定发出的图纸和文件,经检查认为其中存在合同约定变更情形的,可向监理工程师提出书面变更建议。变更建议应阐明要求变更的依据,并附必要的图纸和说明。监理工程师在收到承包人书面建议后,应与发包人共同研究,确认存在变更的,应在收到承包人书面建议后的 14 d 内作出变更指示。经研究后不同意作为变更的,应由监理工程师书面答复承包人。

2)在履行合同过程中,承包人对发包人提供的图纸、技术要求以及其他方面提出的合理化建议,均应以书面形式提交监理工程师。合理化建议书的内容应包括建议工作的详细说明、进度计划和效益以及与其他工作的协调等,并附必要的设计文件。监理工程师应与发包人协商是否采纳建议。建议被采纳并构成变更的,应按合同约定向承包人发出变更指示。

(3)承包人提出的合理化建议缩短了工期,发包人按合同条款中“工期提前”的规定给予奖励;承包人提出的合理化建议降低了合同价格或者提高了工程经济效益的,发包人按项目专用合同条款数据表中规定的金额给予奖励。

6215　工程变更审批的一般程序是什么?

(1)一般工程变更的审批程序。所谓一般工程变更,通常指一些小型的监理工程师有权直接批准的工程变更工作,其审批程序大致如下:

1)工程变更的提出人向驻地监理工程师提出工程变更的申请,包括变更的原因、工程变更对造价的影响等分析,必要时附上有关的变更设计资料。

2)驻地监理工程师对变更申请的可行性进行评估,并写出初步的审查意见。

3)总监理工程师对驻地监理工程师审查的变更申请进行进一步的审定,并签署审批意见。总监理工程师签署工程变更令。

4)承包单位组织变更工程的施工(包括可能的设计工作)。

5)监理工程师和承包人协商确定变更工程的造价及办理有关的结算工作。

(2)重要工程变更的审批程序。重要工程变更通常指对工程造价影响较大、需要业主批准的工程变更工作。其审批程序是:监理工程师在下达工程变更令之前,一是要报业主批准,二是要同承包人协商确定变更工程的价格不超过业主批准的范围。如果超过业主批准的总额,监理工程师应在下达工程变更令之前,请求业主作进一步的批准或授权。

(3)重大工程变更的审批程序。重大工程变更通常指一些对工程造价的影响很大,可能超出设计概算(甚至投资估算)的工程变更。对这些工程变更工作,业主在审批工程变更之前应事先取得国家计划主管部门的批准。

6216 工程变更的责任如何分析?

(1)由于业主要求、政府部门要求、环境变化、不可抗力、原设计错误等导致的设计修改,应该由业主承担责任。由此所造成的施工方案的变更以及工期的延长和费用的增加应该向业主索赔。

(2)由于承包人的施工过程、施工方案出现错误、疏忽而导致设计的修改,应该由承包人承担责任。

(3)由于承包人的施工过程、施工方案本身的缺陷而导致了施工方案的变更,由此所引起的费用增加和工期延长应该由承包人承担责任。

(4)签订合同后业主为了加快工期、提高质量等要求变更施工方案,由此所引起的费用增加可以向业主索赔。

6217 工程变更如何估价?

(1)除专用合同条款对期限另有约定外,承包人应在收到变更指示或变更意向书后的 14 d 内,向监理工程师提交变更报价书。报价内容应根据合同约定的估价原则,详细开列变更工作的价格组成及其依据,并附必要的施工方法说明和有关图纸。

(2)变更工作影响工期的,承包人应提出调整工期的具体细节。监理工程师认为有必要时,可要求承包人提交要求提前或延长工期的施工进度计划及相应施工措施等详细资料。

(3)除专用合同条款对期限另有约定外,监理工程师应在收到承包人变更报价书后的 14 d 内,根据合同约定的估价原则,按照合同约定商定或确定变更价格。

6218 工程变更的估价原则是什么?

根据公路工程标准施工招标文件的有关规定,变更工程应根据其完成的数量及相应的单价来办理结算。其中,变更工程的单价原则,一是约定优先原则,二是公平合理原则。除专用合同条款另有约定外,因变更引起的价格调整按照如下约定处理:

(1)如果取消某项工作,则该项工作的总额价不予支付。

(2)已标价工程量清单中有适用于变更工作的子目的,采用该子目的单价。

(3)已标价工程量清单中有适用于变更工作的子目,但有类似子目的,可在合理范围内参照类似子目的单价,由监理工程师按合同约定商定或确定变更工作的单价。

(4)已标价工程量清单中有适用或类似子目的单价,可在综合考虑承包人在投标时所提供的单价分析表的基础上,由监理人按合同约定商定或确定变更工作的单价。

6219 公路工程价款的主要结算方式有哪些?

(1)按月结算。实行旬末或月中预支或不预支,月终结算,竣工后清算的办法。跨年度竣工的工程,在年终进行工程盘点,办理年度结算。

(2)竣工后一次结算。建设项目或单项工程全部建筑安装工程建设期在 12 个月以内,或者工程承包价值在 100 万元以下的,可以实行工程价款每月月中预支,竣工后一次结算。

(3)分段结算。即当年开工,当年不能竣工的单项工程或单位工程按照工程进度,划分不同阶段进行结算,分段结算可以按月预支工程款。

(4)目标结算方式。即在工程合同中,将承包工程的内容分解成不同的控制界面,以业主验收界面作为支付工程价款的前提条件。也就是说,将合同中的工程内容分解成不同的验收单元,当承包商完成单元工程内容并经业主(或其委托人)验收后,业主支付构成单元工程内容的工程价款。

(5)双方约定的其他结算方式。

6220　公路工程进度款的支付程序一般是什么？

(1)承包人应在每个付款周期末，按监理人批准的格式和专用合同条款约定的份数，向监理人提交进度付款申请单，并附相应的支持性证明文件。除专用合同条款另有约定外，进度付款申请单应包括下列内容：截至本次付款周期末已实施工程的价款、应增加和扣减的变更金额、应增加和扣减的索赔金额、应支付的预付款和扣减的返还预付款、应扣减的质量保证金、根据合同应增加和扣减的其他金额。

(2)监理人在收到承包人进度付款申请单以及相应的支持性证明文件后的 14 d 内完成核查，提出发包人到期应支付给承包人的金额以及相应的支持性材料，经发包人审查同意后，由监理人向承包人出具经发包人签认的进度付款证书。监理人有权扣发承包人未能按照合同要求履行任何工作或义务的相应金额。

(3)如果该付款周期应结算的价款经扣留和扣回后的款额少于项目专用合同条款数据表中列明的进度付款证书的最低金额，则该付款周期监理人可不核证支付，上述款额将按付款周期结转，直至累计应支付的款额达到项目专用合同条款数据表中列明的进度付款证书的最低金额为止。

(4)发包人应在监理人收到进度付款申请单后的 28 d 内，将进度应付款支付给承包人。发包人不按期支付的，按专用合同条款数据表中约定的利率向承包人支付逾期付款违约金。违约金的计算基数为发包人的全部未付款额，时间从应付而未付该款额之日算起。

(5)监理人出具进度付款证书，不应视为监理人已同意、批准或接受了承包人完成的该部分工作。

(6)进度付款涉及政府投资资金的，按照国库集中支付等国家相关规定和专用合同条款的约定办理。

6221 可调价合同的工程价款价差调整的主要方法有哪些？

(1)工程造价指数调整法。甲乙双方采用当时的预算(或概算)定额单价计算承包合同价，待竣工时，根据合理的工期及当地工程造价管理部门所公布的该月度(或季度)的工程造价指数，对原承包合同价予以调整。

(2)实际价格调整法。采取按实际价格结算的方法时根据地方主管部门定期发布的最高限价进行调整。同时，合同文件中应规定建设单位或监理工程师有权要求承包商选择更廉价的供应来源。

(3)调价文件计算法。甲乙双方按当时的预算价格承包，在合同期内，按造价管理部门调价文件的规定，进行抽料补差(按所完成的材料用量乘以价差)。

(4)调值公式法。此种调值公式一般包括固定部分、材料部分和人工部分。

6222 预付款的使用与管理有哪些要求？

(1)开工预付款

1)开工预付款的金额在项目专用条款数据表中约定。在承包人签订了合同协议书并提交了开工预付款保函后，监理工程师应在当期进度付款证书中向承包人支付开工预付款的70％的价款；在承包人承诺的主要设备进场后，再支付预付款30％。

2)承包人不得将该预付款用于与本工程无关的支出。监理工程师有权监督承包人对该项费用的使用，如经查实承包人滥用开工预付款，发包人有权立即通过向银行发出通知收回开工预付款保函的方式，将该款收回。

(2)材料、设备预付款

材料、设备预付款按项目专用合同条款数据表中所列主要材料、设备单据费用(进口的材料、设备为到岸价，国内采购的为出厂价或销售价，地方材料为堆场价)的百分比支付，其预付条件为：

1)材料、设备符合规范要求并经监理工程师认可；

2)承包人已出具材料、设备费用凭证或支付单据；

3)材料、设备已在现场交货，且存储良好，监理工程师认为材料、设备的存储方法符合要求，则监理工程师应将此项金额作为材料、设备预付款计入下一次的进度付款证书中。在预计竣工前3个月，将不再支付材料、设备预付款。

(3)预付款保函

除项目专用合同条款另有约定外，承包人应在收到开工预付款前向发包人提交开工预付款保函。开工预付款保函的担保金额应与开工预付款金额相同。出具保函的银行须与合同规定的要求相同，所需费用由承包人承担。银行保函的正本由发包人保存，该保函在发包人将开工预付款全部扣回之前一直有效，担保金额可根据开工预付款扣回的金额相应递减。

(4)预付款的扣回与还清

1)开工预付款在进度付款证书的累计金额未达到签约合同价的30%之前不予扣回。在达到签约合同价30%之后，开始按工程进度以固定比例分期从各月的进度付款证书中扣回。全部金额在进度付款证书的累计金额达到签约合同价的80%时扣完。

2)当材料、设备已用于或安装在永久工程之中时，材料、设备预付款应从进度付款证书中扣回，扣回期不超过3个月。已经支付材料、设备预付款的材料、设备的所有权应属于发包人。工程竣工时所有剩余的材料、设备所有权应属于承包人。

6223 质量保证金的支付与返还有什么规定？

(1)监理工程师应从第一个付款周期开始，在发包人的进度付款中，按项目专用合同条款数据表规定的百分比扣留质量保证金，直至扣留的质量保证金总额达到项目专用合同条款数据表规定的限额为止。质量保证金的计算额度不包括预付款的支付以及扣回的金额。

(2)在合同条款约定的缺陷责任期满时，承包人向发包人申请到期应返还承包人剩余的质量保证金金额，发包人应在 14 d 内会同承包人按照合同约定的内容核实承包人是否完成缺陷责任。如无异议，发包人应当在核实后将剩余保证金返还承包人。

(3)在合同条款约定的缺陷责任期满时，承包人没有完成缺陷责任的，发包人有权扣留与未履行责任剩余工作所需金额相应的质量保证金余额，并有权根据合同条款约定要求延长缺陷责任期，直到完成剩余工作为止。

第三节 分包合同的内容与管理

6301 什么是分包？分包的形式有哪两种？

分包是指承包人经监理人审查并取得发包人批准后，将其所承包工程或工作的一部分委托给其他承包人承担的施工行为。根据《公路工程标准施工招标文件》(2009 年版)的规定，分包可分为专业分包和劳务分包两种形式。

(1)专业分包是指承包人与具有相应资质的施工企业签订专业分包合同，由分包人承担承包人委托的分部工程、分项工程或适合专业化队伍施工的其他工程，整体结算，并能独立控制工程质量、施工进度、材料采购、生产安全的施工行为。

(2)劳务分包是指承包人与具有劳务分包资质的劳务企业签订劳务分包合同，由劳务企业提供劳务人员及机具，由承包人统一组织施工，统一控制工程质量、施工进度、材料采购、生产安全的施工行为。

6302 关于分包的一般规定有哪些？

(1)承包人不得将其承包的全部工程转包给第三人，或将其承包的全部工程肢解后以分包的名义转包给第三人。

(2)承包人不得将主体、关键性工作分包给第三人。经发包人同意，承包人可将工程的其他部分或工作分包给第三人。分包包括专业分包和劳务分包。

(3)承包人应与分包人就分包工程向发包人承担连带责任。

(4)发包人对承包人与分包人之间的法律与经济纠纷不承担任何责任和义务。

6303 专业分包时除符合一般规定外,还必须遵守哪些规定?

(1)允许专业分包的工程范围仅限于分部工程或分项工程,适合专业化队伍施工的工程,专业分包的工程量累计不得超过总工程量的30%。

(2)专业分包人的资格能力(含安全生产能力)应与其分包工程的标准和规模相适应,具备相应的专业承包资质。

(3)专业分包工程不得再次分包。

(4)承包人和专业分包人应当依法签订专业分包合同,并按照合同履行约定的义务。专业分包合同必须明确约定工程款支付条件、结算方式以及保证按期支付的相应措施,确保工程款的支付。

(5)承包人对施工现场安全负总责,并对专业分包人的安全生产进行培训和管理。专业分包人应将其专业分包工程的施工组织设计和施工安全方案报承包人备案。专业分包人对分包施工现场安全负责,发现事故隐患,应及时处理。

(6)所有专业分包计划和专业分包合同须报监理人审批,并报发包人核备。监理人审批专业分包并不解除合同规定的承包人的任何责任或义务。

6304 劳务分包除符合一般规定外,还必须遵守哪些规定?

(1)劳务分包人应具有劳务分包资质。

(2)劳务分包应当依法签订劳务分包合同,劳务分包合同必须由承包人的法定代表人或其委托代理人与劳务分包人直接签订,不得由他人代签。承包人的项目经理部、项目经理、施工班组等不具备用工主体资格,不能与劳务分包人签订劳务分包合同。承包人应向发包人和监理人提交劳务分包合同副本并报项目所在地劳动保障部门备案。

(3)承包人雇佣的劳务作业人员应加入到承包人的施工班组统一管理。有关施工质量、施工安全、施工进度、环境保护、技术方案、试验检测、材料保管与供应、机械设备等都必须由承包人管理与调配,不得以包代管。

(4)承包人应当对劳务分包人员进行安全培训和管理,劳务分包人不得将其分包的劳务作业再次分包。

6305 专业工程分包合同主要包括哪些方面内容?该合同的特点是什么?

专业工程分包合同示范文本的结构、主要条款和内容与施工承包合同相似,包括词语定义与解释,双方的一般权利和义务,分包工程的施工进度控制、质量控制、费用控制,分包合同的监督与管理,信息管理,组织与协调,施工安全管理与风险管理等。

分包合同内容的特点是既要保持与主合同条件中相关分包工程部分的规定的一致性,又要区分负责实施分包工程的当事人变更后的两个合同之间的差异。分包合同所采用的语言文字和适用的法律、行政法规及工程建设标准一般应与主合同相同。

6306 工程承包人对专业工程分包人有哪些主要责任和义务?

(1)承包人应提供总包合同(有关承包工程的价格内容除外)供分包人查阅。分包人应全面了解总包合同的各项规定(有关承包工程的价格内容除外)。

(2)承包人应按分包合同的约定,及时向分包人提供所需的指令、批准、图纸并履行其他约定的义务,否则分包人应在约定时间后 24 h 内将具体要求、需要的理由及延误的后果通知承包人,承包人在收到通知后 48 h 内不予答复,应承担因延误造成的损失。

(3)承包人应向分包人提供与分包工程相关的各种证件、批件和各种相关资料,向分包人提供具备施工条件的施工场地。

(4)承包人应组织分包人参加发包人组织的图纸会审,向分包人进行设计图纸交底。

(5)承包人应提供合同专用条款中约定的设备和设施,并承担因此发生的费用。

(6)承包人应随时为分包人提供确保分包工程的施工所要求的施工场地和通道等,满足施工运输的需要,保证施工期间的畅通。

(7)承包人应负责整个施工场地的管理工作,协调分包人与同一施工场地的其他分包人之间的交叉配合,确保分包人按照经批准的施工组织设计进行施工。

6307　专业工程分包人有哪些主要责任和义务?

(1)除合同条款另有约定,分包人应履行并承担总包合同中与分包工程有关的承包人的所有义务与责任,同时应避免因分包人自身行为或疏漏造成承包人违反总包合同中约定的承包人义务的情况发生。

(2)分包人须服从承包人转发的发包人或工程师与分包工程有关的指令。未经承包人允许,分包人不得以任何理由与发包人或工程师发生直接工作联系,分包人不得直接致函发包人或工程师,也不得直接接受发包人或工程师的指令。如分包人与发包人或工程师发生直接工作联系,将被视为违约,并承担违约责任。

(3)就分包工程范围内的有关工作,承包人随时可以向分包人发出指令,分包人应执行承包人根据分包合同所发出的所有指令。分包人拒不执行指令,承包人可委托其他施工单位完成该指令事项,发生的费用从应付给分包人的相应款项中扣除。

(4)按照分包合同的约定,对分包工程进行设计(分包合同有约定时)、施工、竣工和保修。

(5)在合同约定的时间内,向承包人提交详细的施工组织设计,承包人应在专用条款约定的时间内批准,分包人方可执行;分包人应向承包人提供年、季、月度工程进度计划及相应进度统计报表。

(6)遵守政府有关主管部门对施工场地交通、施工噪声以及环境保护和安全文明生产等的管理规定,按规定办理有关手续,并以书面形式通知承包人,承包人承担由此发生的费用,因分包人责任造成的罚款除外。

(7)分包人应允许承包人、发包人、工程师及其三方中任何一方授权的人员在工作时间内,合理进入分包工程施工场地或材料存放的地点,以及施工场地以外与分包合同有关的分包人的任何工作或准备的地点,分包人应提供方便。

(8)已竣工工程未交付承包人之前,分包人应负责已完分包工程的成品保护工作,保护期间发生损坏,分包人自费予以修复;承包人要求分包人采取特殊措施保护的工程部位和相应的追加合同价款,双方在合同专用条款内约定。

6308 劳务分包合同的内容主要有哪些方面?

(1)劳务分包人资质情况。

(2)劳务分包工作对象及提供劳务内容;分包工作期限;质量标准。

(3)工程承包人义务;劳务分包人义务。

(4)材料、设备供应。

(5)保险。

(6)工时及工程量的确认;劳务报酬及支付。

(7)施工配合。

(8)禁止转包或再分包等。

6309 劳务分包合同中承包人的主要义务有哪些?

(1)组建与工程相适应的项目管理班子,全面履行总(分)包合同,组织实施项目管理的各项工作,对工程的工期和质量向发包人负责。

(2)完成劳务分包人施工前期的下列工作。如:向劳务分包人交付具备本合同项下劳务作业开工条件的施工场地;满足劳务作业所需的能源供应、通信及施工道路畅通；向劳务分包人提供相应的工程资料；向劳务分包人提供生产、生活临时设施。

(3)负责编制施工组织设计，统一制定各项管理目标，组织编制年、季、月施工计划、物资需用量计划表，实施对工程质量、工期、安全生产、文明施工、计量检测、实验化验的控制、监督、检查和验收。

(4)负责工程测量定位、沉降观测、技术交底，组织图纸会审，统一安排技术档案资料的收集整理及交工验收。

(5)按时提供图纸，及时交付材料、设备，所提供的施工机械设备、周转材料、安全设施保证施工需要。

(6)按合同约定，向劳务分包人支付劳动报酬。

(7)负责与发包人、监理、设计及有关部门联系，协调现场工作关系。

6310　劳务分包合同条款中劳务分包人的主要义务有哪些？

(1)对劳务分包范围内的工程质量向承包人负责，组织具有相应资格证书的熟练工人投入工作；未经承包人授权或允许，不得擅自与发包人及有关部门建立工作联系；自觉遵守法律法规及有关规章制度。

(2)严格按照设计图纸、施工验收规范、有关技术要求及施工组织设计精心组织施工，确保工程质量达到约定的标准。包括：科学安排作业计划，投入足够的人力、物力，保证工期；加强安全教育，认真执行安全技术规范，严格遵守安全制度，落实安全措施，确保施工安全；加强现场管理，严格执行建设主管部门及环保、消防、环卫等有关部门对施工现场的管理规定，做到文明施工；承担由于自身责任造成的质量修改、返工、工期拖延、安全事故、现场脏乱造成的损失及各种罚款。

(3)自觉接受承包人及有关部门的管理、监督和检查；接受承包人随时检查其设备、材料保管、使用情况，及其操作人员的有效证件、持证上岗情况；与现场其他单位协调配合，照顾全局。

(4)劳务分包人须服从承包人转发的发包人及工程师的指令。

(5)除非合同另有约定,劳务分包人应对其作业内容的实施、完工负责,劳务分包人应承担并履行总(分)包合同约定的、与劳务作业有关的所有义务及工作程序。

6311 劳务分包的保险有哪些规定?

(1)劳务分包人施工开始前,承包人应获得发包人为施工场地内的自有人员及第三人人员生命财产办理的保险,且不需劳务分包人支付保险费用。

(2)运至施工场地用于劳务施工的材料和待安装设备,由承包人办理或获得保险,且不需劳务分包人支付保险费用。

(3)承包人必须为租赁或提供给劳务分包人使用的施工机械设备办理保险,并支付保险费用。

(4)劳务分包人必须为从事危险作业的职工办理意外伤害保险,并为施工场地内自有人员生命财产和施工机械设备办理保险,支付保险费用。

(5)保险事故发生时,劳务分包人和承包人有责任采取必要的措施,防止或减少损失。

6312 专业分包的审批程序是什么?

(1)承包人制订专业分包计划和分包合同,并选择专业分包人。

(2)承包人向监理人提交有关分包计划、分包合同及分包人的详细资料。

(3)监理人审查分包计划、分包合同及分包人的资料。

(4)监理人同意分包,并报发包人批准。

(5)承包人与分包人签订分包合同。

6313 劳务分包的审批程序是什么?

(1)承包人拟定劳务分包计划和劳务分包合同。

(2)承包人选择劳务分包人。

(3)承包人与分包人签订劳务分包合同。

(4)承包人向分包人和监理人员提交劳务分包合同副本，并报项目所在地劳动保障部门备案。

6314　承包方对分包工程的成本控制、进度控制、质量控制和安全管理如何进行?

(1)成本控制

首先，无论采用何种计价方式，都可以通过竞争方式降低分包工程的合同价格，从而降低承包工程的施工总成本。其次，在对分包工程款的支付审核方面，通过严格审核实际完成工程量，建立工程款支付与工程质量和工程实际进度挂钩的联动审核方式，防止超付和早付。

(2)进度控制

应该根据施工总进度计划提出分包工程的进度要求，向施工分包单位明确分包工程的进度目标及进度计划拖延的责任。应该要求施工分包单位按照分包工程的进度目标要求建立详细的分包工程施工进度计划，通过审核，判断其是否合理，是否符合施工总进度计划的要求，并在工程进展过程中严格控制其执行。

(3)质量控制和安全管理

在分包工程施工前，应该向分包人明确施工质量要求，要求施工分包人建立质量保证体系，制定质量保证和安全管理措施，经审查批准后再进行分包工程的施工。

施工过程中，严格检查施工分包人的质量保证与安全管理体系和措施的落实情况，并根据总包单位自身的质量保证体系控制分包工程的施工质量。应该在承包人和分包人自检合格的基础上提交业主方检查和验收。

6315　承包人对分包的管理可采用哪些方法?

(1)建立对分包人进行管理的组织体系和责任制度，对每一个分包人都有负责管理的部门或人员，实行对口管理。

(2)分包单位的选择应该经过严格考察，并经业主和工程监理机构的认可，其资质类别和等级应该符合有关规定。

(3)对分包单位的劳动力组织及计划安排进行审批和控制，要根据其施工内容、进度计划等进行人员数量、资格和能力的审批和检查。

(4)责成分包单位建立责任制，将项目的质量、安全等保证体系贯彻落实到各个分包单位、各个施工环节，督促分包单位对各项工作的落实。

(5)建立工程例会制度，及时反映和处理分包单位施工过程中出现的各种问题。

(6)建立合格材料、制品、配件等的分供方档案库，并对其进行考核、评价，确定信誉好的短名单分供方。材料、成品和半成品进场要按规范、图纸和施工要求严格检验。进场后的材料堆放要按照材料性能、厂家要求等进行，对易燃易爆材料要单独存放。

(7)对于有多个分包单位同时进场施工的项目，可以采取工程质量、安全或进度竞赛活动，通过定期的检查和评比，建立奖惩机制，促进分包单位的进步和提高。

6316　专业分包的合同价款及支付一般有哪些要求？

(1)分包工程合同价款可以采用以下三种中的一种(应与总包合同约定的方式一致)：

1)固定价格，在约定的风险范围内合同价款不再调整；

2)可调价格，合同价款可根据双方的约定而调整，应在专用条款内约定合同价款调整方法；

3)成本加酬金，合同价款包括成本和酬金两部分，双方在合同专用条款内约定成本构成和酬金的计算方法。

(2)分包合同价款与总包合同相应部分价款无任何连带关系。

(3)合同价款的支付：

1)实行工程预付款的，双方应在合同专用条款内约定承包人向分包人预付工程款的时间和数额，开工后按约定的时间和比例逐次扣回；

2)承包人应按专用条款约定的时间和方式，向分包人支付工程款(进度款)，按约定时间承包人应扣回的预付款，与工程款(进度款)同期结算；

3)分包合同约定的工程变更调整的合同价款、合同价款的调整、索赔的价款或费用以及其他约定的追加合同价款，应与工程进度款同期调整支付；

4)承包人超过约定的支付时间不支付工程款(预付款、进度款)，分包人可向承包人发出要求付款的通知，承包人不按分包合同约定支付工程款(预付款、进度款)，导致施工无法进行，分包人可停止施工，由承包人承担违约责任；

5)承包人应在收到分包工程竣工结算报告及结算资料后28 d内支付工程竣工结算价款，在发包人不拖延工程价款的情况下无正当理由不按时支付，从第29天起按分包人同期向银行贷款利率支付拖欠工程价款的利息，并承担违约责任。

6317 劳务分包合同的劳务报酬如何确定?

(1)劳务报酬可以采用以下方式中的任何一种：

1)固定劳务报酬(含管理费)；

2)约定不同工种劳务的计时单价(含管理费)，按确认的工时计算；

3)约定不同工作成果的计件单价(含管理费)，按确认的工程量计算。

(2)劳务报酬，可以采用固定价格或变动价格。采用固定价格，则除合同约定或法律政策变化导致劳务价格变化以外，均为一次包死，不再调整。

(3)在合同中可以约定，下列情况下固定劳务报酬或单价可以调整：

1)以本合同约定价格为基准，市场人工价格的变化幅度超过

一定百分比时,按变化前后价格的差额予以调整;

2)后续法律及政策变化,导致劳务价格变化的,按变化前后价格的差额予以调整;

3)双方约定的其他情形。

(4)工程及工程量的确认

1)采用固定劳务报酬方式的,施工过程中不计算工时和工程量。

2)采用按确定的工时计算劳务报酬的,由劳务分包人每日将提供劳务人数报承包人,由承包人确认。

3)采用按确认的工程量计算劳务报酬的,由劳务分包人按月(或旬、日)将完成的工程量报承包人,由承包人确认。对劳务分包人未经承包人认可,超出设计图纸范围和因劳务分包人原因造成返工的工程量,承包人不予计量。

6318 劳务分包的劳务报酬最终支付如何进行?

(1)全部工作完成,经承包人认可后 14 d 内,劳务分包人向承包人递交完整的结算资料,双方按照本合同约定的计价方式,进行劳务报酬的最终支付。

(2)承包人收到劳务分包人递交的结算资料后 14 d 内进行核实,给予确认或者提出修改意见。承包人确认结算资料后 14 d 内向劳务分包人支付劳务报酬尾款。

(3)劳务分包人和承包人对劳务报酬结算价款发生争议时,按合同约定处理。

第四节 索赔管理

6401 什么是索赔、反索赔?

索赔是指在施工合同履行过程中,合同一方因对方不履行或不适当履行合同义务而遭受损失时向对方提出的价款与工期补偿的要求，是承包人和发包人保护自身正当权益，弥补工程损失的重要而有效的手段。它既包括承包商向业主提出的索赔，也包括业主向承包商提出的反索赔。承包商的反索赔一般是关于工期、质量和价款的争议，业主向承包商的反索赔一般是因承包商承建项目未达到规定质量标准、工程拖期等原因引起。

反索赔就是反驳、反击或者防止对方提出的索赔，不让对方索赔成功或者全部成功。一般认为，索赔是双向的，业主和承包商都可以向对方提出索赔要求，任何一方也都可以对对方提出的索赔要求进行反驳和反击，这种反击和反驳就是反索赔。

6402　引起索赔的原因有哪些？

(1)合同对方违约，不履行或未能正确履行合同义务与责任。

(2)合同错误，如合同条文不全、错误、矛盾等，设计图纸、技术规范错误等。

(3)合同变更。

(4)工程环境变化，包括法律、物价和自然条件的变化等。

(5)不可抗力因素，如恶劣气候条件、地震、洪水、战争状态等。

6403　按照索赔事件的性质索赔分为哪几类？

(1)工程延期索赔，因为发包人未按合同要求提供施工条件，或者发包人指令工程暂停或不可抗力事件等原因造成工期拖延的，承包人向发包人提出索赔；如果由于承包人原因导致工期拖延，发包人可以向承包人提出索赔；由于非分包人的原因导致工期拖延，分包人可以向承包人提出索赔。

(2)工程加速索赔，通常是由于发包人指令承包人加快施工进度，缩短工期，引起承包人的人力、物力、财力的额外开支，承包人提出索赔；承包人指令分包人加快进度，分包人也可以向承包人提出索赔。

(3)工程变更索赔，由于发包人指令增加或减少工程量或增加附加工程、修改设计、变更施工顺序等，造成工期延长和费用增加，承包人对此向发包人提出索赔，分包人也可以对此向承包人提出索赔。

(4)工程终止索赔，由于发包人违约或发生了不可抗力事件等造成工程非正常终止，承包人和分包人因蒙受经济损失而提出索赔；如果由于承包人或者分包人的原因导致工程非正常终止，或者合同无法继续履行，发包人可以对此提出索赔。

(5)不可预见的外部障碍或条件索赔，即施工期间在现场遇到一个有经验的承包商通常不能预见的外界障碍或条件，例如地质条件与预计的(业主提供的资料)不同，出现未预见的岩石、淤泥或地下水等，导致承包人损失，这类风险通常应该由发包人承担，即承包人可以据此提出索赔。

(6)不可抗力事件引起的索赔，不可抗力通常是满足以下条件的特殊事件或情况：一方无法控制的、该方在签订合同前不能对之进行合理防备的、发生后该方不能合理避免或克服的、不主要归因于他方的。不可抗力事件发生导致承包人损失，通常应该由发包人承担，即承包人可以据此提出索赔。

(7)其他索赔，如货币贬值、汇率变化、物价变化、政策法令变化等原因引起的索赔。

6404 承包商向业主的索赔可能发生在哪些方面?

(1)因合同文件引起的索赔

1)有关合同文件的组成问题引起的索赔；

2)关于合同文件有效性引起的索赔；

3)因图纸或工程量表中的错误而引起的索赔。

(2)有关工程施工的索赔

1)地质条件变化引起的索赔；

2)工程中人为障碍引起的索赔；

3)增减工程量的索赔；

4)各种额外的试验和检查费用的偿付；

5)工程质量要求的变更引起的索赔；

6)指定分包商违约或延误造成的索赔；

7)其他有关施工的索赔。

(3)关于价款方面的索赔

1)关于价格调整方面的索赔；

2)关于货币贬值和严重经济失调导致的索赔；

3)拖延支付工程款的索赔。

(4)关于工期的索赔

1)关于延长工期的索赔；

2)由于延误产生损失的索赔；

3)赶工费用的索赔。

(5)特殊风险和人力不可抗拒灾害的索赔

1)特殊风险的索赔

特殊风险一般是指战争、敌对行动、入侵行为、核污染及冲击波破坏、叛乱、革命、暴动、军事政变或篡权、内战等。

2)人力不可抗拒灾害的索赔

人力不可抗拒灾害主要是指自然灾害，由这类灾害造成的损失应向承保的保险公司索赔。在许多合同中承包人以业主和承包人共同的名义投保工程一切险，这种索赔可同业主一起进行。

(6)工程暂停、终止合同的索赔

1)施工过程中，工程师有权下令暂停全部或任何部分工程，只要这种暂停命令并非承包人违约或其他意外风险造成的，承包人不仅可以得到要求工期延长的权利，而且可以就其停工损失获得合理的额外费用补偿。

2)终止合同和暂停工程的意义是不同的。有些是由于意外风险造成的损害十分严重因而终止合同，也有些是由“错误”引起的合同终止，例如业主认为承包人不能履约而终止合同，甚至从工地驱逐该承包人。

(7)财务费用补偿的索赔

财务费用的损失要求补偿，是指因各种原因使承包人财务开支增大而导致的贷款利息等财务费用。

6405 业主向承包商索赔费用和（或）利润的情况有哪些？

（1）工程进度太慢，要求承包商赶工时，可索赔工程师的加班费。

（2）合同工期已到而工程仍未完工，可索赔误期损害赔偿费。

（3）质量不满足合同要求，如不按照工程师的指示拆除不合格工程和材料，不进行返工或不按照工程师的指示在缺陷责任期内修复缺陷，则业主可找另一家公司完成此类工作，并向承包商索赔成本及利润。

（4）质量不满足合同要求，工程被拒绝接收，在承包商自费修复后，业主可索赔重新检验费。

（5）未按合同要求办理保险，业主可前去办理并扣除或索赔相应的费用。

（6）由于合同变更或其他原因造成工程施工的性质、范围或进度计划等方面发生变化，承包商未按合同要求去及时办理保险，由此造成的损失或损害可向承包商索赔。

（7）未按合同要求采取合理措施，造成运输道路、桥梁等的破坏。

（8）未按合同条件要求，无故不向分包商付款。

（9）严重违背合同（如工程进度一拖再拖，质量经常不合格等），工程师一再警告而没有明显改进时，业主可没收履约保函。

6406 承包人向业主或发包方索赔成立的前提条件是什么？

索赔的成立，应该同时具备以下三个前提条件：

（1）与合同对照，事件已造成了承包人工程项目成本的额外支出，或直接工期损失；

（2）造成费用增加或工期损失的原因，按合同约定不属于承包人的行为责任或风险责任；

（3）承包人按合同规定的程序和时间提交索赔意向通知和索赔报告。

6407 索赔的依据主要有哪些?

(1)合同文件是索赔的最主要依据,包括:合同协议书、中标通知书、投标书及其附件、合同专用条款、合同通用条款、标准、规范及有关技术文件、图纸、工程量清单、工程报价单或预算书。合同履行中,发包人与承包人有关工程的洽商、变更等书面协议或文件应视为合同文件的组成部分。

(2)订立合同所依据的法律法规,施工承包合同文件适用国家的法律和行政法规,需要明示的法律、行政法规,由双方在专用条款中约定,适用国家标准、规范的名称也应在专用条款内约定。

(3)工程建设的惯例。

6408 索赔证据指什么?其基本要求是什么?常见的工程索赔证据有哪些?

索赔证据是当事人用来支持其索赔成立或/和索赔有关的证明文件和资料。索赔证据应该具有真实性、及时性、全面性、关联性、有效性。常见的工程索赔证据有以下多种类型:

(1)各种合同文件,包括施工合同协议书及其附件、中标通知书、投标书、标准和技术规范、图纸、工程量清单、工程报价单或者预算书、有关技术资料和要求、施工过程中的补充协议等。

(2)工程各种往来函件、通知、答复等;各种会谈纪要;工地的交接记录(应注明交接日期,场地平整情况,水、电、路情况等),图纸和各种资料交接记录。

(3)经过发包人或者工程师批准的承包人的施工进度计划、施工方案、施工组织设计和现场实施情况记录。

(4)气象报告和资料,如有关温度、风力、雨雪的资料;工程有关照片和录像等。

(5)施工现场记录,包括有关设计交底、设计变更、施工变更指令,工程材料和机械设备的采购、验收与使用等方面的凭证及材料供应清单、合格证书,工程现场水、电、道路等开通、封闭的记录,停水、停电等各种干扰事件的时间和影响记录等；施工日记、备忘录等。

(6)发包人或者工程师签认的签证；发包人或者工程师发布的各种书面指令和确认书，以及承包人的要求、请求、通知书等；工程中的各种检查验收报告和各种技术鉴定报告。

(7)市场行情资料，包括市场价格、官方的物价指数、工资指数、中央银行的外汇比率等公布材料。

(8)投标前发包人提供的参考资料和现场资料。

(9)工程结算资料、财务报告、财务凭证等；各种会计核算资料。

(10)国家法律、法令、政策文件。

6409 承包人向发包人索赔的一般步骤是什么？

(1)索赔意向通知

发生索赔事件时，承包人在合同规定时间内将索赔意向用书面形式及时通知发包人或者工程师，向对方表明索赔愿望、要求或者声明保留索赔权利。索赔意向通知要简明扼要地说明索赔事由发生的时间、地点、简单事实情况描述和发展动态、索赔依据和理由、索赔事件的不利影响等。

(2)索赔资料的准备

主要工作有：跟踪和调查干扰事件，掌握事件产生的详细经过；分析干扰事件产生的原因，划清各方责任，确定索赔根据；损失或损害调查分析与计算，确定工期索赔和费用索赔值；搜集证据，获得充分而有效的各种证据；起草索赔文件。

(3)索赔文件的提交

提出索赔的一方应该在合同规定的时限内向对方提交正式的书面索赔文件。索赔文件的主要内容包括以下几个方面：总述部分(概要论述索赔事项发生的日期和过程；承包人为该索赔事项付出的努力和附加开支；承包人的具体索赔要求)、论证部分(索赔报告的关键部分，其目的是说明自己有索赔权，是索赔能否成立的关键)、索赔款项(和/或工期)计算部分、证据部分。

(4)索赔文件的审核

对于承包人向发包人的索赔请求,索赔文件首先应该交由工程师审核。工程师根据发包人的委托或授权,对承包人索赔的审核工作主要分为判定索赔事件是否成立和核查承包人的索赔计算是否正确、合理两个方面,并可在授权范围内作出判断。初步确定补偿额度,或者要求补充证据,或者要求修改索赔报告等。对索赔的初步处理意见要提交发包人。

(5)发包人审查

对于工程师的初步处理意见,发包人需要进行审查和批准,然后工程师才可以签发有关证书。如果索赔额度超过了工程师权限范围时,应由工程师将审查的索赔报告报请发包人审批,并与承包人谈判解决。

(6)协商

对于工程师的初步处理意见,发包人和承包人可能都不接受或者其中的一方不接受,三方可就索赔的解决进行协商,达成一致。如果经过努力无法就索赔事宜达成一致意见,则发包人和承包人可根据合同约定选择采用仲裁或者诉讼方式解决。

6410　哪些费用可以索赔?

原则上说,承包商有索赔权利的工程成本增加,都是可以索赔的费用。但是,对于不同原因引起的索赔,承包商可索赔的具体费用内容是不完全一样的。哪些内容可索赔,要按照各项费用的特点、条件进行分析论证。

(1)人工费。对于索赔费用中的人工费部分而言,人工费是指完成合同之外的额外工作所花费的人工费用;由于非承包商责任的工效降低所增加的人工费用;超过法定工作时间加班劳动;法定人工费增长以及非承包商责任工程延期导致的人员窝工费和工资上涨费等。

(2)材料费。材料费的索赔包括:由于索赔事项材料实际用量超过计划用量而增加的材料费；由于客观原因材料价格大幅度上涨；由于非承包商责任工程延期导致的材料价格上涨和超期储存费用。材料费中应包括运输费、仓储费以及合理的损耗费用。

(3)施工机械使用费。施工机械使用费的索赔包括：由于完成额外工作增加的机械使用费；非承包商责任工效降低增加的机械使用费；由于业主或监理工程师原因导致机械停工的窝工费。

(4)分包费用。分包费用索赔指的是分包商的索赔费，一般也包括人工、材料、机械使用费的索赔。分包商的索赔应如数列入总承包商的索赔款总额以内。

(5)现场管理费。索赔款中的现场管理费是指承包商完成额外工程、索赔事项工作以及工期延长期间的现场管理费，包括管理人员工资、办公、通信、交通费等。

(6)利息。在索赔款额的计算中，经常包括利息。利息的索赔通常发生于下列情况：拖期、分包费、总部管理费利润；付款的利息；错误扣款的利息。

(7)总部(企业)管理费。索赔款中的总部管理费主要指工程延期期间所增加的管理费。包括总部职工工资、办公大楼、办公用品、财务管理、通信设施以及总部领导人员赴工地检查指导工作等开支。

(8)利润。一般来说，由于工程范围的变更、文件有缺陷或技术性错误、业主未能提供现场等引起的索赔，承包商可以列入利润。但对于工程暂停的索赔，由于利润通常是包括在每项实施工程内容的价格之内的，而延长工期并未影响削减某些项目的实施，也未导致利润减少。所以，一般监理工程师很难同意在工程暂停的费用索赔中加入利润损失。

6411 如何计算索赔费用?

索赔费用的计算方法有：实际费用法、总费用法和修正的总费用法。

(1)实际费用法

实际费用法的计算原则是以承包商为某项索赔工作所支付的

实际开支为根据，向业主要求费用补偿。用实际费用法计算时，在直接费的额外费用部分的基础上，再加上应得的间接费和利润，即是承包商应得的索赔金额。由于实际费用法所依据的是实际发生的成本记录或单据，所以，在施工过程中，系统而准确地积累记录资料是非常重要的。

(2)总费用法

总费用法就是当发生多次索赔事件以后，重新计算该工程的实际总费用，实际总费用减去投标报价时的估算总费用，即为索赔金额。这种方法只有在难以采用实际费用法时才应用。

(3)修正的总费用法

修正的总费用法是对总费用法的改进，即在总费用计算的原则上，去掉一些不合理的因素，使其更合理。修正的内容如下：

1)将计算索赔款的时段局限于受到外界影响的时间，而不是整个施工期；

2)只计算受影响时段内的某项工作所受影响的损失，而不是计算该时段内所有施工工作所受的损失；

3)与该项工作无关的费用不列入总费用中；

4)对投标报价费用重新进行核算：按受影响时段内该项工作的实际单价进行核算，乘以实际完成的该项工作的工程量，得出调整后的报价费用。

6412 哪些原因造成的工期延误可以索赔？

承包商依据合同对由于非自身的原因而导致的工期延误可向业主提出工期顺延要求。一般因以下原因造成工期延误，经工程师确认，工期相应顺延：

(1)发包人未能按专用条款的约定提供图纸及开工条件；

(2)发包人未能按约定日期支付工程预付款、进度款，致使施工不能正常进行；

(3)工程师未按合同约定提供所需指令、批准等，致使施工不能正常进行；

(4)设计变更和工程量增加；

(5)一周内非承包商原因停水、停电、停气造成停工累计超过8 h；

(6)不可抗力；

(7)专用条款中约定或工程师同意工期顺延的其他情况。

6413 工期索赔有哪些计算方法?

(1)直接法

如果某干扰事件直接发生在关键线路上,造成总工期的延误,可以直接将该干扰事件的实际干扰时间(延误时间)作为工期索赔值。

(2)比例分析法

如果某干扰事件仅仅影响某单项工程、单位工程或分部分项工程的工期,要分析其对总工期的影响,可以采用比例分析法。采用比例分析法时,可以按工程量的比例进行分析,也可以按照造价的比例进行分析。

(3)网络分析法

假设工程按照双方认可的工程网络计划确定的施工顺序和时间施工,当某个或某几个干扰事件发生后,使网络中的某个工作或某些工作受到影响,使其持续时间延长或开始时间推迟,从而影响总工期,则将这些工作受干扰后的新的持续时间和开始时间等代入网络中,重新进行网络分析和计算,得到的新工期与原工期之间的差值就是干扰事件对总工期的影响,也就是承包商可以提出的工期索赔值。

网络分析方法通过分析干扰事件发生前和发生后网络计划的计算工期之差来计算工期索赔值,可以用于各种干扰事件和多种干扰事件共同作用所引起的工期索赔。

6414 反索赔的基本工作内容是什么?

反索赔的工作内容可以包括两个方面:一是防止对方提出索赔,二是反击或反驳对方的索赔要求。

要成功地防止对方提出索赔，应采取积极防御的策略。首先是自己严格履行合同规定的各项义务，防止自己违约，并通过加强合同管理，使对方找不到索赔的理由和根据，使自己处于不能被索赔的地位。其次，如果在工程实施过程中发生了干扰事件，则应立即着手研究和分析合同依据，搜集证据，为提出索赔和反索赔做好两手准备。

如果对方提出了索赔要求或索赔报告，则自己一方应采取各种措施来反击或反驳对方的索赔要求。常用的措施有：

（1）抓对方的失误，直接向对方提出索赔，以对抗或平衡对方的索赔要求，以求在最终解决索赔时互相让步或者互不支付；

（2）针对对方的索赔报告，进行仔细、认真研究和分析，找出理由和证据，证明对方索赔要求或索赔报告不符合实际情况和合同规定，没有合同依据或事实证据，索赔值计算不合理或不准确等问题，反击对方的不合理索赔要求，推卸或减轻自己的责任，使自己不受或少受损失。

6415　对索赔报告的反击或反驳一般从哪几方面进行？

（1）索赔要求或报告的时限性，审查对方是否在干扰事件发生后的索赔时限内及时提出索赔要求或报告。

（2）审查索赔事件的真实性。

（3）干扰事件的原因、责任分析，如果干扰事件确实存在，则要通过对事件的调查分析，确定原因和责任。如果事件责任属于索赔者自己，则索赔不能成立，如果合同双方都有责任，则应按各自的责任大小分担损失。

（4）索赔理由分析，分析对方的索赔要求是否与合同条款或有关法规一致，所受损失是否属于非对方负责的原因造成。

（5）索赔证据分析，分析对方所提供的证据是否真实、有效、合法，是否能证明索赔要求成立。证据不足、不全、不当、没有法律证明效力或没有证据，索赔不能成立。

（6）索赔值审核，审核的重点是索赔值的计算方法是否合情合理，各种取费是否合理适度，有无重复计算，计算结果是否准确等。

第七章　成本管理

第一节　造价预算

7101　公路工程造价指什么？由哪几部分构成？

公路工程的造价是指公路工程交通基建、养护项目从筹备到竣工验收交付使用所需的全部费用。它由建筑安装工程费，设备、工具（器具）购置费，工程建设其他费用，预备费四部分构成。

建筑安装工程费包括直接费、间接费、利润及税金。设备、工具（器具）购置费包括设备购置费、工器具及生产家具购置费、办公和生活用家具购置费。工程建设其他费用包括土地征用及拆迁补偿费、建设项目管理费、研究试验费、建设项目前期工作费、专项评价（估）费、施工机构迁移费、联合试运转费、生产人员培训费、建设期贷款利息等。预备费用由价差预备费及基本预备费两部分组成。

以上费用构成工程建设项目投资。施工单位一般只涉及建筑安装工程费，它包括直接费、间接费、利润及税金，在工程量清单综合报价时除涉及以上四部分费用外，还需考虑防范风险的费用，工程项目施工成本仅包括直接费和间接费两部分。直接费中其他工程费和间接费需依据不同的工程类别分别确定计算费率进行计算。

7102　建筑安装工程费各部分如何组成？

（1）直接费由直接工程费和其他工程费组成。直接工程费是指施工过程中耗费的构成工程实体和有助于工程形成的各项费用，包括人工费、材料费、施工机械使用费。其他工程费指直接工程费以外施工过程中发生的直接用于工程的费用，内容包括：冬期施工增加费、雨期施工增加费、夜间施工增加费、特殊地区施工增加费、行车干扰工程施工增加费、安全及文明施工措施费、临时设施费、施工辅助费、工地转移费等九项。

(2)间接费由规费、企业管理费两项组成。规费系指法律、法规、规章、规程规定施工企业必须缴纳的费用(简称规费)。包括养老保险费、失业保险费、医疗保险费、住房公积金和工伤保险费等。企业管理费由基本费用、主副食运输补贴、职工探亲路费、职工取暖补贴和财务费用五项组成。辅助生产间接费系指由施工单位自行开采加工的砂、石等自采材料及施工单位自办的人工装卸和运输的间接费。

(3)利润是指施工企业完成所承包工程应取得的盈利。

(4)税金是指按国家税法规定应计入建筑安装工程造价内的营业税,城市维护建设税及教育费附加等。

7103　设备、工具(器具)购置费各部分包括哪些费用?

(1)设备购置费是指为满足公路的营运、管理、养护需要,购置的达到固定资产标准的设备和虽低于固定资产标准但属于设计明确列入设备清单的设备的费用,包括渡口设备,隧道照明、消防、通风的动力设备,高等级公路的收费、监控、通信、供电设备,养护用的机械、设备和工具、器具等的购置费用。

(2)工器具及生产家具(简称工器具)购置费是指建设项目交付使用后为满足初期正常营运必须购置的第一套不构成固定资产的设备、仪器、仪表、工卡模具、器具、工作台(框、架、柜)等的费用。该费用不包括构成固定资产的设备、工器具和备品、备件,及已列入设备购置费中的专用工具和备品、备件。

(3)办公和生活用家具购置费是指为保证新建、改建项目初期正常生产、使用和管理所必须购置的办公和生活用家具、用具的费用。范围包括行政、生产部门的办公室、会议室、资料档案室、阅览室、单身宿舍及生活福利设施等的家具、用具。

7104 工程建设其他费用由哪些部分组成?

(1)土地征用及拆迁补偿费是指按照《中华人民共和国土地管理法》及《中华人民共和国土地管理实施条例》、《中华人民共和国基本农田保护条例》等法律、法规的规定,为进行公路建设需征用土地所支付的土地征用及拆迁补偿费等费用。

(2)建设项目管理费包括建设单位(业主)管理费、工程质量监督费、工程监理费、工程定额测定费、设计文件审查费和竣(交)工验收试验检测费。

(3)研究试验费是指为本建设项目提供或验证设计数据、资料进行必要的研究试验和按照设计规定在施工过程中必须进行试验、验证所需的费用,以及支付科技成果、先进技术的一次性技术转让费。不包括应由科技三项费用(即新产品试制费、中间试验费和重要科学研究补助费)开支的项目;应由施工辅助费开支的施工企业对建筑材料、构件和建筑物进行一般鉴定、检查所发生的费用及技术革新研究试验费;应由勘察设计费或建筑安装工程费用中开支的项目。

(4)建设项目前期工作费是指委托勘察设计、咨询单位对建设项目进行可行性研究、工程勘察设计,以及设计、监理、施工招标文件及招标标底或造价控制值文件编制时,按规定应支付的费用。该费用包括编制项目建议书(或预可行性研究报告)、可行性研究报告、技资估算,以及相应的勘察、设计、专题研究等所需的费用;初步设计和施工图设计的勘察费(包括测量、水文调查、地质勘探等)、设计费、概(预)算及调整概算编制费等;设计、监理、施工招标文件及招标标底(或造价控制值或清单预算)文件编制费等。

(5)专项评价(估)费是指依据国家法律、法规规定须进行评价(评估)、咨询,按规定应支付的费用。该费用包括环境影响评价费、水土保持评估费、地震安全性评价费、地质灾害危险性评价费、压覆重要矿床评估费、文物勘察费、通航认证费、行洪论证(评估)

费、使用林地可行性研究报告编制费、用地预审报告编制费等费用。

(6)施工机构迁移费是指施工机构根据建设任务的需要，经有关部门决定成建制地由原驻地迁移到另一地区所发生的一次性搬迁费用。该费用不包括应由施工企业自行负担的，在规定距离范围内调动施工力量以及内部平衡施工力量所发生的迁移费用；由于违反基建程序，盲目调迁队伍所发生的迁移费；因中标而引起施工机构迁移所发生的迁移费。

(7)联合试运转费是指新建、改(扩)建工程项目，在竣工验收前按照设计规定的工程质量标准，进行动(静)载荷载实验所需的费用，或进行整套设备带负荷联合试运转期间所需的全部费用抵扣试车期间收入的差额。该费用不包括应由设备安装工程项下开支的调试费的费用。费用内容包括：联合试动转期间所需的材料、油燃料和动力的消耗，机械和检测设备使用费，工具用具和低值易耗品费，参加联合试运转人员工资及其他费用等。

(8)生产人员培训费指新建、改(扩)建公路工程项目，为保证生产的正常运行，在工程竣工验收交付使用前对运营部门生产人员和管理人员进行培训所必需的费用。费用内容包括培训人员的工资、工资性补贴、职工福利费、差旅交通费、劳动保护费、培训及教学实习费等。

(9)建设期贷款利息是指建设项目中分年度使用国内贷款或国外贷款部分，在建设期内应归还的贷款利息。费用内容包括各种金融机构贷款、企业集资、建设债券和外汇贷款等利息。

7105 预备费用由哪几部分组成？如何使用预备费用？

预备费用由价差预备费及基本预备费两部分组成。在公路工程建设期限内，凡需动用预备费时，属于公路交通部门投资的项目，需经建设单位提出，按建设项目隶属关系，报交通运输部或交通厅(局)基建主管部门核定批准。属于其他部门投资的建设项目，按其隶属关系报有关部门核定批准。

7106 公路工程项目造价管理中工程类别如何划分?

(1)人工土方:指人工施工的路基、改河等土方工程,以及人工施工的砍树、挖根、除草、平整场地、挖盖山土等工程项目,并适用于无路面的便道工程。

(2)机械土方:指机械施工的路基、改河等土方工程,以及机械施工的砍树、挖根、除草等工程项目。

(3)汽车运输:指汽车、拖拉机、机动翻斗车等运送的路基、改河土(石)方、路面基层和面层混合料、水泥混凝土及预制构件、绿化苗木等。

(4)人工石方:指人工施工的路基、改河等石方工程,以及人工施工的挖盖山石项目。

(5)机械石方:指机械施工的路基、改河等石方工程(机械打眼即属机械施工)。

(6)高级路面:指沥青混凝土路面、厂拌沥青碎石路面和水泥混凝土路面的面层。

(7)其他路面:指除高级路面以外的其他路面面层,各等级路面的基层、底基层、垫层、透层、封层,采用结合料稳定的路基和软土等特殊路基处理等工程,以及有路面的便道工程。

(8)构造物Ⅰ:指无夜间施工的桥梁、涵洞、防护(包括绿化)及其他工程,交通工程及沿线设施工程(设备安装及金属标志牌、防撞钢护栏、防眩板(网)、隔离栅、防护网除外),以及临时工程中的便桥、电力电信线路、轨道铺设等工程项目。

(9)构造物Ⅱ:指有夜间施工的桥梁工程。

(10)构造物Ⅲ:指商品混凝土(包括沥青混凝土和水泥混凝土)的浇筑和外购构件及设备的安装工程。商品混凝土和外购构件及设备的费用不作为其他工程费和间接费的计算基数。

(11)技术复杂大桥:指单孔跨径在 120 m 以上(含 120 m)和基础水深在 10 m 以上(包括 10 m)的大桥主桥部分的基础、下部和上部工程。

(12)隧道：指隧道工程的洞门及洞内土建工程。

(13)钢材及钢结构：指钢桥及钢吊桥的上部构造，钢沉井、钢围堰、钢套箱及钢护筒等基础工程，钢索塔、钢锚箱、钢筋及预应力钢材、模数式及橡胶板式伸缩缝、钢盆式橡胶支座、四氟板式橡胶支座、金属标志牌、防撞钢护栏、防眩板(网)、隔离栅、防护网等工程项目。

7107 人工费由哪几部分组成？如何计算？

人工费指直接从事建筑安装工程施工的生产工人开支的各项费用，内容包括：

(1)基本工资：指发放给生产工人的基本工资、流动施工津贴和生产工人劳动保护费，以及为职工缴纳的养老、失业、医疗保险费和住房公积金等。生产工人劳动保护费系指按国家有关部门规定标准发放的劳动保护用品的购置费及修理费、徒工服装补贴、防暑降温费、在有碍身体健康环境中施工的保健费用等。

(2)工资性补贴：指按规定标准发放的物价补贴，煤、燃气补贴，交通费补贴，地区津贴等。

(3)生产工人辅助工资：指生产工人年有效施工天数以外非作业天数的工资，包括开会和执行必要的社会义务时间的工资，职工学习、培训期间的工资，调动工作、探亲、休假期间的工资，因气候影响停工期间的工资，女工哺乳期间的工资，病假在六个月以内的工资及产、婚、丧假期的工资。

(4)职工福利费：指按国家规定标准计提的职工福利费。

人工费以概、预算定额人工工日数乘以每工日人工费计算。公路工程生产工人每工日人工费按下式计算：

人工费(元/工日)＝[基本工资(元/月)＋地区生活补贴(元/月)＋工资性津贴(元/月)]×(1＋14%)×12月÷240(工日)

式中 基本工资——按不低于工程所在地政府主管部门发布的最低工资标准的1.2倍计算；

地区生活补贴——国家规定的边远地区生活补贴、特区补贴；

工资性津贴——物价补贴，煤、燃气补贴，交通费补贴等。

以上各项标准由各省、自治区、直辖市公路（交通）工程造价（定额）管理站根据当地人民政府的有关规定核定后公布执行，并应根据最低工资标准的变化情况及时调整公路工程生产工人工资标准。

人工费单价仅作为编制概、预算的依据，不作为施工企业实发工资的依据。

7108 材料费如何计算？

材料费指施工过程中耗用的构成工程实体的原材料、辅助材料、构（配）件、零件、半成品、成品的费用和周转材料的摊销量，按工程所在地的材料预算价格计算的费用。

材料预算价格由材料原价、运杂费、场外运输损耗、采购及仓库保管费组成，其计算公式为：

材料预算价格＝（材料原价＋运杂费）×（1＋场外运输损耗率）×（1＋采购及保管费率）－包装品回收价值

（1）材料原价

各种材料原价按以下规定计算：

外购材料：国家或地方的工业产品，按工业产品出厂价格或供销部门的供应价格计算，并根据情况加计供销部门手续费和包装费。如供应情况、交货条件不明确时，可采用当地规定的价格计算。

地方性材料：地方性材料包括外购的砂、石材料等，按实际调查价格或当地主管部门规定的预算价格计算。

自采材料：自采的砂、石、黏土等材料，按定额中开采单价加辅助生产间接费和矿产资源税（如有）计算。

材料原价应按实计取。各省、自治区、直辖市公路（交通）工程造价（定额）管理站应通过调查，编制本地区的材料价格信息，供编制概、预算使用。

(2)运杂费

运杂费指材料自供应地点至工地仓库(施工地点存放材料的地方)的运杂费用,包括装卸费、运费,如果发生,还应计囤存费及其他杂费(如过磅、标签、支撑加固、路桥通行等费用)。

通过铁路、水路和公路运输部门运输的材料,按铁路、航运和当地交通部门规定的运价计算运费。

施工单位自办的运输,单程运距在 15 km 以上的长途汽车运输按当地交通部门规定的统一运价计算运费,单程运距在 5～15 km 的汽车运输按当地交通部门规定的统一运价计算运费,当工程所在地交通不便、社会运输力量缺乏时,允许按当地交通部门规定的统一运价加 50%计算运费;单程运距在 5 km 以内的汽车运输以及人力场外运输,按预算定额计算运费,其中人力装卸和运输另按人工费加计辅助生产间接费。

一种材料如有两个以上的供应点时,都应根据不同的运距、运量、运价采用加权平均的方法计算运费。

由于预算定额中汽车运输台班已考虑工地便道特点,以及定额中已计入了“工地小搬运”项目,因此平均运距中汽车运输便道里程不得乘以调整系数,也不得在工地仓库或堆料场之外再加场内运距或二次倒运的运距。

有容器或包装的材料及长大轻浮材料,应按规定的毛重计算。桶装沥青、汽油、柴油按每吨摊销一个旧汽油桶计算包装费(不计回收)。

(3)场外运输损耗

场外运输损耗指有些材料在正常的运输过程中发生的损耗,这部分损耗应摊入材料单价内。

(4)采购及保管费

材料采购及保管费指材料供应部门(包括工地仓库以及各级材料管理部门)在组织采购、供应和保管材料过程中,所需的各项费用及工地仓库的材料储存损耗。

材料采购及保管费以材料的原价加运杂费及场外运输损耗的合计数为基数,乘以采购保管费率 2.5%计算。

外购的构件、成品及半成品的预算价格，其计算方法与材料相同，但构件（如外购的钢梁、钢筋混凝土构件及加工钢材等半成品）的采购保管费率为1%。商品混凝土预算价格的计算方法与材料相同，但其来购保管费率为0。

7109 施工机械使用费如何计算？

施工机械使用费指列入概、预算定额的施工机械台班数量，按相应的机械台班费用定额计算的施工机械使用费和小型机具使用费。

施工机械台班预算价格应按现行《公路工程机械台班费用定额》（JTG/T B06-03-2007）计算，台班单价由不变费用和可变费用组成。

（1）不变费用

不变费用包括折旧费、大修理费、经常修理费、安装拆卸及辅助设施费等。

折旧费：指机械设备在规定的使用期限内陆续收回其原值的费用。

大修理费：指机械设备按规定的大修理间隔台班必须进行大修理，以恢复其正常功能所需的费用。

经常修理费：指机械设备除大修理以外的各级保养（包括一、二、三级保养）及为排除临时故障所需的费用；为保障机械正常运转所需替换配件、随机使用工具、附具摊销和维护的费用；机械运转与日常保养所需的润滑油脂、擦拭材料（布及棉纱等）费用和机械在规定年工作台班以外的维护、保养费用等。

安装拆卸及辅助设施费：指机械在施工现场进行安装、拆卸所需的人工费、材料费、机械费、试运转费以及安装所需的辅助设施费。辅助设施费包括安装机械的基础、底座及固定的锚桩等项费用。打桩、钻孔机械在施工中的过墩、移位等所发生的安装及拆卸费，包括在工程项目之内。稳定土厂拌设备、沥青乳化设备、黑色粒料拌和设备、混凝土搅拌站（楼）的安装、拆卸以及拌和设备、搅拌站（楼）、大型发电机的基础、沉淀池、散热池等辅助设施和机械操作所需的轨道、工作台的设备费用等，不在此项费用内，在工程项目中另行计算。

（2）可变费用

可变费用包括机上人员人工费、动力燃料费、养路费及车船使用税。可变费用中的人工工日数及动力燃料消耗量，应以机械台班费用定额中的数值为准。台班人工费工日单价同生产工人人工费单价。动力燃料费用则按材料费的计算规定计算。

养路费指自行机械行驶在公路上按交通部门规定应缴纳的用于养路的费用。该费用应根据各省、直辖市及国务院有关部门的规定，按机械的年工作台班计入台班费中。

车船使用税：指税务部门按规定征收的车船使用税。如需缴纳时，应根据各省、自治区、直辖市及国务院有关部门的规定标准，按机械的年工作台班计入台班费中。

7110　其他工程费中的冬期施工增加费、雨期施工增加费、夜间施工增加费如何计算？

其他工程费指直接工程费以外，施工过程中发生的直接用于工程的费用。

（1）冬期施工增加费：指按照公路工程施工及验收规范所规定的冬期施工要求，为保证工程质量和安全生产所需采用的防寒保温设施、工效降低和机械作业率降低以及技术操作过程改变等所增加的有关费用。冬期施工增加费以各类工程的直接工程费之和为计算基数，即：

冬期施工增加费＝各类工程的直接工程费之和×冬期施工增加费费率（%）

为简化计算过程，冬期施工增加费采用全年平均摊销的方法，即不论是否在冬期施工，均按规定的取费标准计取。一条线路穿过两个以上的气温区时，可分段计算或按各区的工程量比例求得全线的平均增加率，计算冬期施工增加费。

（2）雨期施工增加费：指雨期施工期间，为保证工程质量和安全生产所需采用的防雨、排水、防潮和防护措施、工效降低和机械作业率降低以及技术作业过程的改变等，所需增加的有关费用。雨期施工增加费以各类工程的直接工程费之和为计算基数，即：

雨期施工增加费＝各类工程的直接工程费之和×雨期施工增加费费率(%)

根据各类工程的特点选定各雨量区和雨期区的取费标准，采用全年平均摊销的方法，即不论是否在雨期施工，均按规定的取费标准计取雨期施工增加费。一条线路通过不同的雨量区和雨期区时，应分别计算雨期施工措施费或按工程量比例求得平均的增加率，计算全线雨期施工增加费。室内管道及设备安装工程不计雨期施工增加费。

(3)夜间施工增加费：指根据设计、施工的技术要求和合理的施工进度要求，必须在夜间连续施工而发生的工效降低、夜班津贴以及有关照明设施(包括所需照明设施的安拆、摊销、维修及油燃料、电)等增加的费用。夜间施工增加费按夜间施工工程项目的直接工程费之和为计算基数，即：

夜间施工增加费＝夜间施工工程项目的直接工程费之和×夜间施工增加费费率(%)

7111 其他工程费中的特殊地区施工增加费如何计算?

(1)高原地区施工增加费：指在海拔1 500 m以上地区施工，由于受气候、气压的影响致使人工、机械效率降低而增加的费用。高原地区施工增加费以各类工程人工费和施工机械使用费之和为计算基数，即：

高原地区施工增加费＝各类工程人工费及施工机械使用费之和×高原地区施工增加费费率(%)

一条线路通过两个以上(含两个)不同的海拔高度分区时，应分别计算高原地区施工增加费或按工程量比例求得平均的增加率，计算全线高原地区施工增加费。

(2)风沙地区施工增加费：指在沙漠地区施工时，由于受风沙影响，按照施工及验收规范的要求，为保证工程质量和安全生产而增加的有关费用，包括防风、防沙及气候影响的措施费，人工、机械效率降低增加的费用，以及积沙、风蚀的清理修复等费用。风沙地区施工增加费以各类工程人工费和施工机械使用费之和为计算基数，即：

风沙地区施工增加费＝各类工程人工费及施工机械使用费之和×风沙地区施工增加费费率（%）

一条线路穿过两个以上不同风沙区时，按路线长度经过不同的风沙区加权计算项目全线风沙地区施工增加费。

（3）沿海地区工程施工增加费：指工程项目在沿海地区施工受海风、海浪和潮汐的影响，致使人工、机械效率降低等所需增加的费用。沿海地区工程施工增加费以构造物Ⅱ、构造物Ⅲ、技术复杂大桥、钢材及钢结构四种工程类别的直接工程费之和为计算基数，即：

沿海地区工程施工增加费＝各类工程的直接工程费×沿海地区工程施工增加费费率（%）

7112　其他工程费中的行车干扰工程施工增加费、安全及文明施工措施费、临时设施费、施工辅助费、工地转移费如何计算？

（1）行车干扰工程施工增加费：指由于边施工边维持通车，受行车干扰的影响，致使人工、机械效率降低而增加的费用。行车干扰工程施工增加费以受行车影响部分的工程项目的人工费和施工机械使用费之和为计算基数，即：

行车干扰工程施工增加费＝各项受行车影响部分的工程项目的人工费及施工机械使用费之和×行车干扰工程施工增加费费率（%）

（2）安全及文明施工措施费：指工程施工期间为满足安全生产、文明施工、职工健康生活所发生的费用。它不包括施工期间为保证交通安全而设置的临时安全设施和标示、标牌的费用，需要时，应根据设计要求计算。安全及文明施工措施费以各类工程的直接工程费之和为计算基数，即：

安全及文明施工措施费＝各类工程的直接工程费之和×安全及文明施工措施费费率(%)

(3)临时设施费：指施工企业为进行建筑安装工程施工所必需的生活和生产用的临时建筑物、构筑物和其他临时设施的费用等，但不包括概、预算定额中临时工程在内。其费用内容主要包括临时设施的搭设、维修、拆除费或摊销费。临时设施费以各类工程的直接工程费之和为计算基数，即：

临时设施费＝各类工程的直接工程费之和×临时设施费费率(%)

(4)施工辅助费：包括生产工具用具使用费、检验试验费和工程定位复测、工程点交、场地清理等费用。

生产工具用具使用费指施工所需不属于固定资产的生产工具、检验、试验用具等的购置、摊销和维修费，以及支付给工人自备工具的补贴费。检验试验费指施工企业对建筑材料、构件和建筑安装工程进行一般鉴定、检查所发生的费用。施工辅助费以各类工程的直接工程费之和为计算基数，即：

施工辅助费＝各类工程的直接工程费之和×施工辅助费费率(%)

(5)工地转移费：指施工企业根据建设任务的需要，由已竣工的工地或后方基地迁至新工地的搬迁费用。工地转移费以各类工程的直接工程费之和为计算基数，即：

工地转移费＝各类工程的直接工程费之和×工地转移费费率(%)

7113　间接费中的规费如何计算？

规费指法律、法规、规章、规程规定施工企业必须缴纳的费用，包括养老保险费、失业保险费、医疗保险费、住房公积金和工伤保险费等。各项费用以各类工程的人工费之和为计算基数，按国家或工程所在地法律、法规、规章、规程规定的标准计算，即：

规费＝各类工程的人工费之和×规费费率(%)

7114 间接费中的企业管理费由哪几部分组成？如何计算？

企业管理费由基本费用、主副食运输补贴、职工探亲路费、职工取暖补贴和财务费用五项组成。

(1)基本费用：指施工企业为组织施工生产和经营管理所需的费用。其内容包括管理人员工资、办公费、差旅交通费、固定资产使用费、工具用具使用费、劳动保险费、工会经费、职工教育经费、保险费、工程保险费、工程排污费等。基本费用以各类工程的直接费之和为计算基数，即：

基本费用＝各类工程的直接费之和× 基本费用费率(%)

(2)主副食运费补贴：指施工企业在远离城镇及乡村的野外施工购买生活必需品所需增加的费用。主副食运费补贴以各类工程的直接费之和为计算基数，即：

主副食运费补贴＝各类工程的直接费之和×主副食运费补贴费率(%)

(3)职工探亲路费：指按照有关规定施工企业职工在探亲期间发生的往返车船费、市内交通费和途中住宿费等费用。职工探亲路费以各类工程的直接费之和为计算基数，即：

职工探亲路费＝各类工程的直接费之和×职工探亲路费费率(%)

(4)职工取暖补贴：指按规定发放给职工的冬期取暖费或施工现场设置的临时取暖设施的费用。职工取暖补贴以各类工程的直接费之和为计算基数，即：

职工取暖补贴＝各类工程的直接费之和×职工取暖补贴费率(%)

(5)财务费用：指施工企业为筹集资金而发生的各项费用，包括企业经营期间发生的短期贷款利息净支出、汇兑净损失、调剂外汇手续费、金融机构手续费，以及企业筹集资金发生的其他财务费用。财务费用以各类工程的直接费之和为计算基数，即：

财务费用＝各类工程的直接费之和×财务费用费率(%)

7115 利润和税金如何计算?

(1)利润指施工企业完成所承包工程应取得的盈利。

利润=各类工程的(直接费+间接费-规费)×利润率(%)

(2)税金以直接费工程费、间接费及计划利润之和按纳税人所在地按规定的费率计取。

综合税金额=各类工程的(直接费+间接费+计划利润)×综合税率

概算中综合税率按3.41%计;预算综合税率如果纳税人在市区的按3.41%计,纳税人在县城、乡镇的按3.35%计,纳税人不在市区、县城、乡镇的按3.22%计。

第二节 成本计划

7201 施工成本包括哪些费用?由哪两部分组成?

施工成本是指在工程项目的施工过程中所发生的全部生产费用的总和,包括所消耗的原材料、辅助材料、构配件等费用,周转材料的摊销费或租赁费等,施工机械的使用费或租赁费等,支付给生产工人的工资、奖金、工资性质的津贴等,以及进行施工组织与管理所发生的全部费用支出。

工程项目施工成本由直接成本和间接成本所组成。

直接成本是指施工过程中耗费的构成工程实体或有助于工程实体形成的各项费用支出,是可以直接计入工程对象的费用,包括人工费、材料费、施工机械使用费和施工措施费等。

间接成本是指为施工准备、组织和管理施工生产的全部费用的支出,是非直接用于也无法直接计入工程对象,但为进行工程施工所必须发生的费用,包括管理人员工资、办公费、差旅交通费等。

7202 什么是施工成本管理?其内容包括哪些?

施工成本管理是以工程施工项目为对象,以价值规律为指导,在保证工期和质量满足要求的情况下，以成本预测、计划、控制、核算、分析和考核为内容，运用一系列的专门手段和方法（组织措施、经济措施、技术措施、合同措施），把成本控制在计划范围内，并进一步寻求最大限度的成本节约，而对工程施工项目的生产经营活动进行指导、协调、监督和控制的一种经济管理活动。

施工成本管理的内容主要包括施工成本的预测、计划、控制、核算、分析、考核。

7203 什么是施工成本预测？如何进行成本预测？

施工成本预测就是根据成本信息和施工项目的具体情况，运用一定的专门方法，对未来的成本水平及其可能发展趋势作出科学的估计，它是在工程施工以前对成本进行的估算。通过成本预测，可以在满足项目业主或施工单位要求的前提下，选择成本低、效益好的最佳成本方案，并能够在施工项目成本形成过程中，针对薄弱环节，加强成本控制，克服盲目性，提高预见性。

施工成本预测，通常是对施工项目计划工期内影响其成本变化的各个因素进行分析，比照近期已完工施工项目或将完工施工项目的成本，预测这些因素对工程成本中有关项目（成本项目）的影响程度，预测出工程的单位成本或总成本。

7204 施工成本计划是什么？

施工成本计划是以货币形式编制施工项目在计划期内的生产费用、成本水平、成本降低率以及为降低成本所采取的主要措施和规划的书面方案。它是建立施工项目成本管理责任制、开展成本控制和核算的基础，是该项目降低成本的指导文件，也是设立目标成本的依据。

7205 施工成本计划按作用可分为哪三类？

（1）竞争性成本计划

即工程项目投标及签订合同阶段的估算成本计划。这类成本计划是以招标文件中的合同条件、投标者须知、技术规程、设计图纸或工程量清单等为依据，以有关价格条件说明为基础，结合调研和现场考察获得的情况，根据本企业的工料消耗标准、技术和管理水平、价格资料和费用指标，对本企业完成招标工程所需要支出的全部费用的估算。在投标报价过程中，虽也着力考虑降低成本的途径和措施，但总体上较为粗略。

(2)指导性成本计划

即选派项目经理阶段的预算成本计划，是项目经理的责任成本目标。它是以合同标书为依据，按照企业的预算定额标准制定的设计预算成本计划，且一般情况下只是确定责任总成本指标。

(3)实施性计划成本

即项目施工准备阶段的施工预算成本计划，它以项目实施方案为依据，落实项目经理责任目标为出发点，采用企业的施工定额通过施工预算的编制而形成的实施性施工成本计划。

7206 施工成本计划的编制依据有哪些？

(1)投标报价文件；

(2)企业定额、施工预算；

(3)施工组织设计或施工方案；

(4)人工、材料、机械台班的市场价；

(5)企业颁布的材料指导价、企业内部机械台班价格、劳动力内部挂牌价格；

(6)周转设备内部租赁价格、摊销损耗标准；

(7)已签订的工程合同、分包合同(或估价书)；

(8)结构件外加工计划和合同；

(9)有关财务成本核算制度和财务历史资料；

(10)施工成本预测资料；

(11)拟采取的降低施工成本的措施；

(12)其他相关资料。

7207 施工成本计划应满足哪些要求?

(1)合同规定的项目质量和工期要求。

(2)组织对项目成本管理目标的要求。

(3)以经济合理的项目实施方案为基础的要求。

(4)有关定额及市场价格的要求。

(5)类似项目提供的启示。

7208 施工成本计划的内容包括哪些?

(1)编制说明

指对工程的范围、投标竞争过程及合同条件、承包人对项目经理提出的责任成本目标、施工成本计划编制的指导思想和依据等的具体说明。

(2)施工成本计划的指标

施工成本计划的指标应经过科学的分析预测确定,可以采用对比法,因素分析法等方法来进行测定。施工成本计划一般情况下有以下三类指标:

1)成本计划的数量指标,如:

①按子项汇总的工程项目计划总成本指标;

②按分部汇总的各单位工程(或子项目)计划成本指标;

③按人工、材料、机械等各主要生产要素计划成本指标。

2)成本计划的质量指标,如施工项目总成本降低率,可采用:

①设计预算成本计划降低率=设计预算总成本计划降低额/设计预算总成本

②责任目标成本计划降低率=责任目标总成本计划降低额/责任目标总成本

3)成本计划的效益指标,如工程项目成本降低额:

①设计预算成本计划降低额=设计预算总成本-计划总成本

②责任目标成本计划降低额=责任目标总成本-计划总成本

(3)按工程量清单列出的单位工程计划成本汇总表。

(4)按成本性质划分的单位工程成本汇总表,根据清单项目的造价分析,分别对人工费、材料费、机械费、措施费、企业管理费和税费进行汇总,形成单位工程成本计划表。

7209 施工成本计划应在何时编制?

成本计划应在项目实施方案确定和不断优化的前提下进行编制,因为不同的实施方案将导致直接工程费、措施费和企业管理费的差异。成本计划的编制是施工成本预控的重要手段。因此,应在工程开工前编制完成,以便将计划成本目标分解落实,为各项成本的执行提供明确的目标、控制手段和管理措施。

7210 施工成本计划的编制方法有哪几种?

施工成本计划的制定,需结合施工组织设计的编制过程,通过不断地优化施工技术方案和合理配置生产要素,进行工、料、机消耗的分析,制定一系列节约成本和挖潜措施,层层分解,落实到施工过程的每个环节,有效地进行成本控制。施工成本计划的编制方式有:

(1)按施工成本组成编制施工成本计划;

(2)按施工项目组成编制施工成本计划;

(3)按施工进度编制施工成本计划。

三种编制施工成本计划的方式并不是相互独立的。在实践中,往往是将这几种方式结合起来使用,从而可以取得扬长避短的效果。例如:将按项目分解总施工成本与按施工成本构成分解总施工成本两种方式相结合,横向按施工成本构成分解,纵向按子项目分解,或相反。这种分解方式有助于检查各分部分项工程施工成本构成是否完整,有无重复计算或漏算;同时还有助于检查各项具体的施工成本支出的对象是否明确或落实,并且可以从数字上校核分解的结果有无错误。或者还可将按子项目分解项目总施工成本计划与按时间分解项目总施工成本计划结合起来,一般纵向按子项目分解,横向按时间分解。

7211 按施工成本组成如何编制施工成本计划?

按《建设工程工程量清单计价规范》(GB 50500—2008)规定，建筑安装工程费用项目组成(工程造价)由分部分项工程费、措施项目费、其他项目费、规费和税金组成。如图 7-1 所示。施工成本可以按成本构成分解为人工费、材料费、施工机械使用费、措施项目费和企业管理费等，编制按施工成本组成分解的施工成本计划。

- 建筑安装工程造价
  - 分部分项工程费
    - 人工费
    - 材料费
    - 施工机械使用费
    - 企业管理费
      - 管理人员工资
      - 办公费
      - 差旅交通费
      - 固定资产使用费
      - 工具用具使用费
      - 劳动保险费
      - 工会经费
      - 职工教育经费
      - 财产保险费
      - 财务费
      - 税金
      - 其他
    - 利润
  - 措施项目费
    - 安全文明施工费
      - 环境保护费
      - 文明施工费
      - 安全施工费
      - 临时设施费
    - 夜间施工费
    - 二次搬运费
    - 冬雨期施工费
    - 大型机械设备进出场及安拆费
    - 施工排水费
    - 施工降水费
    - 地上地下设施、建筑物的临时保护设施费
    - 已完工程及设备保护费
    - 各专业工程的措施项目费
      - A. 建筑工程
      - B. 装饰装修工程
      - ……
  - 其他项目费
    - 暂列金额
    - 暂估价
      - 材料暂估价
      - 专业工程暂估价
    - 计日工
    - 总承包服务费
    - 其他:索赔、现场签证
  - 规费
    - 工程排污费
    - 工程定额测定费
    - 社会保障费
      - 养老保险费
      - 失业保险费
      - 医疗保险费
    - 住房公积金
    - 危险作业意外伤害保险费
  - 税金
    - 营业税
    - 城市维护建设税
    - 教育费附加

图 7-1 按工程量清单计价的建筑安装工程造价组成

7212 按施工项目组成如何编制施工成本计划?

大中型工程项目通常是由若干单项工程构成的,而每个单项工程包括了多个单位工程,每个单位工程又是由若干个分部分项工程所构成。因此,首先要把项目总施工成本分解到单项工程和单位工程中,再进一步分解到分部工程和分项工程中。

在完成施工项目成本目标分解之后,接下来就要具体地分配成本,编制分项工程的成本支出计划,从而得到详细的成本计划表。

在编制成本支出计划时,要在项目总的方面考虑总的预备费,也要在主要的分项工程中安排适当的不可预见费,避免在具体编制成本计划时,可能发现个别单位工程或工程量表中某项内容的工程量计算有较大出入,使原来的成本预算失实,并在项目实施过程中对其尽可能地采取一些措施。

7213 按施工进度如何编制施工成本计划?

编制按施工进度的施工成本计划,通常可利用控制项目进度的网络图进一步扩充而得。即在建立网络图时,一方面确定完成各项工作所需花费的时间,另一方面同时确定完成这一工作的合适的施工成本支出计划。在实践中,将工程项目分解为既能方便地表示时间,又能方便地表示施工成本支出计划的工作是不容易的,通常如果项目分解程度对时间控制合适的话,则对施工成本支出计划可能分解过细,以至于不可能对每项工作确定其施工成本支出计划。反之亦然。因此在编制网络计划时,应在充分考虑进度控制对项目划分要求的同时,还要考虑确定施工成本支出计划对项目划分的要求,做到二者兼顾。

通过对施工成本目标按时间进行分解,在网络计划基础上,可获得项目进度计划的横道图。并在此基础上编制成本计划。其表示方式有两种:一种是在时标网络图上按月编制的成本计划,另一种是利用时间—成本累积曲线(S形曲线)表示。

一般而言,所有工作都按最迟开始时间开始,对节约资金贷款利息是有利的，但同时，也降低了项目按期竣工的保证率，因此项目经理必须合理地确定成本支出计划，达到既节约成本支出，又能控制项目工期的目的。

7214 时间—成本累积曲线如何绘制？

（1）确定工程项目进度计划，编制进度计划的横道图。

（2）根据每单位时间内完成的实物工程量或投入的人力、物力和财力，计算单位时间（月或旬）的成本，在时标网络图上按时间编制成本支出计划。

（3）计算规定时间 t 计划累计支出的成本额，其计算方法为各单位时间计划完成的成本额累加求和。

（4）按各规定时间的 q 值，绘制 S 形曲线。

每一条 S 形曲线都对应某一特定的工程进度计划。因为在进度计划的非关键路线中存在许多有时差的工序或工作，因而 S 形曲线（成本计划值曲线）必然包括在由全部工作都按最早开始时间开始和全部工作都按最迟必须开始时间开始的曲线所组成的“香蕉图”内。项目经理可根据编制的成本支出计划来合理安排资金，同时项目经理也可以根据筹措的资金来调整 S 形曲线，即通过调整非关键路线上的工序项目的最早或最迟开工时间，力争将实际的成本支出控制在计划的范围内。

7215 编制施工成本计划时如何确定责任目标成本？

编制施工成本计划的关键是确定责任目标成本，这是成本计划的核心，是成本管理所要达到的目标，成本目标通常以项目成本的降低额和降低率来定量地表示。确定责任目标成本的过程，应按照以下程序进行：

（1）企业组织项目经理及有关部门负责人分析研究工程承包合同，商讨投标阶段已考虑的各项技术经济措施的落实和进一步降低工程成本途径的挖掘。

（2）企业提出项目责任目标成本及其实施的指导意见，并与项目经理协商。

(3)在企业与项目经理双方认同的基础上，正式书面下达项目经理责任目标成本，签订“项目管理目标责任书”。

7216 施工成本计划的编制程序是什么？

工程项目施工成本计划应在项目经理的组织和主持下，根据合同文件、企业下达的责任目标成本、企业施工定额、经优化选择的施工方案以及生产要素成本预测信息等进行编制。具体的工作程序是：

(1)按照施工方案，计算各分部分项工程的计划工程量。

(2)按照企业施工定额，计算各分部分项工程的计划人工、材料、机械使用量。

(3)按照企业内部或市场生产要素价格信息，计算各分部分项工程的施工预算成本。

(4)将各项施工预算成本与相应项的责任目标成本进行比较，计算其计划成本偏差。

计划成本偏差＝施工预算成本－责任目标成本

计划成本偏差反映现场施工成本在计划阶段的预控情况，也称施工成本计划预控偏差，正值表示计划预控不到位，不满足该项责任目标成本的要求。

(5)当计划预控偏差和为正值时，应进一步改善施工方案，寻找有潜力的分部分项工程，挖掘降低施工预算成本的途径和措施，保证现场计划且成本控制在责任目标且成本的范围内。

(6)通过以上施工预算成本的计算与平衡之后，形成的现场施工计划成本，作为现场施工成本控制的目标。

第三节 成本控制

7301 什么是施工成本控制？成本控制的措施有哪些？

施工成本控制是指在施工过程中，对影响施工成本的各种因素加强管理，并采取各种有效措施，将施工中实际发生的各种消耗和支出严格控制在成本计划范围内。通过随时揭示并及时反馈，严格审查各项费用是否符合标准，计算实际成本和计划成本之间的差异并进行分析，进而采取多种措施，消除施工中的损失和浪费现象。

施工成本控制应当从多方面采取措施实施管理，通常可以将这些措施归纳为组织措施、技术措施、经济措施、合同措施。这些措施是相辅相成、相互作用的。项目经理部是项目成本控制中心，要以投标报价为依据，制定项目成本控制目标，各部门和各班组通力合作，形成以市场投标报价为基础的施工方案经济优化、物资采购经济优化，劳动力配备经济优化的项目成本控制体系。

7302　施工成本控制的组织措施包括哪些方面的内容？

(1)组织措施是从施工成本管理的组织方面采取的措施。施工成本控制是全员的活动，如实行项目经理责任制，落实施工成本管理的组织机构和人员，明确各级施工成本管理人员的任务和职能分工、权力和责任。施工成本管理不仅是专业成本管理人员的工作，各级项目管理人员都负有成本控制责任。例如，项目经理是项目成本管理的第一责任人，全面组织项目部的成本管理工作，应及时掌握和分析盈亏状况，并迅速采取有效措施；工程技术部是整个工程项目施工技术和进度的负责部门，应在保证质量、按期完成任务的前提下尽可能采取先进技术，以降低工程成本；经营部主管合同实施和合同管理工作，负责工程进度款的申报和催款工作，处理施工赔偿问题，经济部应注重加强合同预算管理，增创工程预算收入；财务部主管工程项目的财务工作，应随时分析项目的财务收支情况，合理调度资金；项目经理部的其他部门和班组都应精心组织，为增收节支尽责尽职。

(2)组织措施的另一方面是编制施工成本控制工作计划、确定合理详细的工作流程。要做好施工采购规划，通过生产要素的优化配置、合理使用、动态管理，有效控制实际成本；加强施工定额管理和施工任务单管理，控制活劳动和物化劳动的消耗；加强施工调度，避免因施工计划不周和盲目调度造成窝工损失、机械利用率降低、物料积压等而使施工成本增加。成本控制工作只有建立在科学管理的基础之上，具备合理的管理体制，完善的规章制度，稳定的作业秩序，完整准确的信息传递，才能取得成效。

组织措施是其他各类措施的前提和保障，而且一般不需要增加额外的费用，运用得当可以收到良好的效果。

7303 施工成本控制的技术措施包括哪些方面的内容？

(1)进行技术经济分析，制定先进的、经济合理的施工方案，以达到缩短工期、提高质量、降低成本的目的。

(2)结合施工方法，进行材料使用的比选，在满足功能要求的前提下，通过代用、改变配合比、使用外加剂等方法降低材料消耗的费用。

(3)确定最合适的施工机械、设备使用方案，使用新开发机械设备等。

(4)结合项目的施工组织设计及自然地理条件，降低材料的库存成本和运输成本。

(5)施工顺序的合理安排和流水施工的精细组织。

(6)严把质量关，杜绝返工现象，缩短验收时间，节省费用开支。

技术措施不仅对解决施工成本管理过程中的技术问题是不可缺少的，而且对纠正施工成本管理目标偏差也有相当重要的作用。正确选择施工方案是降低成本的关键所在。但在实践中，也要避免仅从技术角度选定方案而忽视对其经济效果的分析论证。

7304 施工成本控制的经济措施包括哪些方面的内容？

经济措施是最易为人们所接受和采用的措施。管理人员应编制资金使用计划，确定、分解施工成本管理目标。对施工成本管理目标进行风险分析，并制定防范性对策。对各种支出，应认真做好资金的使用计划，并在施工中严格控制各项开支，及时准确地记录、收集、整理、核算实际发生的成本。对各种变更，及时做好增减账，及时落实业主签证，及时结算工程款。通过偏差分析和未完工工程预测，可发现一些潜在的可能引起未完工程施工成本增加的问题，对这些问题应以主动控制为出发点，及时采取预防措施。具体的方面有：

(1)人工费控制管理

主要是改善劳动组织，减少窝工浪费；实行合理的奖惩制度；加强技术教育和培训工作；加强劳动纪律，压缩非生产用工和辅助用工，严格控制非生产人员比例。

(2)材料费控制管理

主要是改进材料的采购、运输、收发、保管等方面的工作，减少各个环节的损耗，节约采购费用；合理堆放现场材料，避免和减少二次搬运；严格材料进场验收和限额领料制度；制定并贯彻节约材料的技术措施，合理使用材料，综合利用一切资源。

(3)机械费控制管理

主要是正确选配和合理利用机械设备，搞好机械设备的保养修理，提高机械的完好率、利用率和使用效率，从而加快施工进度、增加产量、降低机械使用费。

(4)间接费及其他直接费控制

主要是精减管理机构，合理确定管理幅度与管理层次，节约施工管理费等。

7305　施工成本控制的合同措施包括哪些方面的内容？

采用合同措施控制施工成本，应贯穿整个合同周期，包括从合同谈判开始到合同终结的全过程。首先是选用合适的合同结构，对各种合同结构模式进行分析、比较，在合同谈判时，要争取选用适合于工程规模、性质和特点的合同结构模式。其次，在合同的条款中应仔细考虑一切影响成本和效益的因素，特别是潜在的风险因素。通过对引起成本变动的风险因素的识别和分析，采取必要的风险对策，如通过合理的方式，增加承担风险的个体数量，降低损失发生的比例，并最终使这些策略反映在合同的具体条款中。在合同执行期间，合同管理的措施既要密切注视对方合同执行的情况，以寻求合同索赔的机会；同时也要密切关注自己履行合同的情况，以防被对方索赔。

7306 公路施工项目成本控制的原则是什么？

(1)成本最低化原则

施工项目成本控制的根本目的，在于通过成本管理的各种手段，促进不断降低施工项目成本，以达到可能实现最低的目标成本的要求。在实施成本最低的目标成本的要求。在实施成本最低化原则时，应该注意降低成本的可能性和合理的成本最低化。一方面挖掘各种降低成本的潜力，使可能性变为现实；另一方面要从实际出发，制定通过主观努力可能实现的、合理的最低成本水平。

(2)全面成本控制原则

全面成本管理是全企业、全员和全过程的管理，亦称“三全”管理。项目成本的全员控制有一个系统的实质性内容，包括各部门、各单位的责任网络和班组经济核算等，应防止成本控制人人有责，人人不管。项目成本的全过程控制要求成本控制工作要随着项目施工进展的各个阶段连续进行，既不能疏漏，又不能时紧时松，应使施工项目成本自始至终处于有效的控制之下。

(3)动态控制原则

施工项目是一次性的，成本控制应强调项目的中间控制，即动态控制，因为施工准备阶段的成本控制只是根据施工组织设计的具体内容确定成本目标、编制成本计划、制定成本控制的方案，为今后的成本控制做好准备；而竣工阶段的成本控制，由于成本盈亏已基本定局，即使发生了纠差，也已来不及纠正。

(4)目标管理原则

目标管理的内容包括：目标的设定和分解，目标的责任到位和执行，检查目标的执行结果，评价目标和修正目标，形成目标管理的计划,实施、检查、处理循环,即 PDCA 循环。

(5)责权利相结合的原则

在项目施工过程中,项目经理部各部门、各班组在肩负成本控制责任感的同时,享有成本控制的权力,同时项目经理要对各部门、各班组在成本控制中的业绩进行定期的检查和考评,实行有奖有罚。只有真正做好责、权、利相合的成本控制,才能收到预期效果。

7307 施工成本控制的依据是什么?

(1)工程承包合同

施工成本控制要以工程承包合同为依据,围绕降低工程成本这个目标,从预算收入和实际成本两方面,努力挖掘增收节支潜力,以求获得最大的经济效益。

(2)施工成本计划

施工成本计划是根据施工项目的具体情况制定的施工成本控制方案,既包括预定的具体成本控制目标,又包括实现控制目标的措施和规划,是施工成本控制的指导文件。

(3)进度报告

进度报告提供了每一时刻工程实际完成量,工程施工成本实际支付情况等重要信息。施工成本控制工作正是通过实际情况与施工成本计划相比较,找出二者之间的差别,分析偏差产生的原因,从而采取措施改进以后的工作。

(4)工程变更

工程变更一般包括设计变更、进度计划变更、施工条件变更、技术规范与标准变更、施工次序变更、工程量变更等。一旦出现变更,工程量、工期、成本都必将发生变化,从而使得施工成本控制工作变得更加复杂和困难。因此,施工成本管理人员就应当通过对变更要求当中各类数据的计算、分析,及时掌握变更情况,包括已发生工程量、将要发生工程量、工期是否拖延、支付情况等重要信息,判断变更以及变更可能带来的索赔额度等。

7308 施工成本动态控制的步骤是什么?

施工成本的动态控制就是在确定了施工成本计划之后,必须定期地进行施工成本计划值与实际值的比较,当实际值偏离计划值时,分析产生偏差的原因,采取适当的纠偏措施,以确保施工成本控制目标的实现。其具体步骤如下:

(1)比较

按照某种确定的方式将施工成本计划值与实际值逐项进行比较,以发现施工成本是否已超支。

(2)分析

在比较的基础上,对比较的结果进行分析,以确定偏差的严重性及偏差产生的原因。这一步是施工成本控制工作的核心,其主要目的在于找出产生偏差的原因,从而采取有针对性的措施,减少或避免相同原因的再次发生或减少由此造成的损失。

(3)预测

按照完成情况估计完成项目所需的总费用。

(4)纠偏

当工程项目的实际施工成本出现了偏差,应当根据工程的具体情况、偏差分析和预测的结果,采取适当的措施,以期达到使施工成本偏差尽可能小的目的。纠偏是施工成本控制中最具实质性的一步。只有通过纠偏,才能最终达到有效控制施工成本的目的。纠偏可采用组织措施、经济措施、技术措施和合同措施等。

(5)检查

指对工程的进展进行跟踪和检查,及时了解工程进展状况以及纠偏措施的执行情况和效果,为今后的工作积累经验。

7309 公路工程项目施工成本控制常用的方法有哪些?

(1)以目标成本控制成本支出

在公路工程施工项目的成本控制中,可根据项目经理部制定的目标成本控制成本支出,这是最有效的方法之一,该方法主要从以下几个方面加以控制：人工费的控制、材料费的控制、周转工具使用费的控制、施工机械使用费的控制、现场管理费的控制。

(2)以施工方案控制资源消耗

施工项目中资源消耗是成本费用的重要组成因素。因此，减少资源消耗就等于减少成本费用；控制了资源消耗，也等于控制了资源费用。

(3)用净值法进行工期成本的同步控制

成本是伴随着施工的进行而发生的，施工到什么阶段应该有什么样的费用，净值法就是应用成本与进度同步跟踪的方法控制部分项目工程成本。如果成本与进度不对应，则必然会出现虚盈或虚亏的不正常现象，那么就要对此进行分析，找出原因，并加以纠正。

(4)运用目标管理控制工程成本

运用目标管理控制工程成本，应从组织、经济、合同等多方面采取措施。要有明确的组织机构，有专人负责和明确管理职能分工；技术上要对多种施工方案进行选择；经济上要对成本进行动态管理，严格审核各项费用支出，采取对节约成本的奖励措施等；合同措施主要是收集、整理设计变更、工程签证、费用索赔、决算书发文等。

7310　项目经理部的成本管理责任制包括哪些？其责任中心是什么？

项目经理部的成本管理责任制应包括项目经理负责制，合同预算员责任制，工程技术人员、材料及机械管理人员、财务及行政管理人员成本控制责任制。项目经理全面负责项目成本控制工作，是项目成本控制的责任中心。

7311　合同预算员的成本控制责任有哪些？

(1)根据合同条款和报价，分析因素，为确定责任成本提供依据。

(2)研究解决合同的不确定项目与项目有关管理人员配合，增加工程收入。

(3)及时反馈和研究工程发生的变更，做好索赔，保证工程收入。

(4)参加对外的经济合同谈判和决策，严格控制分包，切实做到“以收定支”。

7312 工程技术人员的成本控制责任有哪些?

(1)根据现场实际情况，科学合理地布置施工现场平面，为正确施工、减少浪费创造条件。

(2)严格执行技术规范，确保工程质量，减少零星修补，消灭质量事故，降低质量成本。

(3)根据工程特点和设计要求，运用企业自身技术优势，采用实用、有效的技术组织措施和合理化建议，走经济和技术相结合的道路为提高经济效益开拓途径。

(4)严格执行安全操作规程，减少一般事故，消灭重大人身伤亡事故和设备事故，确保安全生产。

7313 材料人员的成本控制责任有哪些?

(1)大宗材料采购和构件加工，要进行招标采购，择优选择。对进入现场的材料，要准确计量，认真验收。要做到降低采购成本和减少采购过程中的管理损耗，为降低材料成本把好第一关。

(2)根据施工进度计划，及时组织材料、构件的供应，保证施工项目顺利进行，防止因停工待料造成损失。

(3)在施工过程中，要严格执行限额领料制度，控制材料消耗，同时做好余料的回收和利用，为考核实际消耗水平提供正确数据。

(4)周转材料要及时回收、退场、节省租费，提高利用率。

(5)根据生产需要合理安排材料储存，减少资金占用率。

7314　机械人员的成本控制责任有哪些？

(1)根据工程特点和施工方案合理选择机械的型号规格和数量。

(2)根据需要安排机械施工,减少机械使用成本。

(3)严格执行机械保养制度,使机械在施工中正常运转。

7315　行政管理人员的成本控制责任有哪些？

(1)根据施工生产的需要和项目经理的意图,合理安排项目管理人员和后勤人员,节约工资性支出。

(2)具体执行费用开支标准和有关财务制度,控制非生产性开支。

(3)管好用好行政办公财产物资,防止损坏和流失。

(4)安排好后勤服务,在节约的前提下,满足生活需要。

7316　财务成本人员的成本管理责任？

(1)按照成本开支范围、费用开支标准和有关财务制度,严格审核各项成本费用,控制成本支出。

(2)建立月度财务收支计划制度,根据生产需要平衡调度资金,通过控制资金使用达到控制成本的目的。

(3)及时向项目经理和有关管理人员反馈信息,以便对资源消耗进行有效控制。

(4)开展成本分析,及时向项目经理反映成本情况,以便及时采取针对性措施纠正项目成本的偏差。

(5)在项目经理的领导下,协助项目经理检查、考核各部门、班组的责任成本执行情况,落实责、权、利的有关规定。

7317　施工过程中影响人工费多少的因素有哪些？

(1)社会平均工资水平。建筑安装工人人工单价必须和社会平均工资水平趋同。社会平均工资水平取决于经济发展水平。随着社会经济迅速增长，社会平均工资也有大幅增长，从而导致人工单价的大幅提高。

(2)生产消费指数。生产消费指数的提高会导致人工单价的提高，以减少生活水平的下降，或维持原来的生活水平。生活消费指数的变动取决于物价的变动，尤其取决于生活消费品物价的变动。

(3)劳动力市场供需变化。劳动力市场如果供不应求，人工单价就会提高；供过于求，人工单价就会下降。

(4)政府推行的社会保障和福利政策也会影响人工单价的变动。

(5)经会审的施工图、施工定额、施工组织设计等决定人工的消耗量。

7318 控制人工费的方法有哪些？

人工费的控制实行"量价分离"的方法，将作业用工及零星用工按定额工日的一定比例综合确定用工数量与单价，通过劳务合同进行控制。加强劳动定额管理，提高劳动生产率，降低工程耗用人工工日，是控制人工费支出的主要手段。

(1)制定先进合理的企业内部劳动定额，严格执行劳动定额，并将安全生产、文明施工及零星用工下达到作业队进行控制。全面推行全额计件的劳动管理办法和单项工程集体承包的经济管理办法，以不突破施工图预算人工费指标为控制目标，对各班组实行工资包干制度。认真执行按劳分配的原则，使职工个人所得与劳动贡献相一致，充分调动广大职工的劳动积极性，从根本上杜绝出工不出力的现象。把工程项目的进度、安全、质量等指标与定额管理结合起来，提高劳动者的综合能力，实行奖励制度。

(2)提高生产工人的技术水平和作业队的组织管理水平，根据施工进度、技术要求，合理搭配各工种工人的数量，减少和避免无效劳动。不断地改善劳动组织，创造良好的工作环境，改善工人的劳动条件，提高劳动效率。合理调节各工序人数松紧情况，安排劳动力时，尽量做到技术工不做普通工的工作，高级工不做低级工的工作，避免技术上的浪费，既要加快工程进度，又要节约人工费用。

(3)加强职工的技术培训和多种施工作业技能的培训，不断提高职工的业务技术水平和熟练操作程度，培养一专多能的技术工人，提高作业工效。提倡技术革新和推广新技术，提高技术装备水平和工厂化生产水平，提高企业的劳动生产率。

(4)实行弹性需求的劳务管理制度。对施工生产各环节上的业务骨干和基本的施工力量，要保持相对稳定。对短期需要的施工力量，要做好预测、计划管理，通过企业内部的劳务市场及外部协作队伍进行调剂。严格做到项目部的定员随工程进度要求波动，进行弹性管理。要打破行业、工种界限，提倡一专多能，提高劳动力的利用效率。

7319 控制材料费的方法有哪些?

材料费控制按照“量价分离”原则，控制材料用量和材料价格。材料用量控制具体方法有：

(1)定额控制。对于有消耗定额的材料，以消耗定额为依据，实行限额发料制度。在规定限额内分期分批领用，超过限额领用的材料，必须先查明原因，经过一定审批手续方可领料。

(2)指标控制。对于没有消耗定额的材料，则实行计划管理和按指标控制的办法。根据以往项目的实际耗用情况，结合具体施工项目的内容和要求，制定领用材料指标，以控制发料。超过指标的材料，必须经过一定的审批手续方可领用。

(3)计量控制。准确做好材料物资的收发计量检查和投料计量检查。

(4)包干控制。在材料使用过程中，对部分小型及零星材料(如钢钉、钢丝等)根据工程量计算出所需材料量，将其折算成费用，由作业者包干控制。

材料价格主要由材料采购部门控制。由于材料价格是由买价、运杂费、运输中的合理损耗等所组成，因此控制材料价格，主要是通过掌握市场信息，应用招标和询价等方式控制材料、设备的采购价格。

7320 控制施工机械使用费的方法有哪些？

(1)控制台班数量

1)根据施工方案和现场实际，选择适合项目施工特点的施工机械，制定设备需求计划，合理安排施工生产，充分利用现有机械设备，加强内部调配提高机械设备的利用率。

2)保证施工机械设备的作业时间，安排好生产工序的衔接，尽量避免停工窝工，尽量减少施工中所消耗的机械台班数量。

3)核定设备台班定额产量，实行超产奖励办法，加快施工生产进度，提高机械设备单位时间的生产效率和利用率。

4)加强设备租赁计划管理，减少不必要的设备闲置和浪费，充分利用社会闲置机械资源。

(2)控制台班单价

1)加强现场设备的维修、保养工作，降低大修、经常性修理等各项费用的开支，提高机械设备的完好率，最大限度地提高机械设备的利用率。避免因不当使用造成机械设备的停置。

2)加强机械操作人员的培训工作，不断提高操作技能，提高施工机械台班的生产效率。

3)加强配件的管理，建立健全配件领发料制度，严格按油料消耗定额控制油料消耗，达到修理有记录，消耗有定额，统计有报表，损耗有分析。通过经常分析总结，提高修理质量，降低配件消耗，减少修理费用的支出。

4)降低材料成本，严把施工机械配件和工程材料采购关，尽量做到工程项目所进材料质优价廉。

5)成立设备管理领导小组，负责设备调度、检查、维修、部件及其保养情况建立档案，分清责任，便于尽早发现问题。

7321 控制周转工具使用费应从哪些方面着手?

(1)在计划阶段通过合理地安排施工进度,采用网络计划技术进行优化,采用先进的施工方案和先进的周转工具,控制周转工具使用费计划数低于目标成本的要求。

(2)在施工阶段控制租赁数量和进出场次数,减少租赁数量和时间,选择质优价廉的租赁单位,降低租赁费用。

(3)在使用过程中,通过建立规章制度,建立约束和激励机制,控制周转工具的损坏、修理和丢失。

7322 采用施工方案控制资源消耗的步骤是什么?

(1)在工程项目开工以前,根据施工图纸和工程现场的实际情况,同时制定施工方案,包括人力物资需用计划、机具设备等,以此作为指导和管理施工的依据。

(2)组织实施。施工方案是进行工程施工的指导性文件,对生产班组的任务安排,必须签发施工任务单和限额领料单,并向生产班组进行技术交底。在施工任务单和限额领料单的执行过程中,要求生产班组根据实际完成的工程量和实际消耗人工、实际消耗材料做好原始记录,作为施工任务单和限额领料单结算的依据。在任务完成后,根据回收的施工任务单和限额领料单进行结算,并按照结算内容支付报酬。

(3)采用价值工程,优化施工方案。同一工程项目的施工,可以有不同的方案,选择最合理的方案是降低工程成本的有效途径。采用价值工程,可以优化施工方案。应用价值工程,既要研究技术,又要研究经济,即研究在提高功能的同时不增加成本,或在降低成本的同时不影响功能,把提高功能和降低成本统一在施工方案中。

7323 运用目标管理控制工程成本的具体做法有哪些?

(1)施工前认真组织图纸会审和技术交底,组织学习操作规程和技术标准，编制质量保证措施、安全保证措施等。

(2)根据施工图等有关技术资料，对拟定的施工方法、顺序、作业形式、机械设备选型、技术组织措施等进行认真的研究分析，制定出具体明确的施工方案。

(3)台账管理。材料台账应对预算数与实耗数差异进行分析，为成本分析提供尽可能详细的资料。

(4)设立合同管理机构或者配备合同管理专职人员，建立合同台账统计、检查和报告制度。

7324 赢得值(挣值)法的三个基本参数是什么，如何计算?

赢得值法(Earned Value Management，EVM)基本参数有三项，即已完工作预算费用、计划工作预算费用和已完工作实际费用。

(1)已完工作预算费用

已完工作预算费用，简称 BCWP (Budgeted Cost for Work Performed)，是指在某一时间已经完成的工作(或部分工作)，以批准认可的预算为标准所需要的资金总额，由于业主正是根据这个值为承包人完成的工作量支付相应的费用，也就是承包人获得(挣得)的金额，故称赢得值或挣值。

已完工作预算费用(BCWP)＝已完成工作量×预算单价

(2)计划工作预算费用

计划工作预算费用，简称 BCWS (Budgeted Cost for Work Scheduled)，即根据进度计划，在某一时刻应当完成的工作(或部分工作)，以预算为标准所需要的资金总额，一般来说，除非合同有变更，BCWS 在工程实施过程中应保持不变。

计划工作预算费用(BCWS)＝计划工作量×预算单价

(3)已完工作实际费用

已完工作实际费用，简称 ACWP (Actual Cost for Work Performed)，即到某一时刻为止，已完成的工作(或部分工作)所实际花费的总金额。

已完工作实际费用(ACWP)＝已完成工作量×实际单价

7325 **赢得值(挣值)法的四个评价指标是什么?如何分析其计算结果。**

(1)费用偏差 CV (Cost Variance)

费用偏差(CV)＝已完工作预算费用(BCWP)－已完工作实际费用(ACWP)

当费用偏差 CV 为负值时,即表示项目运行超出预算费用;当费用偏差 CV 为正值时,表示项目运行节支,实际费用没有超出预算费用。

(2)进度偏差 SV (Schedule Variance)

进度偏差(SV)＝已完工作预算费用(BCWP)－计划工作预算费用(BCWS)

当进度偏差 SV 为负值时,表示进度延误,即实际进度落后于计划进度;当进度偏差 SV 为正值时,表示进度提前,即实际进度快于计划进度。

(3)费用绩效指数(CPI)

费用绩效指数(CPI)＝已完工作预算费用(BCWP)/已完工作实际费用(ACWP)

当费用绩效指数(CPI)<1 时,表示超支,即实际费用高于预算费用;当费用绩效指数(CPI)>1 时,表示节支,即实际费用低于预算费用。

(4)进度绩效指数(SPI)

进度绩效指数(SPI)＝已完工作预算费用(BCWP)/计划工作预算费用(BCWS)

当进度绩效指数(SPI)<1 时,表示进度延误,即实际进度比计划进度拖后;当进度绩效指数(SPI)>1 时,表示进度提前,即实际进度比计划进度快。

7326 赢得值法各参数结果如何分析？不同情况下应采取什么样措施？

赢得值法各参数结果分析和对应措施见表 7-1。

表 7-1 赢得值法各参数分析与对应措施表

序号	图形	三参数关系	分析	措施
1		ACWP＞BCWS＞BCWP SV＜0 CV＜0	效率低 进度较慢 投入超前	用工作效率高的人员更换一批工作效率低的人员
2		BCWP＞BCWS＞ACWP SV＞0 CV＞0	效率高 进度较快 投入延后	若偏离不大，维持现状
3	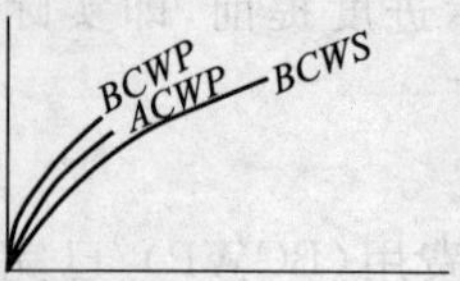	BCWP＞ACWP＞BCWS SV＞0 CV＞0	效率较高 进度快 投入延后	抽出部分人员，放慢进度
4	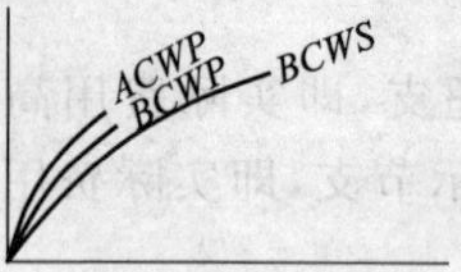	ACWP＞BCWP＞BCWS SV＞0 CV＜0	效率较低 进度较快 投入超前	抽出部分人员，增加少量骨干人员
5	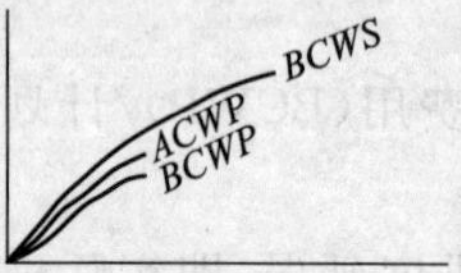	BCWS＞ACWP＞BCWP SV＜0 CV＜0	效率较低 进度慢 投入超前	增加高效人员投入
6		BCWS＞BCWP＞ACWP SV＜0 CV＞0	效率较高 进度较慢 投入延后	迅速增加人员投入

第四节　成本分析

7401　什么是施工项目成本核算？

施工项目成本核算一方面是按照规定的成本开支范围对施工费用进行归集和分配，计算出施工费用的实际发生额；另一方面是根据成本核算对象，采用适当的方法，计算出该施工项目的总成本和单位成本。施工项目成本核算所提供的各种成本信息，是成本预测、成本计划、成本控制、成本分析和成本考核等各个环节的依据。

7402　施工成本核算的对象是什么？

成本核算对象是指在工程成本计算中，确定归集和分配生产费用的具体对象，即生产费用承担的客体。成本计算对象的确定是设立工程成本明细分类账户，归集和分配生产费用以及正确计算工程成本的前提。

工程项目成本核算应以具有独立设计文件、造价文件以及能独立组织施工的单位工程为核算对象。但施工合同包含两项以上单位工程时，要分别进行不同单位工程的成本核算，以便掌握不同工程类型产品的成本水平和相关资料。对于达不到单位工程整体范围的施工合同，则按合同造价界定范围进行成本核算；承包多个单位工程中同类性质专业工程的施工合同，仍应按各单位工程进行专业工程成本核算。

7403　施工成本核算分为哪几种？

（1）会计核算

会计核算主要是价值核算。会计是对一定单位的经济业务进行计量、记录、分析和检查，作出预测，参与决策，实行监督，旨在实现最优经济效益的一种管理活动。它通过设置账户、复式记账、填制和审核凭证、登记账簿、成本计算、财产清查和编制会计报表等一系列有组织有系统的方法，来记录企业的一切生产经营活动，然后据以提出一些用货币来反映的有关各种综合性经济指标的数据。资产、负债、所有者权益、收入、费用和利润等六要素指标，主要是通过会计来核算。由于会计记录具有连续性、系统性、综合性等特点，所以它是施工成本分析的重要依据。

(2)业务核算

业务核算是各业务部门根据业务工作的需要而建立的核算制度，它包括原始记录和计算登记表，如单位工程及分部分项工程进度登记，质量登记，工效、定额计算登记，物资消耗定额记录，测试记录等。业务核算的范围比会计、统计核算要广，会计和统计核算一般是对已经发生的经济活动进行核算，而业务核算，不但可以对已经发生的，而且还可以对尚未发生或正在发生的经济活动进行核算，看是否可以做，是否有经济效果。它的特点是对个别的经济业务进行单项核算。例如各种技术措施、新工艺等项目，可以核算已经完成的项目是否达到原定的目的、取得预期的效果，也可以对准备采取措施的项目进行核算和审查，看是否有效果，值不值得采纳，随时都可以进行。业务核算的目的，在于迅速取得资料，在经济活动中及时采取措施进行调整。

(3)统计核算

统计核算是利用会计核算资料和业务核算资料，把企业生产经营活动客观现状的大量数据，按统计方法加以系统整理，表明其规律性。它的计量尺度比会计宽，可以用货币计算，也可以用实物或劳动量计量。它通过全面调查和抽样调查等特有的方法，不仅能提供绝对数指标，还能提供相对数和平均数指标，可以计算当前的实际水平，确定变动速度，可以预测发展的趋势。

7404 施工成本核算的基本内容包括哪些？

施工成本核算的基本内容包括：人工费核算、材料费核算、周转材料费核算、结构件费核算、机械使用费核算、措施费核算、分包工程成本核算、间接费核算等。

施工企业在工程施工过程中发生的各项施工费用，凡是能够直接计入有关工程成本核算对象的，直接计入各工程核算对象的成本项目中；不能直接计入的，应先计入工程施工间接费用账户，然后再采用一定的方法分配计入各工程成本核算对象的成本项目，最后计算出各工程的实际成本。

7405　人工费如何核算？

人工费计入成本的方法，一般应根据企业实行的具体工资制度而定。

(1)在实行计件工资制度下，所支付的工资一般都能分清受益对象，应根据工程任务单和工资结算汇总表，将归集的工资直接计入各成本核算对象的人工费成本项目中。

(2)在实行计时工资制度下，只有一个成本核算对象或者所发生的工资能分清是在哪个成本核算对象的施工中，可将其直接计入该成本核算对象的人工费项目中；如果工人同时在位多个成本核算对象施工，就需将所发生的工资在各个成本核算对象之间进行分配。

(3)职工福利费、工会经费、职工教育经费等工资附加费，应根据各个成本核算对象当期实际发生或分配计入的工资总额，按规定计提并计入人工费项目。

(4)工资性质的津贴，按规定应计入成本的奖金、劳动保护费等人工费，比照计件和计时工资的归集和分配方法，直接计入或分配计入有关成本核算对象的人工费项目。

(5)对于支付给分包单位的人工费，直接计入该分包工程的人工费项目。

7406　材料费、机械使用费如何核算？

(1)由于工程项目耗用的材料品种繁多、数量大、领用次数频繁，因此，企业必须建立、健全材料的收、发、领、退等管理制度，制定统一的定额领料单、大堆材料耗用计算单、集中配料耗用计算单、周转材料摊销分配表、退料单等自制原始凭证,并按不同的情况进行费用的归集和分配。

(2)租入机械费用的核算。从外单位或本企业内部独立核算单位租入施工机械支付的租赁费,一般可以根据"机械租赁费结算单"所列金额,直接计入成本核算对象的机械使用费成本项目中。如果租入的施工机械是为两个或两个以上的工程服务,应以租入机械所服务的各个工程受益对象提供的作业台班数量为基数进行分配。

(3)自有机械费用的核算。工程项目使用自有施工机械和运输设备进行机械作业所发生的各项费用,首先应通过机械作业科目,分别归集,根据各个成本核算对象实际使用机械的台班数计算各成本核算对象应分摊的施工机械使用费。

7407 其他直接费如何核算?

项目施工生产过程中实际发生的其他直接费,包括材料二次搬运费、临时设施摊销费、生产工具用具使用费等。凡能分清受益对象的,应直接计入受益对象的工程施工其他直接费成本核算账户,如与若干个成本核算对象有关的,可先归集到项目经理部的其他直接费账户科目,再按规定的方法分配计入有关成本核算对象的工程施工其他直接费成本项目内。

7408 间接费用如何核算?

间接费用主要是指现场施工管理费,主要有管理人员的工资、奖金和按比例计提上交企业的职工福利费、工会经费、教育经费、劳保统筹费,以及现场公共生活服务等费用。施工间接费先在项目部施工间接费建账归集,再按一定的分配标准计入受益成本核算对象(单位工程)的工程施工间接成本中。

7409 什么是施工成本分析?

施工成本分析就是根据会计核算、业务核算和统计核算提供的资料,将其与目标成本、预算成本以及类似的施工项目的实际成本等进行比较,对施工成本的形成过程和影响成本升降的因素进行分析,检查成本计划的合理性,并通过成本分析,深入揭示成本变动的规律,寻找降低施工项目成本的途径,包括有利偏差的挖掘和不利偏差的纠正,以便有效地进行成本控制。另一方面,通过成本分析,可从账簿、报表反映的成本现象中看清成本的实质,从而增强项目成本的透明度和可控性,为加强成本控制、实现项目成本目标创造条件。

成本分析的主要内容是对成本偏差的分析,成本偏差分为局部成本偏差和累计成本偏差。局部成本偏差包括项目的月度(或周、天等)核算成本偏差、专业核算成本偏差以及分部分项作业成本偏差等;累计成本偏差是指已完工程在某一时间点上实际总成本与相应的计划总成本的差异。

成本偏差的控制,分析是关键,纠偏是核心;要针对分析得出的偏差发生原因,采取切实措施,加以纠正。

7410 施工成本分析的方法有哪些?

施工成本分析的基本方法包括比较法、因素分析法、差额计算法、比率法等。综合成本的分析方法包括分部分项工程成本分析、月(季)度成本分析、年度成本分析、竣工成本的综合分析。

7411 施工成本分析的比较法指什么?有哪些形式。

比较法,又称"指标对比分析法",就是通过技术经济指标的对比,检查目标的完成情况,分析产生差异的原因,进而挖掘内部潜力的方法。这种方法,具有通俗易懂、简单易行、便于掌握的特点,因而得到了广泛的应用,但在应用时必须注意各技术经济指标的可比性。比较法的应用,通常有下列形式。

(1)将实际指标与目标指标对比

以此检查目标完成情况,分析影响目标完成的积极因素和消极因素,以便及时采取措施,保证成本目标的实现。在进行实际指标与目标指标对比时,还应注意目标本身有无问题。如果目标本身出现问题,则应调整目标,重新正确评价实际工作的成绩。

(2)本期实际指标与上期实际指标对比

通过本期实际指标与上期实际指标对比,可以看出各项技术经济指标的变动情况,反映施工管理水平的提高程度。

(3)与本行业平均水平、先进水平对比

通过这种对比,可以反映本项目的技术管理和经济管理与行业的平均水平和先进水平的差距,进而采取措施提高本项目水平。

7412 施工成本分析的因素分析法指什么?如何进行分析。

因素分析法又称连环置换法。这种方法可用来分析各种因素对成本的影响程度。在进行分析时,首先要假定众多因素中的一个因素发生了变化,而其他因素则不变,然后逐个替换,分别比较其计算结果,以确定各个因素的变化对成本的影响程度。因素分析法的计算步骤如下。

(1)确定分析对象,并计算出实际与目标数的差异。

(2)确定该指标是由哪几个因素组成的,并按其相互关系进行排序(排序规则是:先实物量,后价值量;先绝对值,后相对值)。

(3)以目标数为基础,将各因素的目标数相乘,作为分析替代的基数。

(4)将各个因素的实际数按照上面的排列顺序进行替换计算,并将替换后的实际数保留下来。

(5)将每次替换计算所得的结果,与前一次的计算结果相比较,两者的差异即为该因素对成本的影响程度。

(6)各个因素的影响程度之和,应与分析对象的总差异相等。

7413 什么是施工成本分析的差额计算法、比率法?

差额计算法是因素分析法的一种简化形式,它利用各个因素的目标值与实际值的差额来计算其对成本的影响程度。

比率法是指用两个以上的指标的比例进行分析的方法。它的基本特点是先把对比分析的数值变成相对数,再观察其相互之间的关系。常用的比率法有以下几种:

(1)相关比率法

由于项目经济活动的各个方面是相互联系,相互依存,又相互影响的,因而可以将两个性质不同而又相关的指标加以对比,求出比率,并以此来考察经营成果的好坏。例如:产值和工资是两个不同的概念,但他们的关系又是投入与产出的关系。在一般情况下,都希望以最少的工资支出完成最大的产值。因此,用产值工资率指标来考核人工费的支出水平,就很能说明问题。

(2)构成比率法

又称比重分析法或结构对比分析法。通过构成比率,可以考察成本总量的构成情况及各成本项目占成本总量的比重,同时也可看出量、本、利的比例关系(即预算成本、实际成本和降低成本的比例关系),从而为寻求降低成本的途径指明方向。

(3)动态比率法

动态比率法就是将同类指标不同时期的数值进行对比,求出比率,以分析该项指标的发展方向和发展速度。动态比率的计算,通常采用基期指数和环比指数两种方法。

7414 分部分项工程成本分析如何进行?

分部分项工程成本分析是施工项目成本分析的基础。分部分项工程成本分析的对象为已完成分部分项工程。分析的方法是进行预算成本、目标成本和实际成本的"三算"对比,分别计算实际偏差和目标偏差,分析偏差产生的原因,为今后的分部分项工程成本寻求节约途径。

分部分项工程成本分析的资料来源是预算成本来自投标报价成本，目标成本来自施工预算，实际成本来自施工任务单的实际工程量、实耗人工和限额领料单的实耗材料。

由于施工项目包括很多分部分项工程，不可能也没有必要对每一个分部分项工程都进行成本分析。特别是一些工程量小，成本费用微不足道的零星工程。但是，对于那些主要分部分项工程则必须进行成本分析，而且要做到从开工到竣工进行系统的成本分析。这是一项很有意义的工作，因为通过主要分部分项工程成本的系统分析，可以基本上了解项目成本形成的全过程，为竣工成本分析和今后的项目成本管理提供一份宝贵的参考资料。

7415 月(季)度成本分析如何进行?

月(季)度成本分析是施工项目定期的、经常性的中间成本分析。对于具有一次性特点的施工项目来说，有着特别重要的意义。因为通过月(季)度成本分析，可以及时发现问题，以便按照成本目标指定的方向进行监督和控制，保证项目成本目标的实现。

月(季)度成本分析的依据是当月(季)的成本报表。分析的方法通常有以下几个方面。

(1)通过实际成本与预算成本的对比，分析当月(季)的成本降低水平；通过累计实际成本与累计预算成本的对比，分析累计的成本降低水平，预测实现项目成本目标的前景。

(2)通过实际成本与目标成本的对比，分析目标成本的落实情况以及目标管理中的问题和不足，进而采取措施，加强成本管理，保证成本目标的落实。

(3)通过对各成本项目的成本分析，可以了解成本总量的构成比例和成本管理的薄弱环节。例如：在成本分析中，发现人工费、机械费和间接费等项目大幅度超支，就应该对这些费用的收支配比关系认真研究，并采取对应的增收节支措施，防止今后再超支。如果是属于规定的“政策性”亏损，则应从控制支出着手，把超支额压缩到最低限度。

(4)通过主要技术经济指标的实际与目标对比,分析产量、工期、质量、"三材"节约率、机械利用率等对成本的影响。

(5)通过对技术组织措施执行效果的分析,寻求更加有效的节约途径。

(6)分析其他有利条件和不利条件对成本的影响。

7416 为什么进行年度成本分析?如何进行?

企业成本要求一年结算一次,不得将本年成本转入下一年度。而项目成本则以项目的寿命周期为结算期,要求从开工到竣工到保修期结束连续计算,最后结算出成本总量及其盈亏。由于项目的施工周期一般较长,除进行月(季)度成本核算和分析外,还要进行年度成本的核算和分析。这不仅是为了满足企业汇编年度成本报表的需要,同时也是项目成本管理的需要。因为通过年度成本的综合分析,可以总结一年来成本管理的成绩和不足,为今后的成本管理提供经验和教训,从而可对项目成本进行更有效的管理。

年度成本分析的依据是年度成本报表。年度成本分析的内容,除了月(季)度成本分析的六个方面以外,重点是针对下一年度的施工进展情况规划切实可行的成本管理措施,以保证施工项目成本目标的实现。

7417 竣工成本的综合分析如何进行?

凡是有几个单位工程而且是单独进行成本核算(即成本核算对象)的施工项目,其竣工成本分析应以各单位工程竣工成本分析资料为基础,再加上项目经理部的经营效益(如资金调度、对外分包等所产生的效益)进行综合分析。如果施工项目只有一个成本核算对象(单位工程),就以该成本核算对象的竣工成本资料作为成本分析的依据。

单位工程竣工成本分析,应包括以下三方面内容:

(1)竣工成本分析;

(2)主要资源节超对比分析;

(3)主要技术节约措施及经济效果分析。

通过以上分析,可以全面了解单位工程的成本构成和降低成本的来源,对今后同类工程的成本管理很有参考价值。

7418 什么是施工成本考核?其作用是什么?

施工成本考核是指在施工项目完成后,对施工项目成本形成中的各责任者,按施工项目成本目标责任制的有关规定,将成本的实际指标与计划、定额、预算进行对比和考核,评定施工项目成本计划的完成情况和各责任者的业绩,并以此给予相应的奖励和处罚。

施工成本考核是衡量成本降低的实际成果,也是对成本指标完成情况的总结和评价。通过成本考核,做到有奖有惩,赏罚分明,才能有效地调动每一位员工在各自施工岗位上努力完成目标成本的积极性,为降低施工项目成本和增加企业的积累,作出自己的贡献。